AF106113

L'Agneau gît sur Broadway

Édition : BoD · Books on Demand GmbH, In de Tarpen 42,
22848 Norderstedt (Allemagne)
Impression : Libri Plureos GmbH, Friedensallee 273,
22763 Hamburg (Allemagne)
ISBN : 978-2-3224-7897-2
Dépôt légal : Novembre 2024

Miguel S. Ruiz

L'Agneau gît sur Broadway

The Lamb Lies Down On Broadway
Magnum Opus Of 1974

« Ce récit est totalement le fruit de mon imagination –
et c'est bien pour cela qu'il est vrai. »

(Boris Vian, *L'Écume des jours*)

« Les personnages étant réels, toute ressemblance
avec des individus imaginaires serait fortuite. »

(Raymond Queneau, *Le Dimanche de la vie*)

Table des matières

1

A whirring sound growing near

Introduction

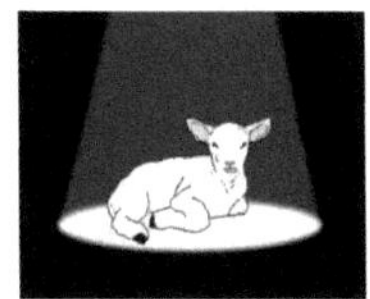

En matière de musique populaire et de *rock music* en général, quand on parle de doubles albums, c'est pour convenir qu'ils sont bien souvent trop longs, inégaux, voire un brin auto-indulgents – pour ne pas dire prétentieux. Et qu'un disque simple aurait en l'occurrence sans doute été préférable. C'est le cas par exemple pour l'*Ummagumma* de Pink Floyd (une bonne galette live, une autre en studio sans intérêt), et aussi l'album que beaucoup considèrent pourtant comme leur œuvre majeure, *The Wall* : la production – un peu verbeuse, trop lourde – d'un groupe à bout de souffle. De même, on pourrait citer le *Tales from Topographic Oceans* de Yes (une véritable boursouflure celui-là, tant pour la musique que pour les thèmes abordés) ; *A Passion Play* de Jethro Tull (enflure classicisante de 1973 assassinée par la critique, à juste titre, dès sa sortie) ; le *All Things Must Pass* de George Harrison (en fait un triple, qui aurait tout juste fait un bon simple) ou le *Quadrophenia* des Who (superbe pochette… mais musique presque totalement ratée). Quoi d'autre ? Le décevant live de Led Zeppelin de 1977 *The Song Remains the Same* ; *666* des Aphrodite's Child (le groupe splitta dès sa sortie, c'est dire) ; ou encore cet autre triple des Clash de 1980, *Sandinista* (trop confus, trop touffu)… Bref n'en jetons plus, les exemples sont légion de toutes ces entreprises ratées.

Mais il y a aussi de notables et totales réussites. Des disques en tout point remarquables, des monstres que l'on n'imaginerait jamais *raccourcis*, tant ils brillent par leur cohérence et par le fait qu'ils ont réussi à maintenir de bout en bout une constante qualité d'écriture. Dépendants certes de la subjectivité propre à chacun, les exemples ne sont au final pourtant pas si nombreux que cela… Alors, petit florilège idiosyncrasique de votre serviteur : à tout seigneur tout honneur l'*Electric Ladyland* de Jimi Hendrix (1968), extraordinaire de novation musicale et qui marqua son époque. Citons aussi l'avant-gardiste et abrasif *Trout Mask Replica* de Cpt. Beefheart (1969), le jazz fusion révolutionnaire de *Bitches Brew* (Miles Davis, 1970) et le mythique album en public des Doors, *Absolutely Live*, de la même année. Mais aussi l'*Exile On Main St.* des Rolling Stones de 1972 (aucun *rock hit* mais une merveille de cohésion et de simplicité), *Physical Graffiti* de Led Zeppelin (1975), le live *Roxy & Elsewhere* (1974) de Frank Zappa, de 1979 le post-punk clinique *Metal Box* de P.I.L. et le foisonnant *London Calling* des Clash, un authentique chef-d'œuvre celui-là. Mais encore ? À un degré moindre peut-être : *The River* de Bruce Springsteen (1980), le *Kiss Me Kiss Me Kiss Me* de Cure (1987), ou – plus près de nous – le clinique et étonnant *Lift Your Skinny Fists Like Antennas to Heaven* des Canadiens de Godspeed You! Black Emperor (2000), ou encore – dans un style tout hard-prog' symphonique – *The Human Equation* des Hollandais d'Ayreon (2004). Sans oublier bien évidemment l'emblématique *Double Blanc* des Beatles (1968), pierre de touche et à coup sûr le plus célèbre de tous les doubles albums, mais certes pas le premier – l'honneur revenant au *Freak Out !* des Mothers Of Invention de Frank Zappa et au *Blonde On Blonde* de Bob Dylan, tous deux sortis *circa* 1966[1]... Ouf !

Quoi qu'il en soit, une autre des emblématiques galettes de ce genre est sans conteste le *concept album*[2] des Anglais de Genesis, paru en 1974 : *The Lamb Lies Down On Broadway*. Dernier disque avec leur leader chanteur Peter Gabriel, *TLLDOB* « s'apparente autant à un aboutissement, celui de leur première période, qu'à une parenthèse, par la crispation sans précédent de la musique ».[3] Beauté formelle des compositions, complexité et innovation musicales, romantisme et non-sens à la sauce british, on a bien là affaire à un pas de côté du groupe vis-à-vis de son ADN revendiquée jusqu'ici – au travers d'une toute nouvelle étrangeté et de la dureté de la musique et du sujet abordé. Chronique de la quête existentielle et de la psyché d'un jeune *misfit* des rues de New York, au fil des ans l'album a acquis un statut culte, et de fait il continue d'être la proie de constantes exégèses – tant du point de vue de sa qualité musicale que de celle de ses *lyrics*. Richesse poétique teintée de nihilisme, le tout est nimbé dans une ambiance de mini movies mêlant évanescence, surréalisme, images empruntées à la mythologie la plus classique et prosaïque réalité.

Aaaargh, Genesis… Fils indignes de débuts en demi-teinte – un nom un brin pompeux imposé par un manager[4], un premier album raté[5] – et d'une seconde partie de carrière légèrement douteuse[6], l'image du groupe est depuis longtemps celle d'un hiatus. Entre la musique proposée à partir des 80's et une période – la décennie précédente – que d'aucuns, votre serviteur en tête, considèrent comme leur âge d'or, le groupe possède encore et toujours ses fans transis… comme ses contempteurs. Les deux peuvent se confondre – votre serviteur encore ! Mais en 1974, bien avant le virage et le succès commercial des eighties, Genesis était ce groupe certes novateur mais en pleine crise, sur la corde raide, tiraillé entre un trop-plein musical exigeant et un chanteur désabusé et habité dorénavant par une vision nouvelle – à contre-courant de l'image véhiculé par le groupe depuis ses débuts. Créateur depuis quatre ans d'une des musiques les plus audacieuses jamais entendues[7], avec ce nouveau projet abracadabrantesque on pouvait s'attendre à un ratage, maelström musical sans queue ni tête, brouet à prétentions intellectuelles indigestes et soap-opera rock au symbolisme un brin lourdaud (le Rael *sans bouche* de la pochette comme allégorie de l'incommunicabilité). Or il n'en fut rien, le groupe réussissant même le tour de force de se renouveler et de continuer à créer une musique brillante, exigeante et novatrice – sans pour autant paraître prétentieux ou pompeux. Mouton noir – pendant un temps – devenu désormais leur loup blanc, pour beaucoup de fans *The Lamb* représente le zénith du groupe ; et une pierre de touche du genre (le rock progressif) auquel il est, à tort ou à raison, associé.

Comme toute œuvre marquante, les réactions de la critique furent plus que contrastées à l'époque[8], parfois au sein d'une même personne : pour Davin Seay[9], le double album était « incroyablement dérangeant, parfois presque désagréable dans son impénétrable densité » et en même temps « une des musiques les plus étrangement troublantes » de l'époque (« *some of the strangest, most viscerally unsettling music* »). 94 minutes et 13 secondes d'un disque aux ambiances foisonnantes – mystérieuse et pastorale à la fois, éthérée, sereine puis angoissante, enjouée, étrange, tour à tour comme mystique (voire même proprement *liturgique*)[10], puis à nouveau romantique et tout à coup violente, drôle mais ironique, ouf n'en jetez plus… De fait, beaucoup de choses dans cet album sont remarquables. La musique avant tout, qui sait se faire évanescente mais aussi énergique et groovy, d'une sophistication extrême – difficilement définissable, de par ses références classiques et ses subtils changements d'atmosphères s'imbriquant les unes dans les autres –… puis soudain à nouveau brut de décoffrage. L'autre aspect marquant de ce projet est son ambiance et la tonalité de l'histoire qu'il retrace – un conte surréaliste à base de sexe, de violence et de mort, tempéré par l'onirisme[11] et… l'humour.

C'est l'album des paradoxes assumés et de la réconciliation des contraires, un foisonnement de rêverie poétique et d'authenticité crue. Concepts philosophiques pointus y côtoient des références à la violence des rues, et la réalité banale du monde moderne constitue le terreau d'une quête d'idéal à atteindre. Slogans mystico-libertaires, influences et schèmes religieux[12] s'acoquinent à de multiples sentences nonsensiques ; tandis que des citations classiquement littéraires (Wordsworth, Keats, John Bunyan) arrivent à faire bon ménage avec la culture pop(ulaire) de l'époque (J. Hendrix, Stones, Burt Bacharach, Leiber & Stoller), le tout baignant dans une ambiance caustique certes, mais jamais donneuse de leçons. Révolte, poésie, thématiques sexuelles sous-jacentes, séquences de la vie quotidienne et sentences surréalistico-absurdes se succèdent donc les unes après les autres, avec en prime cette touche qui irrigue l'album de bout en bout, subtile atmosphère de drôlerie truculente, de dérision et d'humour noir[13] – mais aussi de compassion vis-à-vis du kid Rael, l'anti-héros post-moderne de cette fable édifiante. Quant à la musique proposée, on l'a dit, c'est un constant va-et-vient entre richesse harmonique et rock abrasif, délicatesse mélodique et rythmes déstructurés, exigence musicale et influences pop, classique, rock, jazz ou underground. Mais qui donc aurait cru que – à l'image de ce fragile agneau étendu dans le vacarme de la grande ville – un tel projet puisse aboutir ? Et laisser une trace aussi prégnante cinquante ans plus tard – mystère...

Tour de force d'extravagance maîtrisée, monstre échevelé fonçant vers un but bien précis – la quête de soi et de l'excellence musicale –, dans la carrière du groupe *The Lamb* est bien cette grandiose parenthèse en forme d'apothéose. Mais une parenthèse finale. Car son principal créateur (le chanteur et *frontman* Peter Gabriel) va quitter le groupe six mois plus tard, lessivé, un brin désabusé mais conscient qu'après avoir accouché d'un tel ovni, ils (le groupe et lui) étaient arrivés à un point de non-retour. Et c'est bien de cela qu'il s'agit : devant nous un quasar issu de nulle part, brillant de mille feux et qui explose dans un inévitable et glorieux final, telle une planète déjà morte mais que l'on peut encore admirer de nos jours, émus et estomaqués, depuis la Terre.

Œuvre au noir[14] et joyau lumineux, produit inspiré[15] mais fragile d'un groupe qui se sait condamné (les tensions internes et le départ programmé de PG), apex né de la psyché foisonnante de son chanteur et d'une grâce musicale à son zénith, *The Lamb Lies Down On Broadway* est là pour l'éternité... Alors Alléluia, sonnez trompettes, battez tambours ! ; voici l'histoire de cet astre sombre et incandescent, pierre angulaire du rock anglais – et de la musique, toutes périodes confondues.

1. En juin pour le gang de Zappa, en mai pour le barde de Duluth, Minnesota.
2. Voir chapitre 7, annexes 1 et 2.
3. Frédéric Delâge *in Prog 100 – Le Rock progressif des précurseurs aux héritiers* (Ed. Le Mot et le Reste, 2014).
4. En l'occurrence Jonathan King – dont le premier choix était même « Gabriel's Angels » ! On imagine l'égo flatté du chanteur et la tête des autres... Ceci dit, comme Peter le déclara un jour : « Au point où on en était et avec ce type (King) qui payait pour nous permettre d'enregistrer, personne n'émit d'objections ». Et après tout, une certaine touche/ambiance mystique était de fait propre à la musique que les cinq proposaient déjà, dès leur début...
5. Peter, dans une interview de 1980 avec le journaliste musical Armando Gallo : « On nous suggéra de centrer l'album sur le thème des origines du monde. En y repensant, c'était terriblement prétentieux, imaginez, une histoire de l'évolution humaine résumée en dix chansons pop ! Mais nous débutions, nous étions tous très jeunes, 18 ans dans mon cas, et avions toujours été attirés par l'imagerie biblique. » De fait, et comme dans un écho *rétroactif*, le chan-

teur avait prévenu dans les notes intérieures de la pochette : « Nous espérons que vous ne trouverez pas tout cela prétentieux et manquant d'humour, car dans les deux cas cela n'a jamais été notre but ».

6. Au mieux parangon d'une certaine pop eighties *de qualité*, au pire vendu à un certain succès commercial.

7. Larry Fast, compositeur-producteur et futur collaborateur de Peter en solo, à propos des influences *antinomiques* du groupe : « Les sons folko-acoustiques combinés à la puissance d'évocation du mellotron et des effets de pédale basse étaient tellement novateurs... Solos de guitare et parties de synthé dénotaient des *sources* autres que celles du rock proprement dit, et l'ensemble sonnait comme rien de ce qui était connu à l'époque, les multiples breaks et la structure musicale de l'ensemble se mariant parfaitement avec les visions de Peter. »

8. Dans un trait d'humour typiquement british, Mike Rutherford confia un jour à Dave Gregory – guitariste du groupe anglais new wave XTC et fan devant l'éternel de *The Lamb* : « Même Hitler eut de meilleures revues de presse que nous » !

9. Auteur américain d'ouvrages politiques (*With God on our side, Capturing Saddam*), Davin Seay (?-2019) était aussi un journaliste musical, biographe – entre autres – du soulman américain Al Green, de Mick Jagger, du chanteur fifties Dion DiMucci ou encore du rappeur Snoop Dogg.

10. L'influence des chants religieux entendus dans leur enfance a toujours été revendiquée (en particulier par Peter et Tony). (Cf. aussi note 12 *infra*.)

11. On pense un peu au climat délétère, fantasmagorique et presque irréel de *La Nuit du Chasseur*, le classique ciné de Charles Laughton (1954) – avec Robert Mitchum en Dr. Dyper au cauteleux charme lamiesque !

12. En 1998, Ed Goodgold, représentant de la maison de disques de Genesis aux Usa, se remémorait sa découverte du groupe, insistant sur la touche mystique des thèmes traités déjà à l'époque – 1970-71, soit trois ans avant la conception de *The Lamb* – et aussi de leurs prestations : « La musique me faisait penser à du Berlioz rock. Et leurs shows presque à un service cultuel : à certains moments leur public ressemblait plus à une congrégation qu'à autre chose ». En quelque sorte une espèce d'église rock… heureusement contre-balancée par l'humour et le sens de la dérision de Peter et des quatre autres.

13. On n'insistera jamais assez sur cet aspect de *The Lamb* comme production – pour ainsi dire – *pas dupe d'elle-même*. À l'image d'autres célèbres œuvres artistiques cataloguées sombres et pessimistes mais qui sont, en sous-texte, des bijoux d'ironie sachant travailler contre elles-mêmes… Les exemples sont légion à travers les âges. Citons, en peinture : le catalogue des grotesques de Jérôme Bosch et de Goya, gore avant l'heure, ou l'érotisme teinté d'humour noir de Clovis Trouille... En littérature : les stances macabres mais moqueuses du Lautréamont des *Chants de Maldoror* ; l'Edgar Poe analytique et faussement horrifique (*Double assassinat dans la rue Morgue, La vérité sur le cas de M. Valdemar, Une descente dans le maelström*) ; l'absurdité cocasse des

Procès et autre *Métamorphose* de Franz Kafka, d'*En Attendant Godot* (Samuel Beckett), d'*Ubu Roi* (Alfred Jarry) ; l'ignoble traité sous l'angle du picaresque (L.-F. Céline, *D'un Château l'Autre*) ou du grotesque (Jean Teulé, *Mangez-le Si Vous Voulez, Charly 9*) ; le théâtre absurde et désespéré – mais au fond si comique – d'Eugène Ionesco... Pour ce qui est du cinéma : les comédies italiennes des années 60-70, railleuses et hilarantes à la fois ; la violence pure de Quentin Tarantino ou du trio belge Poelvoorde/Belvaux/Bonzel (*C'est arrivé près de chez vous*) – traitée sous un mode extravagant, *bigger than life*, décalé et cathartique ; l'ironie railleuse alliée à un regard d'entomologiste de Claude Chabrol, etc., etc. Et même, dans le domaine de la bande dessinée, discipline artistique où l'on pourrait citer, entre autres : les délires comico-poétiques de Caza, la métaphysique S.-F. distanciée de Mœbius, ou encore les contes désespérés mais solaires de Philippe Druillet – tous trois auteurs teintant leurs récits d'humour drolatique, contrepoids à la noirceur de leurs univers respectifs. (Ouf, fin de la parenthèse !)

14. En alchimie, l'expression *œuvre au noir* désigne la première des trois phases dont l'accomplissement est nécessaire pour achever le *magnum opus* (la pierre philosophale, soit la transmutation du plomb en or). Par extension, dans les arts, elle symbolise l'œuvre la plus importante d'un artiste, ou tout au moins la plus accomplie. L'alchimiste doit successivement mener à bien l'œuvre au noir, puis au blanc, et enfin au rouge pour arriver à ses fins, tout comme l'artiste qui cherche la perfection dans son art tout au long de sa vie. En 1968, Marguerite Yourcenar en a tiré son célèbre roman éponyme, où elle développe le thème de la connaissance inatteignable par essence, mais qu'il faut néanmoins s'attacher à poursuivre.

15. Le manager du groupe (Tony Stratton-Smith) au moment du *Six of The Best* – le concert des retrouvailles d'octobre 1982 –, dans une envolée lyrico-nostalgique : « *The Lamb* est un hymne à la pureté de l'esprit humain aux prises avec une société corrompue et un précurseur du retour à la *street music* de la fin des seventies – avec une qualité musicale restée inégalée depuis »... Eh oui, rien de moins !

2

Something solid forming in the air

Construction et... genèse

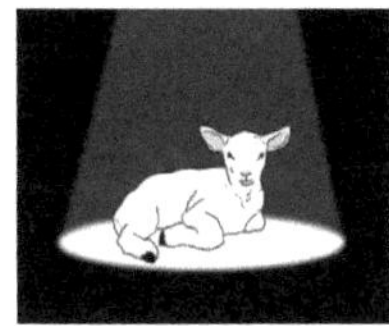

Nous sommes en mai 1974 et Genesis vient de performer le dernier concert de sa tournée *Selling England By The Pound*, à l'Academy of Music de New York. Ce cinéma reconverti en salle de concert se trouvait tout près d'une autre salle, l'Elgin Theatre – au croisement de la 19ème rue et de la 8ème avenue –, salle connue pour ses projections de films avant-gardistes, dont en particulier le *El Topo* d'Alejandro Jodorowsky (cf. note 3 p. 105). Il est donc vraisemblable que c'est à cet endroit et à cette époque que Peter Gabriel a pour la première fois pu visionner ce long métrage qui, à ses dires, l'a tant marqué. Après cette séance de nuit – « *the Movie Palace now undone* » –, il sera probablement revenu à pied à travers les rues éclairées au néon, vers son hôtel, les images surréalistes du réalisateur franco-chilien rôdant dans sa tête, et autour de lui – « *moving in the sidewalk steam* ».

Il est assez facile de comprendre comment et pourquoi l'idée et le concept de *The Lamb* ont pu à ce moment commencer à germer dans l'esprit de Peter. *El Topo* est ce western bizarre, typique des films de l'époque (récit décousu, absurde et nonsensique) et à la forte imagerie surréalistico-sexuelle – une espèce de cinéma *automatique* comme il a pu y avoir une écriture automatique (celle des surréalistes des années 1920-30). D'une exubérance ubuesque, il contient de fait certaines similitudes troublantes avec ce que va devenir *The Lamb*. Accrochez-vous : on y rencontre tout d'abord un certain joueur de flûte – sur scène l'instrument de prédilection de qui l'on sait... Puis des gens qui se retrouvent coincés, comme prisonniers dans un lieu clos – « *in a cave* » –, et une « *grand parade* » de personnages qui défilent, comme zombifiés. Voilà ensuite des stalactites et des stalagmites, formations rocheuses qui surgissent du sol et du plafond d'une grotte ; et là, est-ce que vous voyez le – hum – topo ?? (ha, ha) : elles forment les barreaux d'une cage ! On rencontre aussi une dame gourou mystico-déjantée à la – je vous le donne en mille – « *Lilywhite Lilith* », laquelle conduit un individu vers un groupe de personnes qui rampent à travers un tunnel éclairé – « *where the chamber is said to be* »... Ce même individu qu'on retrouve un peu plus tard en train de se rafraîchir dans un bassin naturel, avec d'étranges créatures, « *the Lamia of the pool* » ? Alors qu'elles savourent et grignotent les fruits de sa chair – si, si ! – il semble plutôt apprécier (« *he feels no pain* »). Plus tard, quelqu'un meurt dans un torrent, tandis qu'un corbeau apparaît subitement au premier plan. Et pour couronner le tout, une espèce de « *Dr. Dyper* » sadique se met à fouetter un quidam alors que l'on distingue plus loin l'image furtive d'un agneau sacrificiel... Lequel agneau se verra ensuite carrément immolé en croix. Well well, pour qui est fan de *The Lamb*, voilà des coïncidences plus que troublantes, non ?

Parallèlement, les origines de *The Lamb* sont également à chercher du côté d'un récit tout ce qu'il y a de plus classique celui-là : *Le Voyage du Pèlerin*. Prédicateur et homme de lettres anglais du 17ème siècle, John Bunyan est l'auteur de cette allégorie de la découverte de la foi et de soi, un conte épique mêlant aventures et apologie du christianisme évangélique. Il retrace le voyage d'un homme ordinaire (nommé… Christian), qui décide de prendre la route pour atteindre la Cité de Sion et se trouver lui-même. Christian quitte le berceau de la destruction (la Terre) et se fraye un chemin vers la cité céleste, faisant face à de multiples épreuves et traversant des lieux aux noms évocateurs comme : *Slough of Despond* (Marais du Découragement), *Vanity Fair* (Foire aux Vanités) ou *Hill of Lucre* (Colline de l'Avidité). Quête spirituelle et évocation des démons intérieurs du héros, le conte est relaté sous forme imagée, comme celle du rêve d'un narrateur. Les protagonistes portent chacun un nom pittoresque, révélateur de leur personnalité – *Faithful*, *Giant Despair* ou *Mr. Great Heart* –, semblables en cela aux personnages des historiettes fantasmagoriques que Gabriel racontait pendant les concerts du groupe, entre chaque morceau[1]. Et aux morceaux eux-mêmes, souvent empreints de thèmes mythologico-apocalyptico-religieux (« Fountain of Salmacis », « The Knife », « Watcher of The Skies », « Return of the Giant Hogweed »…), ou à base de zen mâtiné de surréalisme – l'épique « Supper's Ready » de 1972[2]. Contrairement au délirant et païen *El Topo*, le récit de Bunyan fourmille donc lui de concepts plutôt bibliques et religieux (que l'on retrouvera aussi sur le projet à venir du groupe), d'étranges créatures venues d'un autre monde renvoyant aux notions de tentation, de culpabilité et de péché propres au christianisme.

Voilà donc où résident les deux principales influences qui vont donner naissance au thème central du disque à venir des 5 de Genesis. Marqué on l'a vu par le film culte de Jodorowsky (*El Topo* donc, mais aussi *La Montagne Sacrée,* autre œuvre de même veine du réalisateur) et le récit de Bunyan, Gabriel est en train d'imaginer le personnage iconoclaste de Rael, petite gouape en révolte et en pèlerinage existentialiste dans les rues de New York. Lequel Rael va littéralement traverser l'enfer afin de devenir lui-même, réel en quelque sorte. *Real*… Rael, *got it* ? – mais patience nous n'en sommes pas encore là…

Assurément, le résultat aurait pu/dû être complètement différent si le claviériste Tony Banks et le bassiste Mike Rutherford avaient suivi leur idée initiale, celle d'adapter le roman d'Antoine de St-Exupéry, *Le Petit Prince*. Un récit-conte du passage de l'enfance à l'âge adulte dans une veine philosophico-existentielle bien plus sage que celle du projet qui germait alors dans la tête de leur chanteur. Si ce choix avait été privilégié, *The Lamb* aurait probablement eu une ambiance bien plus pastorale, dans la veine par exemple de « Mad Man Moon », la chanson de Banks justement inspirée du roman de Saint-Ex (album *A Trick Of The Tail*). Et peut-être que le disque aurait alors poursuivi dans le style typiquement british de *Selling England By The Pound*, dernier effort en date du groupe. Or, l'histoire de Peter devait se dérouler dans les *mean streets* de New York, avec pour acteur principal ce kid latino-américain en proie à ses affres métaphysiques, hybride des deux héros de... *Mean Streets* justement, le chef-d'œuvre de M. Scorsese.[3] Le plan de Mike ayant été jugé au mieux trop consensuel, au pire trop mièvre – « *too twee* » pointa un jour malicieusement Peter[4] –, le chanteur avait donc tranché, de manière un peu… tranchée certes, ce qui put contribuer à envenimer des conflits déjà latents. Quoi qu'il en soit, ce qu'aurait donné une adaptation de St-Exupéry, nul ne le saura jamais. On peut le regretter – ou en être soulagé !

On comprendra en tout cas pourquoi New York, lors des tournées américaines d'antan (celles de *Foxtrot* et de *Selling England*), avait pu à ce point stupéfier et fasciner le groupe, et en particulier Peter. New York la ville-monde, New York la ville qui ne dort jamais, la presqu'île du peuple algonquin, New York la ville de tous les possibles et forcément aussi de tous les excès.[5] Gabriel s'est pris les gratte-ciels de Manhattan en pleine tête, et son cerveau hyperactif monté d'un cran est alors passé en surmultipliée. Les autres ont vite compris que le torrent de visions à venir ne tiendrait pas sur une seule galette. Alors ils ont bossé triple pour que l'album soit – lui – double.

De fait, dès le départ, Gabriel avait déclaré qu'il souhaitait une nouvelle direction, une ambiance et un ton/son plus *rugueux*. Un peu à l'image de la production d'artistes tels que Peter Hammill (dont le groupe – Van Der Graaf Generator – était aussi chez Charisma, le label de Genesis), Brian Eno ou King Crimson[6] ; tous musiciens que le chanteur admirait depuis longtemps. L'aspect narratif de l'album et l'insistance obstinée – *stiff upper lip* – de Gabriel à écrire toutes les paroles, constituèrent très vite une pomme de discorde avec le reste du groupe, Banks en particulier. Celui-ci pensait en effet qu'une trame autant imposée et un tel déluge de *lyrics* risquaient d'empêcher de faire vivre les morceaux – la musique avant tout pour Banks – par eux-mêmes[7]. De fait, le maître des claviers de Genesis n'en démordait pas et il garda longtemps un grief envers son chanteur – quoique reconnaissant plus tard que les textes écrits par Peter étaient « plutôt réussis, pour ne pas dire brillants par moments ». Le clavier de Genesis insistait néanmoins et trouvait aussi qu'un double album mènerait forcément à une certaine dilution de la bonne idée de départ ; mais en tant qu'ami de toujours de Peter, il consentit une fois de plus à le suivre dans les méandres de son foisonnant projet. Quant à l'éternellement débonnaire Phil Collins – plus tard, barbu, il ressemblera à un Charles Manson placide et jovial ! –, lui-même a toujours dit qu'il n'avait jamais pris la peine de lire l'histoire imprimée sur la pochette intérieure de l'album…

Les quatre autres membres du groupe ont donc eu vent et intégré les exigences de leur leader chanteur, à savoir le contrôle total sur le récit, sa conception comme son écriture[8]. Peter, qui l'a imaginé en entier, veut imposer cette histoire baroque, celle de Rael, sorte de punk métis portoricain traînant sa révolte et ses interrogations ontologiques dans la jungle new-yorkaise. *TLLDOB* sera de fait l'album d'une confrontation, d'un télescopage incessant entre deux paradigmes, tant musicaux que thématiques. D'abord par l'histoire racontée, qui fait se mêler le matérialisme étouffant d'une mégalopole et l'onirisme d'un univers parallèle peuplé de créatures imaginaires. Rael est propulsé dans un monde chimérique et cauchemardesque, où il va croiser les *Lamia* (dantesques femmes fatales à corps de serpents), devenir par leur faute un *Slipperman* (homme-pantoufle, ou homme-rampant, au choix), subir la cure-torture de l'inquiétant Dr. Dyper, avant de voir finalement son corps renaître, ou se désintégrer c'est selon, pour n'être plus qu'un esprit errant : un « *it* » ('ça') !

Parallèlement, au long de ces quatre faces tournant autour d'une quête existentielle à rebondissements, le sens des contrastes sera tout autant musical, dans une correspondance subtile avec les mots de Peter. Genesis y déploiera une frénésie et une urgence inédites, comme si les exigences de leur chanteur avaient fini par entraîner le quarteron de gentlemen vers des contrées sulfureuses, qui leur étaient jusqu'ici un peu étrangères. De joyaux mélodiques ouatés (« Cuckoo Cocoon »), espiègles (« Counting Out Time ») ou tout simplement éblouissants de virtuosité (« The Lamia », un des sommets de l'album), en évanescences mélancolico-orientales (« Hairless Heart », « Silent Sorrow In Empty Boats ») ou carrément psychédélico-enchanteurs (« The Waiting Room »), *TLLDOB* va faire scintiller comme jamais le raffinement et la fragilité propre au Genesis de la première époque. Le tout agrémenté dorénavant d'une noirceur, à un point inhabituel : cette violence sourde et cette sensation de malaise latent qui suintent tout au long de l'album.

Car ici l'atmosphère est tout aussi tendue que féerique : la dureté lancinante du riff de « Broadway Melody Of 1974 », les breaks rythmiques de « Lilywhite Lilith », l'ambiance de fête foraine déjantée de « The Grand Parade of Lifeleless Packaging », ou l'âpreté syncopée et la rage de « Back In NYC », ce morceau dont Jeff Buckley proposera une version quasi punk, quinze ans plus tard. Et si l'histoire et la geste de Rael appelle un récit à la fantasmagorie très visuelle – qu'il est tentant de savourer d'une traite, comme un film formant un tout – bon nombre de morceaux s'imposent d'eux-mêmes, leur qualité musicale intrinsèque étant leur atout majeur : citons en particulier la séduisante étrangeté de « Carpet Crawl », les épiques « In The Cage » et « Colony of Slippermen », mais aussi « The Chamber of 32 Doors » ou « Anyway », tous deux traversés des accents soul du chant de Gabriel. Cependant, le plus étonnant est que cette œuvre aux multiples facettes sait aussi se retourner contre elle-même et prendre de la distance, pour preuve l'atmosphère ironico-humoristique qui pointe son nez sur certains morceaux, tous plus hilarants les uns que les autres : le défilé grotesque de « The Grand Parade of Lifeless Packaging », les affres sexuelles adolescentes évoquées dans « Counting Out Time », le chant et l'accompagnement musical drolatiques de « Here Comes the Supernatural Anaesthetist », et le titre final (« *it* ») qui peut s'interpréter comme une entreprise de *démythologisation* de l'histoire contée, au travers de la liste/litanie moqueuse de ses multiples possibles *significations*.[9]

Mais, flashback et retour en ce début de printemps 1974 : après le succès de l'album et de la tournée *Selling England By The Pound*, avec un single au Top 30 britannique (« I Know What I Like ») et un succès – modeste mais notable – dans les charts américains, il est clair que le prochain opus va attirer une attention considérable, tant au niveau du public que de la presse musicale. Dès lors nos cinq Anglais se savent à un point charnière de leur histoire et décident de s'isoler, afin d'entamer le processus d'écriture. Voilà donc le groupe, avec juste une ébauche d'histoire en tête, qui part s'exiler dans le bucolique village de Headley, à quelques 65 km au sud de la capitale. Moins de cinq mille âmes – et en effet le cadre idéal pour composer un opéra-rock urbain…

Headley Grange donc, East Hampshire. Une ancienne maison seigneuriale tombée en ruine qui avait été, dans les années 1960, louée à des étudiants, avant d'être transformée en hospice puis… en studio de répétition (on dit même que Richard Branson, le futur nabab de Virgin Records, l'occupa un temps). Entre taudis et phalanstère déjanté, avant l'arrivée de nos anciens étudiants de l'*upper class*, les lieux avaient déjà accueilli d'autres combos, bien plus turbulents que Genesis ceux-là : Led Zeppelin, Bad Company, Fleetwood Mac[10]... La légende veut aussi que l'endroit ait jadis appartenu au mage occultiste britannique Aleister Crowley (1875-1947). Robert Plant, chanteur de Led Zeppelin, et le guitariste Jimmy Page – lequel était attiré par la réputation sulfureuse de Crowley (dont il était, si ce n'est un adepte, tout au moins un grand fan) – y avaient en effet enregistré une grande partie de leur quatrième album, et en particulier leur classique de 1971 : « Stairway to Heaven ». Les lieux, bien que délabrés en maints endroits, avaient à la fois l'apparence d'« un vieil endroit funky, avec une atmosphère agréable » (*dixit* Mike Rutherford) – mais aussi l'aspect sinistre d'une maison hantée, eu égard à son isolement et à ses anciens inquiétants locataires. Steve Hackett : « Vous entendiez des bruits bizarres la nuit – et il était presque impossible de dormir. Les rats couraient à droite à gauche et on avait vraiment l'impression d'être dans une maison hantée ! »

Le séjour là-bas fut en grande partie passé avec le groupe isolé dans un coin pour composer les parties instrumentales et Gabriel dans une pièce séparée, accouchant des paroles dans la douleur, la frénésie et l'urgence. D'un strict point de vue musical, les quatre autres membres avaient eux un tel trop-plein d'idées qu'ils décidèrent au bout du compte de modifier le projet initial – une simple galette 33 tours – et de le transformer en double album. « Je suis descendu à la Grange où ils répétaient », raconte John Burns, en charge de la production. « J'avais auparavant travaillé avec Traffic et Jethro Tull (l'album *Aqualung* – NdA), mais je n'avais jamais fait ce genre de disque conceptuel, double qui plus est. À vrai dire, j'étais un peu sceptique au début... » Mais selon le producteur – le *White Album* des Beatles (double paru six ans auparavant) et *Exile On Main Street* des Rolling Stones (deux disques en un aussi, sortis en 1972) aidant –, l'ambitieux projet finit par le convaincre.

Néanmoins, les tensions entre le chanteur et Banks, Rutherford & Co continuèrent de s'exacerber, en particulier lorsque la fille de Peter, Anna-Marie, naquit, le 26 juillet. Gabriel passa alors beaucoup de temps à faire des allers-retours entre le Hampshire et Londres, afin de 1) recoller les morceaux avec son épouse (laquelle, comme elle le confiera plus tard, avait eu récemment une liaison avec le manager du groupe – un des meilleurs amis de son mari…), et 2) essayer de la soutenir pendant sa difficile grossesse. Le nourrisson ayant en outre été placé sous incubateur à la naissance, il ne faut pas être fin psychologue pour comprendre ce qui se passait dans la tête de notre homme, entre vaudeville et tragique. Une expérience traumatisante, accentuée par l'attitude bien peu compatissante de ses comparses – le typique syndrome des artistes qui placent leur art au-dessus de tout (« Ils ne trouvaient pas normal que je privilégie mon môme à l'album en cours ! » – *dixit* Gabriel). « *Well, I had to get it out of me if you know what I mean* » – yes indeed, Pete...

« Ces événements avaient bouleversé la vision des choses de Peter, et ses priorités. Quand Angie et moi avons eu un bébé et que Tony (Banks) eut le sien plus tard, nous avons réalisé qu'effectivement cela changeait la vie », reconnut finalement Mike Rutherford en 2013, « mais à l'époque, ça constituait un gros problème pour la cohésion du groupe. » Steve Hackett fut lui, dès ce temps-là, plus lucide et compréhensif : « Peter traversait un enfer – et moi aussi. Mon premier mariage avait foiré et j'avais eu un fils. Il y avait énormément de culpabilité dans l'air : je voulais juste continuer avec la musique mais n'arrêtais pas d'être sollicité par les circonstances de la vie de tous les jours... » Avec toutes ces tensions et contraintes, de fait c'est un miracle que le projet n'ait pas été abandonné et qu'un tel album – nécessitant application et travail acharné – ait pu être, malgré tout, mené à terme[11].

Les communications avec le monde extérieur étant tout aussi problématiques – il n'y avait pas de téléphone installé à Headley Grange –, Gabriel a raconté plus tard les incessants voyages qu'il entreprenait en direction de l'unique cabine du village, les poches remplies de pièces de dix cents. Ce *phone booth* est toujours là aujourd'hui et il est étrange de penser qu'en juillet 1974, Peter s'y tenait, tentant de rentrer en contact avec son épouse Jill. Avec Jill, mais aussi avec la Californie – et William Friedkin pour une éventuelle collaboration scénaristique. Car en effet, après les succès de *French Connection* (1971) et *L'Exorciste* (1973), l'attention du réalisateur américain, cherchant de nouveaux talents, avait été attirée par une *nouvelle* de Peter, imprimée au dos du *Genesis Live* de l'année précédente (l'histoire délirante d'une jeune femme qui se déshabille dans le métro et doit en affronter les conséquences ! – hybride de tonalité grotesque et de sexualité surréaliste que l'on retrouvera justement dans *The Lamb*). De fait, Gabriel, qui à l'été 1968 avait eu l'opportunité de suivre des études cinématographiques (à la London School of Film Technique), quitta alors temporairement le groupe – afin de réfléchir au scénario du *side-project* Friedkin, probablement celui d'un film intitulé *The Devil's Triangle* sur lequel le réalisateur travaillait à l'époque. Le projet initial de Friedkin était de créer une équipe avec Peter, le groupe allemand Tangerine Dream et le dessinateur prodige Philippe Druillet (un des créateurs du magazine de BD français *Métal Hurlant*). Approche prometteuse s'il en est, au vu des talents rassemblés ; en tout cas dans une interview de l'époque, pour le magazine *Sounds*, Peter confirmait bien là son désir de nouvelles découvertes.

Quoi qu'il en soit, en ce qui concerne le disque à venir Gabriel gardait toujours une vision bien précise : l'approche *filmique* d'une histoire à raconter – et donc sa priorité irait bien vers un *concept album*, autrement dit une suite de chansons tournant autour d'un seul et même thème. Rutherford raconta plus tard que l'ambiance s'en ressentait fortement : « C'est un sentiment vraiment étrange, quand l'un des gars avec qui vous formez un groupe soudé semble ailleurs... » De fait, Gabriel paraissait bien isolé par rapport au reste de la bande – un climat particulier mais qui fut néanmoins, si ce n'est accepté, au moins supporté par tous, pour le bien du groupe. Donc notre homme va et vient tant bien que mal, avec sous le coude le scénario de Friedkin et l'intrigue lourde de *The Lamb*, entre l'hôpital de Londres, sa famille qui s'agrandit et les allers-retours au studio. Son insistance à imposer le thème, les paroles et la trame artistique tout en paraissant accaparé par un autre projet, continue de créer des frictions et l'acmé des tensions sera atteint lorsqu'il demandera de faire une nouvelle pause, en plein milieu des sessions en cours. Le groupe refusa alors catégoriquement et il sembla bien, un temps, que l'on se dirigeait vers le split final. Mais, révéla Hackett, « Friedkin a paniqué quand il a entendu qu'il pourrait être responsable de la fin du groupe », et son projet fut mis – temporairement – de côté… pour finalement tomber à l'eau un peu plus tard[12]. Grâce aussi à la force de persuasion du patron de Charisma – Tony Stratton-Smith[13] –, lequel s'escrimait à trouver un terrain d'entente, Peter accepta alors – fut contraint ? – de remettre à plus tard ses velléités cinématographiques. Mais dès lors, on peut imaginer le ressentiment qui devait poindre dans son esprit… Ayant tout de même entrouvert quelques pistes artistiques pour l'avenir, au bout de quinze jours notre homme s'en revint donc, un peu penaud, à Headley. Il y retrouva ses camarades, la hache de guerre fut (provisoirement) enterrée et les cinq purent s'atteler à la finition de l'enregistrement, lequel s'annonçait épique au vu du retard pris.

Fruit de répétitions… répétées, près de six heures d'enregistrements ont émergé des sessions de Headley Grange – et sont maintenant *à la disposition* des collectionneurs, *via* YouTube. Une écoute attentive révèle des indices étonnants quant au plan originel (un album simple) et la façon dont les différentes chansons auraient pu/dû être agencées initialement. Examinons le *tracklisting* final, que nous connaissons aujourd'hui, et mettons de côté les pistes qui n'ont pas été enregistrées à la Grange, ces embryons de morceaux assemblés puis abandonnés (pour être finalement enregistrés séparément dans leurs versions finales quelques mois plus tard). Ces titres sont : « Cuckoo Cocoon », « Grand Parade», « Carpet Crawlers », « Anyway », « Silent Sorrow In Empty Boats », « Ravine » et « Riding the Scree ». Ce sont donc tous des ajouts tardifs à la *setlist* de l'album, intégrés plus tard pour combler les *gaps* dans l'histoire.

Il semble aussi que – chaos/défrichement propre aux sessions d'enregistrement –, le groupe ne savait pas trop comment terminer les deux premières faces, hésitant/procrastinant longtemps avant de prendre les décisions finales : pour preuve cette première mouture de « The Lamia », mixée avec « The Chamber of 32 Doors » qui elle-même, dans une autre version, menait directement à « Counting Out Time », dans un seul et même morceau… Sans parler de la prise qui unissait « In The Cage » à « Back in NYC », et de cette autre démo de « The Lamb » (le morceau) enchaînant directement sur « Fly On A Windshield » – mais sans les paroles chantées au début de la version finale ! Euh, vous suivez ?... D'autre part, penchons-nous donc sur le cas de « Lilywhite Lilith ». On sait que l'origine de ce morceau remontait à une vieille chanson intitulée « The Light » – que le groupe avait l'habitude de jouer live, durant la tournée *Nursery Cryme* de 1971. Premier morceau que Phil Collins ait jamais écrit pour le groupe, les répétitions prouvent que la première version d'« In The Cage » comprenait justement le riff spécifique de ce « The Light » – lequel sera finalement repris pour créer l'ossature de « Lilywhite ». Cette dernière rejoint donc la liste évoquée plus haut – celle des titres qui ne faisaient pas partie des enregistrements *complets* originaux.

On a vu qu'au début le groupe paraissait plutôt privilégier un disque simple, mais qu'après mûre réflexion – et au vu de tout le matériel enregistré –, les cinq membres avaient décidé de fondre l'ensemble dans un double album. Projet initial au rythme plus rapide, il est bien difficile de dire si cette incarnation concise aurait été plus heureuse, car en fin de compte c'est justement cette sensation d'espace et de distance qui fait si bien fonctionner la version finale. De fait aussi, dans le projet adopté, les ambiances étranges et mystérieuses des pièces *atmosphériques*, poupées russes musicales reliant et imbriquant les morceaux entre eux, paraissent (presque) aussi importantes que les chansons elles-mêmes. Tout en maintenant le niveau d'exigence, elles contribuent à renforcer le sentiment de cohésion qui se dégage du disque, sans rien perdre de la richesse et la diversité musicale de l'ensemble.

En août, Genesis quitta Headley Grange pour une autre demeure seigneuriale au style architectural suranné, cette fois-ci dans la campagne galloise, à Beulah, dans le comté de Ceredigion. Comme Headley, Glaspant Manor, un manoir du XVIIIème siècle, était régulièrement utilisé par d'autres groupes – plus classiquement rock –, tels Black Sabbath ou Queen. C'est là que nos cinq musiciens travaillèrent à nouveau pendant deux mois, utilisant le *mobile studio* d'Island Records, pour finalement ensuite revenir à un cadre plus traditionnel – les studios londoniens d'Island à Bashing Street. Nous étions alors fin septembre et on ne sait pas exactement ce qui fut enregistré ici (à Londres) ou au Pays de Galles… Ce dont par contre on est sûr, c'est que Brian Eno, en rupture de ban de Roxy Music, travaillait alors lui aussi dans ces mêmes studios, enregistrant son *Taking Tiger Mountain By Strategy.* Peter se lia d'amitié avec lui et lui demanda un coup de main pour certains effets de production de l'album – le deal étant qu'en retour Collins apporte son aide à Eno, en mal de batteur pour son projet solo. À propos de cette collaboration, on sait que Tony Banks a bien souvent nié l'influence du futur producteur à succès[14] dans le mixage final… Mais – au vu de certaines originalités et effets sonores de *The Lamb* – rien n'est moins sûr, car, en effet, la touche *arty* et les techniques typiques d'Eno y sont clairement reconnaissables (en particulier sur « The Grand Parade », où le sorcier de Roxy Music filtre avec bonheur la voix de Gabriel, à travers son synthétiseur ARP). En fait, « Eno fut bien une bouffée d'air frais », se souvient Hackett, prenant ainsi le contre-pied de Banks : « Il est venu plein d'enthousiasme et a apporté des traitements radicaux et novateurs ». Alors Tony : lucidité ou petite crise de jalousie ?[15]

En tout cas, c'est bien pendant la toute fin du mixage final que Peter, en proie au doute, tourna à nouveau casaque et proposa que l'album sorte plutôt en deux temps : une première partie en novembre et la seconde six mois plus tard ! Le manque de cohésion et le contraste entre les faces 1/2 et 3/4 semblent avoir été les raisons principales de cette nouvelle option. Beaucoup de morceaux – « Anyway », « Lilywhite Lilith / The Light » et la majeure partie de « Colony » qui dataient des années 71-73 – risquaient en effet de nuire au reste, cette ambiance si particulière qui faisait la cohésion de la première galette. Finalement, après avoir frôlé un nouveau psychodrame, on revint à l'option initiale et on décida, comme on l'a vu plus haut, de renforcer l'ensemble par des séquences d'*ambient music*, parties *liantes* permettant d'assurer l'homogénéité du tout. Rétrospectivement et aux dires des musiciens, le procédé pouvait sentir son rafistolage, mais c'était un risque à prendre, Charisma Records pressant le groupe de finir dans les délais. C'était un parti/pari certes pris un peu à la va-vite, mais une décision qui finalement s'avéra payante, tant maintenant les morceaux parvenaient à s'agencer harmonieusement. Pourtant, le reste du groupe, et encore et toujours Tony, trouvaient toujours le concept du disque et sa trame narrative trop envahissants par rapport à la musique… Les séances furent à nouveau assez tendues, mais, après un bienvenu break d'un mois – sur proposition du producteur John Burns et histoire de finaliser les idées et les *lyrics* foisonnants de Peter –, le groupe se réunit à nouveau pour finalement, à force de diplomatie, de compromis… et d'intérêts communs, parvenir à s'accorder[16]. Palinodies, conflits et revirements s'atténuèrent d'eux-mêmes et, après intégration des dernières parties vocales et mixage final, début novembre l'album était enfin terminé. Au grand soulagement de tous, musiciens, maison de disques et promoteurs de la tournée à venir – car comme Steve Hackett le reconnaît : « Nous avions épuisé la patience et les nerfs de tout le monde, et les dépassements d'horaires commençaient vraiment à se faire sentir, financièrement parlant. »

Rael donc. Après l'étrange galerie de personnages créés depuis les débuts du groupe – le vieillard libidineux de « The Musical Box », le monstre botanique de « Return of the Giant Hogweed », le Britannia de *Selling England By The Pound* –, voici Rael, le plus emblématique des caractères sortis de l'imagination du *frontman* de Genesis. « Oui, bien sûr, il y avait pas mal de moi en Rael », déclara Peter en 2012. « Le truc, c'est qu'il était plus libre, libre de vivre des choses que je n'allais jamais pouvoir connaître », d'où la foisonnante intrigue du récit. L'une des implications politiques les plus évidentes était aussi le regard du héros de cette histoire, et la partie intégrante du concept : une vision critique, révoltée et pour tout dire nihiliste de la société contemporaine. Rael était ce petit rebelle portoricain en rupture de ban, mais cette fois-ci dans un *West Side Story* à la sauce seventies – plus âpre et sombre que l'original, cette gentille comédie musicale à succès de la précédente décennie. Sur scène, Gabriel arborait un perfecto ouvert sur un simple t-shirt blanc, et les cheveux coupés très courts – croisement improbable entre Dee Dee Ramone et George Chakiris[17] !!! En tout cas, c'était quelque chose que les musiciens de la scène progressive ne faisaient pas, en 1974 – arborer ce look hybride déjanté, entre fifties/pré-punk à la Ramones, Iggy Pop (Peter se traînant torse nu le long de la scène) et le Pierre Clémenti frénétique des *Idoles*[18]... Jusqu'ici le public avait entendu (parler de) ce groupe anglais au style héroïco-théâtral, dont les morceaux parlaient d'un Scrutateur-des-Cieux ou de demi-dieux hermaphrodites tout droit sortis de la mythologie gréco-romaine[19]. Il connaissait aussi leur chanteur, lequel contait de bizarres et cruelles histoires, à propos d'un type – philosophe ou loque humaine psychopathe on ne sait trop (cf. la démarche grotesque de Peter mimant le personnage sur scène) –, lequel type trouve son bonheur dans la tonte de pelouses (« I Know

What I Like »). Ou d'un autre *weirdo* "qui-s'est-coupé-les-orteils-les-a-servis-pour-le-thé-puis-s'est-réfugié-sur-un-toit-pour-échapper-à-la-vindicte-populaire" (« Harold the Barrel ») ; du *Reverend*, ce "ministre-du-culte-pervers-surpris-en-plein-ébat-et-à-qui-on-propose-un-joli-service-d'assiettes-du-Staffordshire" (?!?, *in* « The Battle of Epping Forest ») – ou de la geste épique et ubuesque d'un apprenti dictateur et chef de guerre (« The Knife »[20])… Ce même chanteur, qui arborait alors une longue chevelure noire – tempes et front rasés –, avait aussi l'habitude de porter un masque de renard et une robe rouge, tandis qu'il toisait le public ou se balançait au-dessus de lui, accroché à un filin[21]. Une espèce d'attraction culte – à mi-chemin entre le progressif intello (King Crimson, Van der Graaf Generator[22], Yes dans ses bons jours), et un rock théâtralisé plus *cru* à la David Bowie ou Alice Cooper[23]. Adoncques, quoique son nouveau personnage soit encore ancré dans le surnaturel et le mystique, on était dorénavant bien loin de l'univers propre à ce rock qui faisait florès à l'époque : onirique et éthéré[24], novateur et fascinant certes, mais qui pouvait par moments paraître complètement déconnecté de la réalité – et pour tout dire de plus en plus daté, voire *boursouflé*[25]. Et dorénavant la question était : comment cette histoire sortie de nulle part mais bien ancrée dans la réalité – celle du subconscient chargé d'une petite frappe errant dans New York – allait-elle donc être reçue ?

Le fait de situer l'histoire dans la métropole américaine a immédiatement donné – si ce n'est complètement à la musique elle-même, au moins à la thématique – un lien avec l'underground de la ville et de sa scène naissante. C'est déjà le New York qui va accoucher du punk en gestation et des autres musiques alternatives (celles du Max's Kansas City, du Mudd Club ou du CBGB)[26] : un endroit attractif et excitant, mais aussi dangereux et synonyme d'aliénation et de danger (drogue, prostitution et violence endémique). Évoquant sa première visite en 1974, le vibrionnant *rock critic* Philippe Manœuvre parle de la cité comme si elle était « au bord du gouffre, les taxis évitant des ornières profondes comme des baignoires au milieu des avenues. (…) La ville est un étrange mélange de buildings de verre flamboyants et de quartiers délabrés » (*Flashback Acide*, 2021). On imagine donc, quand les cinq amis y sont allés pour la première fois en 1972, pour la tournée *Foxtrot*… Ils n'avaient tous pas plus de 22 ans et New York était alors encore moins la ville *assainie* qu'elle est devenue par la suite (à partir des années 90 et sous la houlette du maire Rudolph Giuliani) ; bien plutôt un coupe-gorge, puisque le taux de criminalité y était le plus élevé du pays. En conséquence, à leur deuxième passage dix-huit mois plus tard, la musique se mit à refléter la densité d'une ville en permanence surchargée, comme sur le point d'exploser. Ainsi que l'expliqua un jour Hackett : « Quand nous y sommes retournés, nous n'avons pas pu dormir de la nuit, à cause du bruit constant des sirènes de police. Il semblait que la cité était en feu en permanence »... Or donc, maintenant, de fait, la méga(lo)pole était devenue tout autant un pilier que le fil conducteur de l'inspiration du groupe.

Comme on l'a vu plus haut, *The Lamb Lies Down On Broadway* fut finalement *livré* dans les derniers jours d'octobre, fin prêt pour une sortie trois semaines plus tard (le 18 novembre). L'agence Hipgnosis, créatrice de pochettes d'albums incontournables des années 70[27], conçut un renversant et classieux objet bien de son cru : crispé, *arty* et énigmatique à la fois, il mettait en vedette un mystérieux modèle masculin – un certain Omar – pour personnifier Rael (on trouve un sibyllin « *Thanks to Omar who played Rael* » en note de pochette intérieure). Dans cet univers noir et blanc, on est maintenant bien loin des peintures d'un autre temps, rêveuses et délicieusement surannées, celles qui avaient illustré les disques précédents – de Betty Swanwick (*Selling England By The Pound*) à Paul Whitehead (*Nursery Cryme* et *Foxtrot*)[28]. Les graphismes de George Hardie – y compris un nouveau logo aux traits anguleux[29] – et ses incises intérieures, les photos de la pochette (en particulier le visage sans bouche de Rael[30] et celles shootées au Pays de Galles et dans les caveaux et tunnels de la Roundhouse[31]), tout contribua à accoucher d'un visuel étonnant/détonant.[32] Abondance d'images paradoxales et marquantes : un mélange incongru mais totalement réussi de délires visuels, agressifs et étranges à la fois – et d'austérité dans la forme.

Ce qui ajoutait à la densité du concept, c'est aussi le texte délivré par Gabriel et reproduit sur la pochette intérieure de l'album – une manière d'explications pour se retrouver dans cette histoire tournant autour des luttes désespérées de son héros. Dans un New York anxiogène et souterrain, celui-ci va essayer de retrouver son frère John, se trouver lui-même par la même occasion et affronter la vie et ses propres angoisses, personnifiées par les *Slippermen*, *Lilywhite*

Lilith, *Lamia* et autre *Doktor Dyper*… « Certaines paroles étaient excellentes », déclarera plus tard Banks, en 2013. « Mais j'étais un peu sceptique par rapport à l'histoire dans son ensemble. Elle doit beaucoup au *Petit Déjeuner des Champions* de Kurt Vonnegut[33]. Comme si l'album se devait d'être lourd et pessimiste de bout en bout. Or ce n'est pas vraiment le cas, il y a aussi autre chose dans *The Lamb*, des morceaux moins sombres, presque légers… »[34] « En fait, c'est comme un poème que tout le monde peut interpréter à sa façon », rationalisera à son tour Mike Rutherford. « Ça semblait manquer de cohésion à l'époque, mais en réalité ce fut une expérience et un voyage merveilleux – quoique bien douloureux par moments » insiste le bassiste, dont la placidité légendaire contribua à aplanir les problèmes relationnels au sein du groupe.

L'œuvre en surprit/déçut plus d'un à sa sortie, mais compte tenu de son accouchement problématique, le résultat est un petit miracle. Selon les musiciens probablement ce qu'ils ont enregistré de plus fort, à l'image de la chanson titre, au refrain *catchy* – la dernière que Banks et Gabriel ont écrite ensemble[35]. Ou de l'époustouflant « Fly On A Windshield » qui, de l'avis des deux suscités – et de votre serviteur –, est un des plus grands moments de Genesis toutes époques confondues. Le groupe y apparaît soudé comme jamais, tendant vers des climats jamais abordés auparavant, étranges et nerveux à la fois. « Back In NYC » est lui l'un des morceaux les plus problématiques que le groupe ait eu à enregistrer, Gabriel passant constamment de cris hystérico-rageurs au chuchotement le plus intimiste. La délicate folk-pop onirique/ironique de « Carpet Crawl » est elle un des sommets mélodiques du groupe. Quant à « Riding The Scree », il contient plusieurs minutes d'un Genesis… funky ! – l'album se terminant par une figure de style typiquement gabrielesque, inspirée du single des Rolling Stones de 1974, « It's Only Rock'n'Roll » : « *Cos' it's only knock-and-know-all but I like it* »… En quelque sorte l'art du jeu de mots et du calembour appliqué à une vision qui fait sens.

De fait, de tout ce qu'a produit Genesis, *The Lamb* est bien l'album vers lequel les adeptes du groupe reviennent inexorablement, une justification ultime du travail et de l'inspiration de ces cinq Anglais touchés par la grâce, en cet an de grâce de 1974. Peter Gabriel revenait sur cet *Agneau*, avec affection et nostalgie, dans une interview de 2012 au magazine *Prog* : « Je ne sais pas si l'histoire avait beaucoup de sens pour la plupart des gens, mais tout cela signifiait vraiment beaucoup pour moi. C'était aussi un voyage pour se (re)trouver, dans un contexte séduisant et magique, tout en gardant prise avec la réalité. En substance, il s'agissait d'un réveil tout autant que d'un éveil » – une manière donc de grandir en tant qu'homme et artiste. Bien sûr on a beaucoup parlé des déclarations mitigées de Tony Banks au fil des ans, passant de rabat-joie vis-à-vis du projet initial, mais qui finit par admettre que ce disque constituait bien le sommet créatif du groupe. « Peter et Tony se sont toujours bien entendus, mais ils étaient tout de même un peu rivaux, pour faire court », analyse et conclut le producteur John Burns.[36] « Tony était définitivement l'influence majeure du son de Genesis à l'époque ; c'était un groupe de claviers, vraiment. Peter apportait lui tous les concepts, les costumes, l'aspect théâtral, etc. » Certes mais pas que, Mr. Burns... Il ne faut pas oublier l'apport des autres – Collins et Rutherford dans un rôle peut-être plus discret –, tous fantastiques musiciens, et en particulier le jeu de guitare de Steve Hackett : novateur, complexe, tour à tour lyrique, torturé, délicat (arpèges languides et trouées lumineuses), mais aussi sachant à l'occasion se faire concis et aller à l'essentiel. Autodidacte influencé autant par le blues que par Bach et la musique baroque, puis plus tard par Robert Fripp (le guitariste et cerveau de King Crimson), sa contribution est primordiale pour le Genesis de ces années-là. Quant à Peter, il prouva – avec sa carrière solo des décennies à venir – qu'il était lui aussi un musicien accompli et un *songwriter* (sur)doué.

Ceci dit et encore une fois, à l'époque de sa sortie, malgré sa richesse musicale et son intrigue novatrice, *The Lamb* reçut un accueil critique rien moins qu'enthousiaste. Si dans le magazine *Sounds* Barbara Charone le qualifie de « pur joyau sorti des décombres », dans sa chronique du disque, le journaliste vedette du *Melody Maker* Chris Welch, pourtant l'un des plus ardents supporters du groupe au Royaume-Uni, marque certaines réticences, anticipant les détracteurs qu'il sent venir : « Genesis devrait tenir compte de l'adage *Small is beautiful*[37]... Néanmoins le groupe mérite le respect pour ses efforts, et peut-être devons-nous être patients et attendre que ce nouvel album grandisse en nous. » De fait, si la patience était ce qu'il fallait pour l'album, à quoi diable devaient s'attendre les futurs spectateurs des concerts à venir ? Car en effet, conçus comme un spectacle vivant, tenant presque autant du théâtre – Peter en Fregoli rock – que du show musical[38], les concerts qui arrivaient risquaient de susciter quelques controverses… Un véritable challenge : un nouvel album tout juste sorti et à jouer dans son intégralité (double qui plus est), cette volonté de ne reprendre aucun ancien morceau – qu'attendaient avec impatience les fans du groupe (beaucoup n'avaient pas encore eu l'occasion de voir le groupe jouer live) – et, on le verra plus loin, ces problèmes techniques récurrents qui affectèrent une bonne partie des quelque cent dates de la tournée[39].

On sait qu'à la veille de la sortie de l'album, « Counting out Time » (couplé avec « Riding the Scree ») sortit en single mais échoua à entrer dans les charts, s'attirant même quelques autres critiques plutôt négatives. Mauvais présage ? Le fait est qu'en plus les choses se compliquèrent lorsque Steve Hackett se blessa bêtement à la main, causant ainsi l'annulation de la tournée de chauffe (onze dates au Royaume-Uni). C'est aussi à ce moment que Gabriel se rendit compte que le nom du personnage central – Rael donc – avait déjà été utilisé, huit ans auparavant, par les Who sur leur album de 1966, *Sell Out*[40] ! Quelque chose qu'il ignorait complètement et qui lui fit peut-être craindre que son projet paraisse moins novateur et original qu'il ne l'aurait souhaité... Quoiqu'il en soit le disque sortit finalement le 18 novembre et le groupe enchaîna directement avec la tournée (le 20), devant un public qui n'avait donc pas encore eu le temps de s'habituer au nouvel opus (aux Usa, le disque fut en plus commercialisé avec un mois de décalage). Sans parler du fait que, faute des shows préparatoires du mini-tour anglais, le groupe dût, à marche forcée, se (re)faire la main – au sens propre comme au figuré pour Steve, qui dût subir un traitement à base… d'électricité ! Départ au forceps donc, et au détriment peut-être des premières prestations de la tournée américaine.

Les concerts de *The Lamb* s'ouvraient sur des images de Manhattan au petit matin – projetées sur trois écrans différents, en fond de scène. Quoique le show représentait, de l'avis de tous, ce qui se faisait de plus ambitieux en matière de rock théâtral *scénarisé* – éclipsant même ce que Pink Floyd avait proposé pour sa dernière tournée *The Dark Side Of The Moon* –, les premiers concerts ne furent rien moins que compliqués. Les projecteurs ne fonctionnaient pas toujours comme prévu et certains costumes de Gabriel créaient des problèmes de son (micros défectueux et/ou mal placés), outre que certaines parties musicales étaient pratiquement impossibles à reproduire fidèlement sur scène (les séquences d'*ambient music* en particulier, mais aussi certains gimmicks instrumentaux et effets vocaux). Pour compliquer les choses, le public néophyte, celui qui venait juste d'entrer dans l'univers des premiers albums, fut bien évidemment confronté à tout autre chose que ce dont il pouvait s'attendre. Des morceaux tout aussi complexes qu'avant mais dans un style bien plus brut, un univers décalé par rapport à l'image habituelle véhiculée par le groupe, et un nouveau visuel à bien des égards avant-gardiste, novateur certes mais déconcertant à la fois. Face au public, chaque musicien se tenait sur une espèce de contremarche et tout (la scène en elle-même, les amplis, les vêtements) se devait d'être de couleur sombre, de manière à créer l'ambiance la plus ténébreuse possible. Jusqu'ici les fans avaient vu ou entendu parler de l'Homme-Fleur et de la Femme-Renard-à-la-Robe-Rouge[41], d'une tueuse joueuse de croquet et de hantise psycho-sexuelle (« The Musical Box »), d'une plante géante déclenchant l'Apocalypse (« Return of the Giant Hogweed ») ou de la geste de voyous picaro-dickensiens (« The Battle of Epping Forest »)... Or maintenant, le public voulait retrouver ces caractères à nouveau, ou les connaître enfin de visu, tel qu'ils se les étaient imaginés. Au lieu de cela, il fut confronté à un éventail d'images dérangeantes et à une musique sans pareil – loin des canons habituels du prog' (sérénité, onirisme, morceaux de bravoure étirés à l'infini et tutti quanti). Et que dire de la vision déroutante d'un chanteur ressemblant plus à une petite gouape toute droit sortie du Bronx[42], plutôt qu'à un hippie aux cheveux longs et au regard bienveillant ? On était par conséquent – à présent – bien loin des looks mythologico-onirico-évanescents à la *Britannia*, *Moonlit Knight* ou autre *Narcissus from Salmacis,* ceux des tournées précédentes. Sans parler de tous ces éclairages et techniques visuelles créant ambiances surréalistes, crispantes et ahurissantes à la fois – au sens propre (matraquage des images), comme figuré (choc de l'inattendu du show). Et pour couronner le tout, à l'arrière de la scène, ce flot ininterrompu : sept projecteurs – alimentés par dix-huit cassettes contenant chacune plus d'une centaine d'images – lesquelles cassettes mitraillaient trois écrans, au rythme effréné d'une diapo toutes les quatre secondes !

Pour chaque concert, trois pauses, pendant lesquelles Gabriel commentait l'histoire au public, s'avérèrent indispensables. Elles permettaient au technicien Dave Lawrence, depuis sa console de contrôle, de gérer au mieux le flux et les transitions (fondu/dissolution) entre les diapos, et de créer ainsi ce sentiment de *show filmique* en perpétuel mouvement[43]. Pendant « The Lamia », Peter était entouré d'un cône de lumières stroboscopiques, en forme de tourbillon – le tout baignant dans une ambiance mystique, mi-féérique, mi-effrayante ; tandis que dans « Colony » il enfilait son accoutrement de *Slipperman*, soit un justaucorps jaune recouvert de – « *Lumps and bumps and slimy humps* » – bulbes, grumeaux et bosses visqueuses ! Assurément le costume/personnage le plus marquant que le chanteur-Protée avait créé à ce jour, celui-ci provoquait dans le public des sentiments contrastés, entre répulsion drolatique et sensation jouissive du grotesque… Alors, Grand-Guignol ou show d'avant-garde ?? Le public semblait en tout cas tiraillé entre l'ambiguïté d'un malaise métaphysique saupoudré de pittoresque et le saisissement de la musique/thématique proposée. Avant cela, pendant l'instrumental « Hairless Heart », les spectateurs avaient aussi eu la vision d'un cœur duveteux drapé de satin, lequel cœur était *tondu* méticuleusement par une main gantée affublée d'un rasoir – référence peut-être au film *Un Chien Andalou*[44] ? Plus loin, à la toute fin de « In the Rapids », un mannequin-sosie du chanteur se tenait là, hiératique, sur un côté de la scène – manière d'illustrer la séquence glaçante où le héros se trouve confronté à un autre lui-même. L'illusion s'avéra telle que le public ne savait plus où se tenait le vrai Rael/Peter, celui en chair et en os ![45] Bref, au bout du compte tout cela ne risquait-il pas d'être un peu *too much*, pour ceux qui n'avaient pas encore vu le groupe et ne connaissaient leurs performances que par… ouï-dire – et les autres, ceux qui jusque-là avaient été habitués à une ambiance moins crispée/terre-à-terre ?

Malheureusement – et bien qu'il existe des concerts filmés des tournées *Foxtrot* et *Selling England* (en particulier ceux du Bataclan à Paris, 10/1/73, et des Shepperton Studios de Londres, les 30 octobre et 1er novembre 1973) –, le spectacle de *The Lamb* ne fut jamais shooté, *professionnellement parlant*. Incompréhensible : ce qui reste de la centaine de shows de la tournée, c'est à peu près trente minutes de vidéos amateurs/pirates de bien piètre valeur (quelques extraits sont d'ailleurs visibles sur YouTube). Environ cinq minutes seulement sont d'une qualité – si ce n'est bonne – tout au moins acceptable. Hommage spécial à un certain Chris West qui s'est chargé de la synchronisation sonore (les bandes d'origine sont… muettes) – un travail qui a dû lui prendre des mois à accomplir. Bizarrement, la seule séquence pro filmée provient d'un extrait d'un documentaire allemand… à propos d'un promoteur musical n'ayant rien à voir avec le groupe lui-même ! L'équipe de tournage a filmé quelques secondes de « Slippermen », « In The Cage » et « Musical Box », prouvant ainsi d'ailleurs que cette dernière faisait bien partie de la setlist (elle était en fait jouée en rappel, couplée soit avec « Watcher of the Skies », soit avec « The Knife »). De fait, il semble bien étonnant qu'une équipe se soit déplacée pour ne filmer que quelques minutes d'un groupe avec lequel elle n'avait aucun rapport ; et par conséquent il ne serait pas impossible que le spectacle ait en fait bien été enregistré dans son entièreté, par un (ou des) fan(s) présent(s) ce soir-là. Et que la bobine se trouve quelque part, au fond d'un quelconque placard... On a le droit de rêver, tant ces hypothétiques bandes constitueraient une manière de Graal pour tout fan de Genesis. Quoi qu'il en soit, c'est bien aussi ce flou artistique, et toutes ces spéculations sur la tournée mythique de 1974-75 – arlésienne rock dont, tel une Atlantide engloutie, il ne reste plus rien –, qui font de *The Lamb* la création la plus emblématique du groupe. Hum, qui a dit son chef-d'œuvre ? Well, en tant que symbole du chaos nécessaire à toute forme de renaissance créative, c'est sans conteste son œuvre au noir, la plus fascinante et la plus mystérieuse en tout cas.

Et donc voilà la tournée qui vient tout juste de débuter, et le groupe qui, tant bien que mal, commence à prendre ses marques – quand, tout à coup, Peter informe ses camarades… qu'il n'en veut/peut plus ! Autrement dit, il semble clair que le plus mercuriel des *frontmen* des années 70 est en passe de quitter le groupe qu'il avait fondé avec ses potes de la Charterhouse School de Goldaming, Surrey – huit ans auparavant[46]. Or, avec cette décision, les cinq membres de Genesis semblent avoir beaucoup à perdre – en fait tout. Ils venaient donc tout juste de sortir un disque qui était, pour eux et pour beaucoup d'autres, leur vision artistique la plus aboutie à ce jour. Et six mois plus tard, ils auront terminé une tournée américaine et européenne presque *sold out*, une série de shows pendant lesquels la totalité de l'album aura été joué, offrant ainsi l'un des spectacles multimédias les plus complexes et novateurs de l'époque. Après des années de dur labeur, de totale liberté laissée par un label qui croyait résolument en eux, et l'aide d'un manager dévoué[47], les planètes semblaient bien alignées pour que le groupe puisse atteindre d'autres sommets, tant artistiques que commerciaux[48]. (Une première depuis leurs débuts, les gars étaient en effet enfin sur le point d'amortir les coûts et frais des concerts, et même de commencer à gagner un peu d'argent.) Par conséquent, la pilule était un peu amère pour Banks, Collins, Hackett et Rutherford... Mais voilà, il fallait s'y résoudre, en ce qui concerne la première mouture du groupe, c'était la fin : les enregistrements et les performances de *The Lamb* – pourtant, aux dires des privilégiés qui purent y assister, certains soirs les meilleures de toute leur carrière – avaient mis à nu les divisions et conflits latents au sein de la bande[49]. La vie en elle-même – classiques *divergences musicales*, lassitude d'un chanteur enchanteur désenchanté (ha, ha), besoin de nouveauté et de renouvellement, etc. – se chargeait donc du reste.

C'est au Swingos – célèbre hôtel de Cleveland et haut lieu rock' n'roll (Elvis Presley et Led Zeppelin y séjournaient régulièrement) – que, ce 25 novembre 1974, Gabriel, à l'étroit dans son costume de *lead singer*, annonça officiellement la nouvelle au groupe. Dans une chambre kitsch aux murs orangés, il leur fit part de sa décision – irrévocable –, après une réunion convoquée à la hâte par Tony Stratton-Smith. Peter a déclaré en 2007 : « L'hôtel où nous résidions faisait partie de toute cette culture rock et j'ai réalisé : 'Je suis en plein dans cette foutue machinerie et je ne pense pas que ce soit là où je devrais être, ni que ça corresponde à ce que je suis réellement'. Depuis un certain temps, je sentais la pression monter et j'ai dû me frayer un chemin à travers tout cela, pour m'en sortir »[50]. Comme si le parcours initiatique de Rael, héros-victime en recherche du sens de la/sa vie, reflétait la psyché actuelle de son créateur… Estomaqués, dans un premier temps les membres du groupe refusèrent d'admettre la chose, et pensèrent pouvoir persuader leur chanteur de revenir sur son choix. Peine perdue – Peter acceptant néanmoins d'honorer tous les engagements de la tournée, jusqu'en mai de l'année suivante... Mais dorénavant il était clair que la décision de Gabriel était sans retour : Banks et les autres avaient bel et bien perdu leur vieil ami de la

Charterhouse School. « D'une certaine manière, j'ai ressenti un sentiment d'abandon », reconnut Tony par la suite. « Mais c'était aussi un soulagement, je ne peux pas le nier. Nous aurions toujours quelque chose à prouver pour la suite ; en fait c'était un nouvel objectif à atteindre, qui nous a rapidement reboosté ».

En avril, à l'approche de la fin de la tournée, Charisma organisa une réception pour le groupe à l'hôtel Savoy de Londres, afin de célébrer les ventes des disques d'or qu'étaient devenus *Selling England* et *The Lamb* (ce dernier n'atteignit qu'une décevante 41ème place aux Usa mais la 14ème en Italie, la 10ème au Royaume-Uni – et la 1ère en France). Sur une photo prise pendant le raout en question, Gabriel arbore un très seyant gilet confectionné à partir… de billets de banque d'une livre (« *by the pound* », indeed !). Ce cliché en dit long : Peter semble ravi, soulagé et presque hilare, esquissant un au revoir affectueux et un brin ironique. Les quatre autres ont l'air calmes et confiants, comme s'il s'agissait de leur premier coup de presse en solo. Tout semble donc se passer dans la sérénité, une rupture à l'amiable entre gentlemen[51] – attitude à remarquer dans le monde particulièrement hystérico-névrotique du rock.

La tournée se terminera finalement par un dernier show dans nos contrées, plus précisément à Besançon, le 22 mai 1975, les trois derniers concerts étant eux annulés pour cause de problèmes techniques (Poitiers, St-Étienne) et… faute de spectateurs (Toulouse – hum, *to lose* ?)[52]. Et c'est seulement trois mois plus tard, juste après la parution d'un article dans le *Melody Maker,* que le pot aux roses fut enfin dévoilé au public. L'affaire, un temps tenue secrète, avait fuité. Le 16 août, le journal pose en effet une question en première page : repoussant en coin un entrefilet concernant un éventuel retour de Frank Sinatra au Royaume-Uni, on y trouve une photo de Peter dans son inquiétant costume d'homme chauve-souris (khôl sur les yeux, *bat-hat* et *winged cape*), une vision du classique d'antan « Watcher of the Skies »… Avec, pour simple légende, en grandes lettres capitales : « Gabriel out of Genesis ? ».

Chacun suivait donc sa route, Steve Hackett continuant dans le groupe mais s'offrant momentanément une petite escapade solo – le plus qu'excellent *Voyage of the Acolyte*. Un album qui permettait aux aficionados de se rendre compte de l'apport réel du guitariste dans la musique du groupe (cette étrange couleur musicale – entre ambiances surannées et atmosphères angoissantes – trop souvent attribuée au seul Peter Gabriel). Dans la foulée, les trois autres, rapidement rejoints par le guitariste, commencèrent alors à travailler sur ce qui allait devenir leur prochain album : *A Trick Of The Tail*, soit la transformation/résurrection du groupe – avec retour aux racines aériennes de *Selling* et métamorphose inattendue de son batteur en chanteur[53]. Flashback vers un naturel retrouvé, empreint à nouveau de romantisme et de classicisme à la sauce anglaise. Le fait est que les deux albums qui suivront *The Lamb* constitueront les sommets du nouveau *line up* de Genesis, un style assez proche des premiers disques certes, mais dans une veine plus *calme et sereine*, quoique performante et toujours aussi gratifiante musicalement parlant.[54] *A Trick Of The Tail* (février 76) donc, et *Wind & Wuthering* (décembre 76), tous deux éblouissants d'exigence musicale et de rêverie éthérée – et si merveilleusement *british* : leur chant du cygne avant le (fatal) virage *pop mainstream* des eighties.

Les deux parties séparément – Genesis d'un côté et Peter Gabriel de l'autre – avaient entre-temps publié un communiqué de presse en réponse à l'article suscité. Celui de Peter[55] était bien à son image, plein de bienveillance pour ses ex-comparses (« nous nous quittons bons amis, et sans la moindre rancune »), mais loufoque et malicieux en diable, sa *missive*[56] se terminant par une saillie surréalistico-absurde à la Monty Python[57], en forme de pied de nez gentiment sarcastique : « Les conjectures à venir n'ont pas grand chose à voir avec la réalité – Gabriel a quitté Genesis pour : 1) travailler dans un théâtre, 2) gagner plus d'argent en tant qu'artiste solo, 3) faire un "Bowie", 4) faire un "Ferry", 5) mettre un "boa poilu autour de mon cou et me pendre avec", 6) rentrer dans une institution médicalisée, 7) devenir sénile avant l'âge. » On notera les franches allusions aux stars du glam rock de l'époque : David Bowie, Bryan Ferry, et celle – à peine voilée – à Alice Cooper. Pour Peter, marqué par la séquence *The Lamb* plus qu'il ne voulait/pouvait le reconnaître[58], c'était certes une manière ironique et gentiment goguenarde de prendre ses distances avec le cirque rock[59], ce cirque qu'il quittait – momentanément. Pour mieux y revenir, gonflé à bloc, moins de deux ans plus tard.[60]

1. Richard MacPhail, tour manager du groupe, témoigne et révèle : « En fait ce sont les breaks répétés entre les titres joués qui furent à l'origine des fameuses petites histoires de Peter... Sans parler du fait qu'à mes débuts j'étais plutôt

novice dans mon domaine. Et qu'en plus de cela, l'équipement du groupe était un peu léger, à l'époque – en fait un vrai cauchemar… Au départ, c'est donc ainsi que Peter eut l'idée de combler les *gaps* entre chaque morceau, à l'aide de ses contes bizarro-fantaisistes ». Raison purement *utilitaire*, well la légende en prend un coup !... (NB : MacPhail exerça ses fonctions au sein de Genesis dès le tout premier concert du groupe – 1/11/1969 à la Brunel University de Londres –, jusqu'en 1973 ; puis de nouveau en 1976 – tournée *A Trick of the Tail* – ; et ensuite avec Gabriel, pour ses débuts en solo de 1977-78.)
2. Pièce centrale des shows du Genesis pré-*The Lamb*, « Supper's Ready » était le résultat d'un mix d'influences issues des lectures de jeunesse de Peter Gabriel, en particulier le livre de R. H. Blyth, *Zen in English Literature* (l'ouvrage de cet auteur passionné de culture japonaise a en effet, aux dires du chanteur, inspiré toute la partie centrale du morceau, la section « Willow Farm »)… Mais aussi les émissions et sketches des Monty Python (cf. *infra*, note 57) et de Spike Milligan, sans parler d'autres classiques de la littérature tels que l'*Alice* de Lewis Carroll, le sus-cité *Pilgrim's Progress* de J. Bunyan ou encore le *Don Quichotte* de Cervantès (*Rael de la Mancha* ?!?) – toutes influences que l'on retrouvera aussi, dans une certaine mesure, pour le projet *The Lamb*. Musicalement parlant, « Supper's Ready » n'est pas sans rappeler le « Celebration of the Lizard » des Doors, dans la forme comme dans le fond. Soit une suite de poèmes mi-chantés mi-récités, illustrés par des mélodies-saynètes en cascade et de brusques changements de rythmes. Les thèmes traités, allégories surréalistes oscillant entre pittoresque et climat angoissant, sont entrecoupés de longs passages musicaux – le tout à mi-chemin entre rock, ambiance pastorale et musique atmosphérique (les deux morceaux durant chacun à peu près une vingtaine de minutes).
3. Johnny Boy (Robert De Niro) en chien fou révolté, et Charlie (Harvey Keitel) comme apprenti mafieux en pleine quête existentielle/ontologique.
4. Peter dans une interview de 1984 avec le journaliste Hugh Fielder : « Le punk n'était pas encore arrivé mais je pensais qu'il était grand temps de passer à des sujets plus contemporains, et laisser de côté nos habituels *fantasy tales* ». D'autre part, 1974 c'était aussi l'époque de l'inflation et de l'auto-indulgence dans le monde musical (gigantisme des concerts, super groupes, hiatus entre thèmes traités et réalité), et le chanteur – de moins en moins à sa place dans cette industrie qu'était devenu le rock – voulait marquer le coup et se renouveler, pour ne pas « sombrer corps et biens avec ce Titanic » (*dixit* Peter encore).
5. Une étude récente (mai 2023) de la revue scientifique *Earth's Future* démontre que la ville s'enlise d'environ 2 mm chaque année (4 à 5 à certains endroits), croulant sous le poids de ces buildings et autres *skycrapers*. Certaines zones s'approchant maintenant du niveau de la mer (l'Hudson et l'East River sont montées de plus de vingt centimètres en cinquante ans – source : SeaLevelRise.org), il faut donc s'attendre à ce que la Big Apple subisse le sort promis à Venise – et finisse en moderne Atlantide !

6. Groupe anglais dont le premier album (*In the Court of the Crimson King*) fut à l'époque de sa sortie – octobre 1969 – un véritable *game changer* pour tout musicien avide de renouvellement et de nouveauté. Il donna naissance – pour le meilleur comme pour le pire… – au *mouvement* prog', influençant particulièrement les musiciens de Genesis. C'est en grande partie ce qui leur permit de passer d'un début bien quelconque dans son classicisme pop (*From Genesis to Revelation*, 1969) à un nouveau type de musicalité (*Trespass*, 1970). Notons qu'en cette même année 1974, un mois et demi avant le double album qui nous occupe, la bande à Robert Fripp accouchait lui aussi d'un monstre prog' sachant *penser contre lui-même* – soit le fabuleux *Red* : excellence et innovation musicale, mais abandon de certains thèmes et gimmicks propres au genre. Une âpreté nouvelle, une violence sourde qui dépassait le « 21st Century Schizoid Man » de 1969, tant dans les textes que dans la musique – d'une sombre beauté (le mélancolique « Starless » et ses sublimes ligne de guitare et de mellotron) mais qui virait presque au heavy metal par moments (la chanson titre, « One More Red Nightmare »). Autre similarité avec *The Lamb*, *Red* – un des albums préférés de… Kurt Cobain ! – sera le dernier album du groupe originel (avant sa reformation de 1981, dans un nouveau *line up* et sous une nouvelle direction musicale).
7. Plus tard, dans le même ordre d'idée, en 1980 dans une interview avec le journaliste Armando Gallo, Banks se plaindra aussi que déjà l'année d'avant (1973) « la densité et l'avalanche de paroles de 'Battle of Epping Forest' avaient complètement gâché le morceau – au détriment de la musique ».
8. « Mon principal argument était qu'on a très rarement vu des romans ou des nouvelles écrites *en comité*… Nonobstant le fait que bien sûr j'avais mis beaucoup de moi-même dans cette histoire – mes propres expériences, mes émotions les plus intimes – et que je ne voulais pas que quiconque interfère dans le processus », confiera rétrospectivement Peter.
9. Peter en 1974 : « Nous avons plus à voir avec un comique style *cartoons* qu'avec un quelconque groupe de rock conventionnel » et plus tard, en 1986 : « Je prends mon boulot au sérieux mais j'essaie d'éviter de donner des leçons, et je continue de considérer ça plutôt comme de l'entertainment qu'autre chose ».
10. En fait la Grange avait une histoire bien plus ancienne que cela. Ouvrage autant qu'œuvre de bienfaisance, les bâtiments d'origine remontaient à 1795, avaient coûté la somme faramineuse de 1 500 livres et étaient initialement destinés à recueillir infirmes, vieillards, orphelins et autres nécessiteux de Headley et des paroisses environnantes (Bramshott et Kingsley). Outre les ravages du temps, en 1830 une révolte paysanne anticléricale avait failli détruire totalement les lieux – d'où son aspect lugubre et un brin décati en 1974.

11. Tony Banks témoigne : « Peter pouvait être frustrant par moments. Il avait un tas de projets qui ne menaient à rien, et tout à coup une idée brillante surgissait. De plus, il était plutôt du genre lent, alors que le reste du groupe aimait travailler plus rapidement. Sans parler du fait que nous étions tous, surtout Peter et moi, obstinés et assez têtus – ce qui tendait à retarder le travail et à envenimer la situation entre nous. » (Ceci dit, quand on voit le nombre de chefs-d'œuvre qui ont jalonné l'histoire du rock et qui ont été *accouchés* dans une ambiance toxique – cf. les relations au sein des Sex Pistols, Who, Oasis, Rolling Stones, Beach Boys et autres Kinks –, on se dit qu'en fait le conflit et la confrontation peuvent bien souvent s'avérer propices à la création... – NdA.)
12. Le réalisateur américain enchaîna alors sur un autre projet – *Sorcerer* –, une adaptation-remake du *Salaire de la Peur* (roman de G. Arnaud de 1949 puis long métrage de H. G. Clouzot en 1953). Le film fut un flop commercial et critique, marquant le déclin de l'étoile Friedkin à Hollywood.
13. Né en 1933, Tony était un ancien journaliste sportif qui avait couvert la coupe du monde de football de 1962, au Chili. Sur place, il avait eu l'occasion de rencontrer le compositeur brésilien Carlos Jobim – ce qui le conduisit plus tard à s'intéresser au monde de l'édition, musicale ou autres (il fut en particulier le promoteur-éditeur du *Monty Python's Flying Circus*). Par la suite, cette nouvelle direction l'amena au management et à la production de groupes *via* son label (Charisma Records) : Genesis donc, mais aussi Van der Graaf Generator, Lindisfarne, Nice, Atomic Rooster... Personnage haut en couleurs, *bigger than life*, (trop) bon vivant, Tony est prématurément décédé, en 1987. Il a considérablement marqué les artistes qui l'ont côtoyé – voir les chansons-hommages que lui ont consacrées Peter Hammill (« Time to Burn »), Keith Emerson (« Lament for Tony Stratton-Smith ») ou le groupe néo-prog Marillion (album *Clutching at Straws*).
14. Voir le passage le concernant, pp. 111-112.
15. « Sa contribution à l'album fut plus que minime, en fait je me suis toujours demandé pourquoi nous l'avions crédité dans les notes de pochette », insiste encore Banks dans une interview de 1992. Et donc, remake-syndrome à la Beatles – John Lennon imposant Yoko Ono à ses partenaires pendant les sessions d'*Abbey Road* de 1969 –, ou simple rivalité ?
16. Comme bien souvent avec Peter, les textes étaient créés dans l'urgence, souvent à la 59e minute de la vingt-troisième heure. Ainsi que se le rappelle le producteur : « Il interprétait ses chansons différemment à chaque fois, ce qui compliqua le travail mais contribua aussi fortement à l'ambiance créatrice »... Et à motiver, titiller et relancer le reste du groupe, constamment sur la brèche pour coller au plus près aux visions du chanteur.
17. Dee Dee Ramone (1951-2002) : bassiste et principal compositeur des Ramones première manière (1974-1989), de son vrai nom Douglas Colvin. George Chakiris (1932-) : acteur et danseur principal de *West Side Story* (co-

médie musicale de Leonard Bernstein adaptée au cinéma par R. Wise et J. Robbins, en 1961).

18. Film du réalisateur Marc'O (pseudonyme de Marc-Gilbert Guillaumin), tourné en 1967. C'était l'adaptation cinématographique d'une pièce de théâtre du même auteur, qui avait connu un certain succès l'année précédente, une charge au vitriol des milieux du show-biz (le courant yé-yé/rock des années antérieures, mais aussi le mouvement hippie naissant). Bulle Ogier en chanteuse hystérique attardée, Jean-Pierre Kalfon en gourou mystique, et Pierre Clémenti en rocker bidon drolatique et pseudo-révolté, sont les acteurs principaux de ce film typique de la *zeitgeist* de l'époque. Devenu culte depuis, *Les Idoles* fut néanmoins un flop commercial, pâtissant de sa date de sortie (juin 1968, juste après les évènements de mai).

19. Respectivement : « Watcher of the Skies » et « Fountain of Salmacis ».

20. « The Knife » est cette étonnante diatribe antimilitariste, typique du mouvement pacifiste de l'époque, une satire inspirante… et inspirée de la pensée de Gandhi (Gabriel ayant toujours été un admirateur du Mahatma). Éternelle et encore pertinente de nos jours – Hi, Vladimir P. ! –, c'est la description des véritables motivations d'un condottiere, mi-fou halluciné mi-gourou grotesque, qui cherche à entraîner sa tribu dans la guerre. À grand renfort d'arguments délirants et débilitants, il essaye de justifier son plan et finit par entraîner son peuple, le tout se terminant dans un final apocalyptique, cathartique – chaos musical jouissif – et pathétique à la fois (la litanie finale des « *We are only wanting freedom* »). Musicalement influencée par le groupe de Keith Emerson, The Nice, son interprétation live était l'occasion de prestations particulièrement brutes, sauvages et habitées, de la part du groupe et de son chanteur. (Pour les fans – et les autres –, elles sont encore visionnables sur YouTube.)

21. David Stopps, le promoteur du célèbre Fryars Club d'Aylesbury (où Genesis se produisait régulièrement au début de la décennie), se rappelle : « Peter était toujours très charmant, amical, calme et étonnamment poli. Mais dès qu'il montait sur scène, c'était autre chose… Chacun doit pouvoir relâcher la pression – mais lui, il devenait tout simplement un autre. » Témoin cette chute d'un soir – durant « The Knife » –, entre exubérance et adrénaline musicale : ce fut le saut de l'ange Gabriel dans un public… qui oublia de le réceptionner, le laissant là, la cheville brisée. Aujourd'hui, le chanteur en garde encore un excellent souvenir : une cicatrice de plus de dix centimètres !

22. Groupe phare du mouvement prog' anglais – Peter Hammill, son *frontman* et principal compositeur ayant pourtant toujours rejeté ce qualificatif. Son nom provient d'un appareil conçu pour produire de l'électricité statique : le générateur de Van de Graaff, du patronyme de son inventeur, le physicien américain Robert Van de Graaff (1901-1967). Les fautes d'orthographe – ajout d'un 'r' et perte d'un 'f' – seraient accidentelles, ou voulues on ne sait trop... De fait et quoi qu'il en soit, VDGG, à travers son univers si particulier (mélange de go-

thique et de science-fiction), sa musique novatrice à base de climats tour à tour violents puis presque éthérés – mâtinée d'influences jazz, classique, bruitiste ou purement rock (cf. *Pawn Hearts*, 1971 ; *Godbluff*, 1975...) –, a été une influence majeure dans la genèse de… La Genèse. (Ha, ha, *so funny indeed* – NdE.)
23. C'est le 29 mai 1972, au Great Western Festival de Bardney (Lincolnshire), que Peter lança ce concept théâtral et son nouveau look, celui d'un prince égyptien au teint rehaussé de mascara, et affublé d'une coupe de cheveux – euh – spéciale. L'accident de rasoir d'un adepte d'Hare Krishna qui aurait tout de même décidé de garder sa toison ? En tout cas cette innovation aurait très vite pu tourner au ridicule, voire au grotesque – Alice Cooper, qui en faisait son miel à l'époque, essuya en effet de terribles critiques de la part de la presse... Nonobstant, le résultat dans le cas de Genesis fut positivement… positif, autant en ce qui concerne le public que les journalistes du milieu musical. Pour preuve la côte du groupe qui décolla rapidement dans les journaux, et leur première une dans le *Melody Maker* – juste après le show –, avec Peter en *frontman* grimé. En 2013, rétrospectivement, Chris Charlesworth du *NME* notait : « Je n'ai jamais vraiment su si la politique des costumes relevait d'une pure démarche artistique ou d'un gimmick *publicitaire*, mais le fait est que ça marcha ! »
24. Sans parler des thèmes traités et de l'ambiance *apaisée* de certains passages musicaux de Genesis, les concerts du début s'ouvraient tous sur un simple rideau *gazeux*, cocon entourant le groupe et créant une atmosphère aérienne, comme ouatée. Le tout baignait en plus dans une espèce de subtil rayonnement ultraviolet, accentuant ainsi le côté irréel et fantasmagorique de la vision offerte au public.
25. Une pente que paraissait prendre le groupe depuis la tournée de l'année dernière… De fait, au contraire de super-groupes tels que ELP, Pink Floyd, les Who ou Yes – qui semblaient parfois essayer d'impressionner les fans à l'aide d'un catalogue d'instruments complaisamment étalés –, le Genesis première période ressemblait plus à un petit groupe expérimental qu'autre chose. Les sons sortis des amplis de Rutherford et Hackett jaillissaient, comme émanés de l'air, et aucune esbroufe technologique n'envahissait les claviers de Banks. Quant au set de batterie de Collins, quoique conséquent (« une sculpture en elle-même », comme le décrivit Ron Ross dans le magazine *Circus*), il n'avait rien à voir avec ceux des batteurs de l'époque. Genesis avait toujours cultivé ce côté underground, privilégiant la musique avant tout, et presque minimaliste par rapport à la tendance qui prévalait à l'époque. Les choses commencèrent donc à se gâter avec la tournée *Selling...*, et c'est justement ce tropisme des concerts mastodontes et de l'épate tournant à vide qui fera que Peter changera ses plans artistiques – pour plus tard tourner casaque et quitter le groupe.
26. Television, Ramones, Blondie, Talking Heads (originaire du Rhode Island mais *exerçant* à NYC), Patti Smith et toute la scène en ébullition... Suicide et

les New York Dolls avaient pour leur part démarré un peu plus tôt, mais étaient eux aussi emblématiques de la scène bourgeonnante de la Big Apple.

27. Voir note 15 p. 229.

28. L'étrange impact de la pochette de *Trespass* (1970) – paradoxalement déjà de Paul Whitehead – peut lui s'apparenter à celui de *The Lamb* : ambiance menaçante et ambiguë – un couteau planté sur le paysage d'un tableau d'apparence romantique –, comme une image de la violence et du malaise sous-jacents derrière certains aspects (faussement) pastoraux de la musique.

29. Après une pause pendant la période *A Trick of the Tail / Wind and Wuthering*, le groupe le réutilisera pour les deux albums suivants : le live *Seconds out* (1977) et *...And Then There Were Three...* (1978, dans une version légèrement modifiée).

30. Symbole allégorique de l'isolement de Rael, une *astuce* visuelle peut-être inspirée d'une scène avec Pierre Batcheff, dans *Un Chien Andalou*... De fait, on retrouvera ce thème central de l'incommunicabilité, de manière récurrente chez Peter (cf. l'album de 1992, *Us*, et les shows de la tournée correspondante).

31. Voir note 18 p. 231.

32. En particulier l'utilisation du N&B, maintenant inséparable de *The Lamb* mais qui à l'époque fut assez mal reçu. Elle confère au disque cette ambiance unique, influence semblant venue de certaines productions artistiques du passé (les photographies du Brassaï des années 30, la touche filmique de Fritz Lang – *M Le Maudit* – ou de Carol Reed – *Le Troisième Homme*).

33. Nouvelle parue en 1973, dont les thèmes principaux tournent autour de la folie, du suicide, des problèmes raciaux et de l'implacabilité du contexte économico-social. Dans sa préface, Vonnegut parle de sa vision de l'humanité « *as a huge rubbery test tube with chemical reactions seething inside* / comme (celle) d'un gigantesque tube à essai caoutchouteux bouillonnant de réactions chimiques » – description qui n'est pas sans rappeler l'univers évoqué dans « The Grand Parade... » ou « Colony of Slippermen ». Sans parler du fait qu'un des héros du roman est un petit dealer originaire de la ville de Pontiac, Ohio…

34. Paradoxal que Tony puisse reprocher cela aux textes de Peter, lui qui a toujours eu cette image austère, presque *studieuse,* au sein de Genesis... Pour preuve les textes manquant singulièrement d'humour de la période post-Gabriel (en grande partie dus à Banks), *lyrics* heureusement contrebalancés par l'interprétation et la personnalité facétieuses de Collins. Ironique, Gabriel reconnaissait lui, dans une interview de l'époque, à propos des racines *upper class* du groupe de Charterhouse : « *We all took courses in pretentiousness* ». Et David Rhodes, guitariste attitré de Peter en solo (de 1980 à 2023 !), rétablit la balance : « Le jeu de scène de Peter a toujours été à l'image de sa personnalité : un croisement entre espièglerie enjouée, étrangeté et sérieux assumé. »

35. Indépendamment des personnalités propres à chacun, le couple Gabriel/ Banks rappelle fortement celui d'un autre groupe emblématique de la décennie précédente, les Doors, avec d'un côté un chanteur-parolier-*frontman* (Jim Mor-

rison / Peter) et de l'autre un claviériste comme force et patte musicales (Ray Manzarek / Tony). Les deux duos étant aussi à l'origine de leur groupe respectif (ils formèrent leur projet très tôt, au collège pour Genesis, à l'UCLA pour le groupe américain), on notera aussi la même relation virant un peu au conflictuel sur la fin : d'une part Tony vs Peter comme on le verra ; de l'autre Manzarek, dès 1968 de plus en plus exaspéré par le caractère déjanté et ingérable de Morrison… mais quand même lui aussi opposé à ses velléités de départ.

36. Force première du groupe, avant Genesis et depuis 1965 Peter et Tony s'étaient côtoyés dans un autre combo formé à la Charterhouse School : Garden Wall. Ils y avaient écrit leurs premiers titres ensemble, alternant chacun qui la ligne mélodique, qui la séquence d'accords, qui les *lyrics* (« She is Beautiful » semble avoir été leur toute première chanson, évoluant ensuite pour devenir « The Serpent » sur le premier album). Dans une interview de 2007 Peter évoquera leur relation avec humour, laquelle relation fluctua sensiblement avec le temps : « *We were best friends and worst ennemies at the same time* » – Tony admettant lui, plus prosaïquement, qu'ils étaient en plus tous deux « *pretty stubborn* » (« de vraies têtes de mule »).

37. Que l'on pourrait traduire par « Plus c'est concis, mieux c'est ».

38. Extrait d'un entretien du chanteur avec le réalisateur britannique Tony Palmer, juste avant la sortie de *The Lamb* : « Nous sommes tout juste à l'orée des possibilités de l'audiovisuel – un peu comme ces premiers ingénieurs qui expérimentaient les nouvelles possibilités offertes par la stéréo. (…) Nous n'essayons donc pas de créer un simple spectacle, classique, style Hollywood, mais une espèce de show-concept hybride aux aspects autant musicaux que visuels, afin que ceux-ci puissent s'exprimer et être exploités. »

39. Initialement cent-trente-et-un shows avaient été programmés mais dix-neuf furent finalement annulés (les onze dates de la tournée au Royaume-Uni, plus les concerts de Providence, Indianapolis, Dallas, Berkeley, Vancouver, Poitiers, St-Étienne et Toulouse).

40. Sur la chanson « Rael (1 & 2) » – dont d'ailleurs une partie musicale sera reprise pour leur projet *Tommy*, trois ans plus tard (le morceau « Underture »). Et sans parler aussi du dernier album en date des Who, *Quadrophenia*, à la *trame scénaristique* un peu similaire à celle de *The Lamb*. Paru en octobre 1973, *Quadrophenia* conte l'histoire de Jimmy The Mod, un jeune gars au parcours dysfonctionnel et en pleine quête existentielle (l'histoire fut créée par et en partie inspirée de la vie personnelle de Pete Townshend, le guitariste-leader du groupe).

41. Tout droit sorties de leur classique « Supper's Ready », la robe – empruntée à Jill, la femme de Peter ! – et la tête de renard furent *inaugurées* le 28 septembre 1972, au National Stadium de Dublin, dans la foulée du nouveau look capillaire de Peter (voir *supra,* note 23). Jalon essentiel dans la carrière du groupe – jusqu'ici le chanteur avait toujours performé sans aucune tenue de scène –, cette nouvelle orientation *théâtralo-costumière* constituera dorénavant

leur marque de fabrique. Celle du groupe des années 72-75, puis celle de Peter en solo (particulièrement dans les années 1980).
42. Gimmick kitsch un peu limite : Rael étant d'origine portoricaine, le maquillage adopté tendait à essayer de donner à Peter un look basané-latino…
43. À maints égards précurseur de tous les shows et techniques employées dans les années qui vont suivre : cf., cinq ans plus tard, Pink Floyd pour leurs concerts de *The Wall* ; U2 pour la tournée *Zooropa* en 1993, etc.
44. Une scène mythique y montre un globe oculaire humain – rassure-toi cher lecteur, en réalité celui d'un bœuf mort – soigneusement incisé par un rasoir. (Le titre du film, outre la saillie absurdo-surréaliste, serait une pique sibylline lancé par les deux réalisateurs espagnols, Luis Buñuel et Salvador Dali, à leur ex-ami, le poète Garcia Lorca, lequel était originaire de Grenade, Andalousie.)
45. Touche humoristique et histoire de faire retomber la pression, des techniciens affublèrent un soir le mannequin d'une banane… au niveau de la braguette. Et pour le tout dernier concert de la tournée, il fut même remplacé par un roadie – en tenue d'Adam et juste affublé du perfecto de Rael !
46. Dans leur ouvrage *Genesis : A Biography* (1992), les auteurs Dave Bowler et Bryan Dray proposent une lecture intéressante de certains passages de *The Lamb,* comme indices du chanteur aux prises avec son… désenchantement. Le « *Cushioned straight jacket* » d'« In The Cage » serait une métaphore du format de groupe (Genesis) devenu contraignant – et du combat intérieur de Peter, entre sécurité financière et volonté de liberté artistique. « Cuckoo Cocoon » refléterait lui l'image de Gabriel se reposant sur son confortable statut de rock star pourtant lucide (« *I feel so secure, that I know this can't be real, but I feel good* ») et « The Chamber of 32 Doors » sa vision amère, lucide et désabusée du rock et du show-business en général. Quant à la « *Production line* » de « Grand Parade... », elle symboliserait le profit potentiel qu'il (Peter) peut générer dans la grande machinerie de l'industrie musicale.
47. C'est après quelques dates réunissant Genesis et le groupe Rare Bird – et *via* le producteur de ces derniers, John Anthony – que les cinq impétrants étaient parvenus aux oreilles de Strat' (le surnom de Tony Stratton-Smith dans le milieu musical). Le groupe avait déjà été remarqué dans le petit circuit londonien – Ian Hunter n'arrêtait pas de les louer et Mike Pinder des Moody Blues voulait les produire – mais c'est bien lui (Tony) qui dama le pion aux autres prétendants. On se prend à fantasmer sur ce qu'aurait pu donner Genesis produit par un Guy Stevens, lequel avait été mis sur la piste par Hunter, caution rock'n'roll s'il en fut... (On parle tout de même de l'inspirateur du « Whiter Shade of Pale » de Procol Harum, du producteur des proto-glam rockers de Mott The Hoople, de Free, de Spooky Tooth et du futur *London Calling* des Clash !) Bref quoi qu'il en soit, conquis dès la première écoute, c'est bien Stratton-Smith qui les signa, illico, courant mars 1970. Il entama ainsi, en tant que manager, une longue collaboration entre son label (Charisma Records) et le groupe, puis ses membres en solo, ceci jusqu'au milieu des années 80.

48. Malgré sa cohorte de fan(atique)s, le groupe était dans le rouge depuis le début, la situation culminant jusqu'à un point critique fin 1972 (plus de 200 000 livres de dettes). Ce n'est qu'avec la tournée *Selling England by the Pound* de l'année suivante que les choses commencèrent à changer.
49. Anthony Phillips – premier guitariste du groupe (et qui le quitta suite à sa phobie des... concerts !) – se remémore que, déjà en 1970 à l'époque de *Trespass*, « les disputes étaient récurrentes. Peter arrivait avec toutes sortes de projets, rétrospectivement brillants, mais qu'il n'arrivait pas à formuler avec précision. Avec le recul, je me rends compte que nous (les quatre autres) étions un peu méprisants – alors qu'en fait il était bien en avance sur nous en terme d'idées et de concepts. »
50. Rejet de son statut de rock star (voir la pochette de *Scratch*, son deuxième album), volonté d'indépendance, de fuite et d'introspection, besoin de renouvellement – tous ces sentiments seront développés sur ses premiers disques solos : cf., par exemple, la chanson de rédemption « Solsbury Hill » : « *My friends would think that I am nut* (...) / *Today I don't need a replacement* / *I'll tell them what the smile on my face meant* », et le « D.I.Y. » de *Scratch* (1978) : « *Don't tell me what I will do, 'cause I won't* / ... / *When things get so big, I don't trust them at all* / *You want some control, You've got to keep it small* ».
51. Tony rationalise encore, rétrospectivement : « Pour tout dire je n'étais pas aussi surpris que cela. Après la tournée, j'ai eu une longue conversation avec Peter, essayant de le convaincre de rester – s'il voulait encore plus s'impliquer dans les paroles et les thèmes, ça pouvait s'arranger – mais à l'époque et à ce point il était déjà parti, psychologiquement parlant. Il en avait probablement marre des disputes et avait besoin de se retrouver seul, pour faire le point. C'était une période étrange, Peter était de fait le membre du groupe le plus apte à prétendre faire une carrière solo et pour nous la question était : le groupe va-t-il pouvoir continuer sans lui ? »
52. En fait, il existe un flou artistique concernant certaines dates du tour *The Lamb*, en particulier les toutes dernières. Le site wikipédia de la tournée et celui de *Landofgenesis.fr* mentionnent bien comme dernier concert effectif celui de Besançon, le 22 mai (alors que dans son livre Kevin Holm-Hudson le signale lui cinq jours plus tard, le 27), et le dernier prévu dans la tournée (finalement annulé), à Toulouse le 24 (Holm-Hudson lui ne parlant pas du tout de celui-là)... D'autres blogs de fans signalent eux le tout dernier joué à Besançon certes, mais le 28 – après un show la veille, le 27, à St-Étienne (alors qu'il semble bien que celui-ci ait été annulé, mais le 26 – comme celui de Poitiers l'avant-veille !), tout en ne mentionnant pas celui de Toulouse, vous suivez là ??... Bref, un embrouillamini difficile à démêler – et qui prête encore à controverse. (Dernière nouvelle : une toute récente visite de votre serviteur – sur le site *Thegenesisarchive.co.uk* – semble bien prouver, au vu d'un ticket

vintage fourni par un fan, que le concert de Besançon, le dernier pour tout le monde donc, s'est bien tenu le 22… Alors, mystère résolu ?)

53. Tony Stratton-Smith : « Quand j'ai entendu leur toute première démo de 'Squonk', tout à coup je me suis rendu compte que Phil pouvait le faire – en fait il sonnait presque plus Peter Gabriel que l'original ! » Et effectivement, Collins rentrera aisément dans le moule de nouveau *frontman* – dans un autre style certes, mais c'est vrai que sa voix sur les deux premiers albums post-Gabriel a des intonations assez troublantes... Le groupe décidera alors de se renforcer avec un nouveau batteur : Bill Bruford – ex-King Crimson, ex-Yes, ex-Weather Report, ex-Frank Zappa's Mothers of Invention ! – qui accepta avec enthousiasme, ceci d'autant plus qu'il avait déjà collaboré avec Phil (sur leur groupe/projet commun, Brand X).

54. Comme le dit Daryl Easlea dans son ouvrage consacré à Peter, *Without Frontiers* : « *It established them as a sort of credible, commercial Mahavishnu Orchestra-lite* / Ils se transformèrent en une espèce de Mahavishnu Orchestra *light*, plus crédible et commercial ». Étonnant diagnostic – le Mahavishnu Orchestra était ce groupe de jazz rock virtuose vénéré par la critique –, mais au bout du compte plutôt bien vu : pour le Genesis 76-77 comme pour le groupe de John McLaughlin, on retrouve – dans le fond plus que dans la forme certes – ce même côté aventureux, complexe et sophistiqué.

55. Publié à nouveau dans le *Melody Maker* (6 septembre 1975) et titré 'Out Angels Out', c'était une allusion – sous forme de jeu de mots – au *hit single* du Edgar Broughton Band, « Out Demons Out » (1970).

56. Sur quatre colonnes, extraits : « J'avais ce rêve purement artistique. Et un autre but, celui de devenir une espèce de rock star. Quand ça n'allait pas trop, je me réfugiais dans ce rôle. C'était vraiment ça mon objectif au début. (…) Avec le groupe, notre collaboration nous a permis d'atteindre une certaine forme de succès artistique autant que de notoriété. Mais petit à petit, tout cela a affecté l'esprit général et les relations de chacun avec les autres. La musique, elle, ne s'en est jamais ressentie mais la *fonction* et l'image étaient devenues trop pesantes (…) Je continue bien sûr de respecter les autres, mais en ce qui me concerne j'ai besoin de renouvellement. »

57. Influence maintes fois revendiquée par le chanteur, la célèbre bande d'humoristes était au top à l'époque – énorme succès sur les ondes avec leur *Monty Python's Flying Circus* – et venait juste de sortir *Sacré Graal !*, son premier film. Et de fait, on trouve à foison cette typique touche caustique, critique sociale – le mode de vie et l'esprit étriqué de l'anglais moyen – en mode caricatural, dans tous les albums de la période Gabriel : citons entre autres le drolatique « Harold the Barrel » (*Nursery Cryme*), le surréel et pittoresquement british « Battle of Epping Forest » (*Selling England by the Pound*) ou encore le personnage ubuesque de The Winkler dans « Get'em Out by Friday » (album *Foxtrot*).

58. Cf. les pochettes de ses cinq premiers albums solo, qu'on pourrait *apparenter* aux différentes strates de l'évolution/transformation de Rael tout au long de *The Lamb* : *Car*, avec un Peter à l'apparence apathique/déprimée, limite catatonique (le fond psychologique du héros) ; puis *Scratch* comme rébellion vis-à-vis de tout et de lui-même (Peter déchirant son image/visage) ; *Melt* en tant que dissolution du moi (Gabriel en buste se désintégrant/liquéfiant littéralement au recto de la pochette) ; *Security* pour la transformation de l'être/Rael en *autre chose*, une espèce d'abstraction monstrueuse (affres ontologiques et perspective de la mort ?)… Pour finir avec *So* : sérénité atteinte, le visage d'un Peter/Rael un brin mélancolique mais apaisé, sans fards et sans apprêts, et qui semble s'accepter, lui-même et sa condition humaine – ouf !

59. L'impact de sa décision apparut tel que la nouvelle fut reprise et commentée, semaine après semaine, dans toute la presse musicale. Avide de remplir ses colonnes mais surtout estomaquée par l'annonce, elle en vint à comparer cette décision à celle de Brian Wilson qui, dix ans auparavant, avait brutalement décidé d'arrêter de se produire en public avec les Beach Boys ; voire même à celle du producteur et as de l'aviation Howard Hugues, dans les années 50 ! Les critiques étaient fascinés par le fait qu'une star, sur le point d'atteindre ses rêves (accomplissement artistique, succès commercial et gloire à venir) – pour lesquels il avait bataillé pendant près de dix ans –, ait décidé de se retirer, à 25 ans, vers une paisible vie familiale (comme le rationalisa malicieusement Peter en 2012 : « Dans le but d'élever des choux et des enfants »). Pourtant chez Gabriel aucun trauma à la Wilson ou Hughes (problèmes psychologiques et début de schizophrénie dans les deux cas), mais plutôt une décision raisonnée et mûrement réfléchie. Et de fait des indices avaient déjà été semés par l'intéressé, dix-huit mois auparavant (interview pour le journal *Crawdaddy*) : « C'est génial de voyager et de se retrouver aux quatre coins du monde. (…) Mais le revers de la médaille c'est que peu à peu on ne sait plus où l'on est et au final qui l'on est réellement... Pour être honnête, je ne me vois pas encore mener ce genre de vie plus de un ou deux ans ». Bingo ! Et comme il le confirmera deux ans plus tard, après son retour de 1977 : « *I was feeling part of the scenery, I walked right out of the machinery* / J'étais juste un autre type faisant partie des meubles, j'ai quitté les rouages de cette machinerie » (« Solsbury Hill »). Cette même *machinery* dont il parlait à propos de son héros, dans un entretien de 1975 : « *Rael feels as he's a waste of material, a part of the machinery* »…

60. On notera le parallèle avec (et l'éventuelle influence de) John Lennon qui, la même année, entamera une retraite musicale de cinq ans, jusqu'à son retour fatal de 1980 (un dernier album – *Double Fantasy* –… et son assassinat à New York, le 8 décembre 1980).

3

Only a magic that a name would stain

L'album

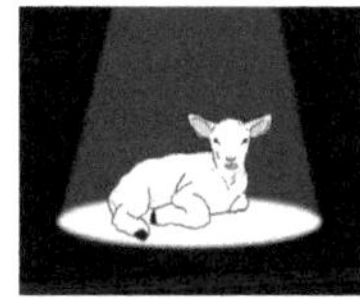

The Lamb Lies Down on Broadway (4'48)

Le chant du cygne de Genesis en tant que quintette de départ commence par l'emblématique introduction au piano de Tony Banks, style *toccata*, quand grâce et brio marchent main dans la main[1]... Réminiscence de celle du « Firth of Fifth » de l'album précédent – en moins grandiose/grandiloquente –, c'est cette arpège en forme de dentelle qui ouvre l'album et qui constituera la rampe de lancement des shows à venir. Avant une autre guirlande de notes presque *swingantes* (Rutherford et Steve Hackett revenant en boucle), le reste du groupe se joint à l'organiste qui lui continue de broder sa partition. Comme l'image de la mer ondulant harmonieusement au-delà de Manhattan, et qui semble tout à coup, après une brusque montée de tonalité, remplacée par des tours de béton. Retour à la réalité. Le riff – agressivement énergique, qui claque comme un oriflamme au vent – et le jeu énergique et sans fioritures de Collins préfigurent la colère de Rael et son attitude de défi. Il pose le décor et présente le personnage : un *half puerto rican* qui, après avoir passé plusieurs années de sa (jeune) vie dans un gang, a un peu mal tourné. Et dont la psyché s'en est ressentie... Elle avance – la chanson et sa psyché déglinguée –, telle les vagues d'une marée qui monte, tandis que Gabriel raconte comment son héros/double trébuche parmi les noctambules qui essayent de se frayer un passage dans la vi(ll)e.

Largement influencé par leur découverte de l'Amérique, l'album, et partant la chanson-titre, constituèrent un réel choc pour les fans anglais de Genesis, plus habitués aux images et références culturelles typiquement britanniques des albums précédents (la tétralogie *Trespass, Nursery Cryme, Foxtrot* et surtout *Selling England By The Pound*). De fait, la tournée *Selling* de 1973-74 avait permis au groupe de découvrir l'image captivante d'un New York en perpétuelle ébullition, au bord du chaos. L'ambiance subjugua en particulier Peter qui se mit à en chercher l'inspiration, y trouvant l'idée du thème du disque à venir. Le Bronx, en particulier sa partie sud, était à l'époque un véritable coupe-gorge, avec plus de 40% de ses habitants vivant des aides sociales et 30 % au chômage. Cette partie et Manhattan étaient régulièrement le lieu de batailles rangées entre gangs – *américains de souche* ou autres. De fait, notre héros – métis portoricain et version seventies de celui de *West Side Story* – est ce *Rael Imperial Aerosol Kid*, petite frappe spécialisée dans le tagage des murs de la cité. On a beaucoup parlé du symbole sexuel de sa « bombe cachée » (« *hidden spraygun* »), comme d'un *substitut* phallique plus ou moins conscient. Rael essuie son revolver mais a oublié ce qu'il a fait (« *wipes his gun, he's forgotten what he did* ») – alors simple vandalisme (graffiti dans les couloirs du métro) ou agression sexuelle ? Chacun se fera sa propre interprétation, mais les nombreuses allusions à la sexualité tout au long de l'album (« Back in NYC », « Counting Out Time », « The Lamia », « The Colony Of Slippermen ») tendraient à entretenir l'ambiguïté.

Peter Gabriel raconta un jour, à un journaliste du magazine *Beat International,* qu'« une des premières choses que l'on remarque à Gotham City[2], c'est la vapeur qui remonte des rues. C'est vraiment étonnant et cela m'a donné l'idée d'un vaste et étrange monde souterrain dont nous ne serions pas conscients et qui remonterait à la surface ». Voilà donc le passage « *There's something moving in the sidewalk steam* », autre métaphore *psychanalytique* qui correspondrait au monde de l'inconscient, celui de notre héros en proie à ses conflits et peurs les plus intimes. Une autre connexion inconsciente semble être ce *lamb* lui-même, peut-être une référence christique, quoique Gabriel l'ait toujours nié et y ait plutôt vu une simple allégorie animalière – l'agneau comme symbole d'innocence, perdu dans un milieu hostile (New York).

Pour toutes les parties de claviers, Banks utilisa un piano électrique RMI Electra, tandis que l'intro style *classique* fut elle *overdubée* plus tard aux studios Island de Londres. Mike Rutherford choisit lui, pour ses séquences de basse, une Micro-Fret six cordes couplée à un ampli acoustique lui-même *hybridé* à une boîte fuzz Marshall (ce ton mordant propre au riff). Quant à Hackett, il joua en précurseur, sur une Gibson Les Paul 1957 vintage, utilisant dans l'intro la technique du tapping[3]. Première référence aux chansons américaines des années 60 qui vont jalonner l'album, « The Lamb… » se termine par un suggestif « *There's always magic in the air* », emprunté au classique soul des Drifters, « On Broadway »[4] – laquelle musique soul avait bercé l'adolescence du chanteur[5]. Évocation clairement revendiquée[6], de fait la chanson qui démarre l'album, couplée avec « Back in NYC », fut une des seules à être reprise plus tard par Gabriel durant ses années en solo. Son approche *rock* plutôt dépouillée – alternance entre chant rageur, refrain presque pop et ce pont musical aérien – correspond en effet assez bien à son style musical post-Genesis.

1. Le morceau, *catchy* et épique à la fois, est la dernière chanson écrite *en couple*, par le duo Banks-Gabriel. Clôturant ainsi un partenariat de près de huit ans, Tony précise, concernant la musique proprement dite : « J'ai trouvé la séquence pianistique, tandis que Peter s'est concentré sur la suite d'accords ».
2. C'est l'auteur américain Washington Irving (1783-1859) qui le premier affubla New York de ce surnom, par dérision et moquerie. Il le choisit en référence au village anglais de Gotham, un lieu qui n'était habité, d'après le folklore, que par des... idiots. Son nom viendrait du vieil anglais *gāt* (*goat*/chèvre) et de *hām* (*home*/maison), littéralement donc « ferme où sont gardées les chèvres » ! New York conserve encore le surnom même si, maintenant, il est surtout usité dans les DC Comics américains, en tant que *domaine* supposé de Batman.
3. Le tapping est cette technique guitaristique qui consiste à tapoter (« to tap ») les notes sur le manche en utilisant sa main (droite ou gauche) – voire les deux. Quand on la combine avec le style *legato* (notes liées dans une suite de *hammer-ons* et *pull-offs*), cela permet de créer une sensation de vitesse, surtout

si l'on joue des parties polyphoniques (combinaisons de plusieurs mélodies imbriquées entre elles) complexes, un peu comme le jeu d'un piano proprement dit. Elle fut créée et conceptualisée dans les années 50 (*The Illustrated Touch Method*) par le musicien/chercheur américain Jimmie Webster (1908-1978) et largement utilisée dans le milieu rock des décennies suivantes (Eddie Van Halen – remember « Eruption » ou « Jump » ? –, Joe Satriani, Kirk Hammett et Cliff Burton de Metallica, Angus Young d'AC/DC, John Myung de Dream Theater, etc., etc.). Technique novatrice, quand elle est utilisée exagérément et trop ostensiblement, elle peut vite virer à l'esbroufe et à l'épate musicale.

4. Composé en 1963 par les duos d'auteurs-compositeurs Barry Mann / Cynthia Weil et Jerry Leiber / Mike Stoller, il fut repris en 1978 par le guitariste-chanteur américain George Benson, qui en fit à nouveau un succès commercial.

5. En particulier tous les artistes Stax mais surtout Otis Redding, que Gabriel eut l'occasion de voir – le 18 septembre 1966 au Ram Jam Club de Brixton –, et dont il avait usé jusqu'à la corde l'album de 1965 (*Otis Blue*). Le club en question était situé à seulement une cinquantaine de kilomètres de la Charterhouse School, mais Peter n'en fut pas moins transporté sur une autre planète... Comme il le dit dans une interview de 2012 à la National Public Radio : « Ce concert est à ce jour le meilleur auquel j'ai assisté, de toute ma vie. Otis fut comme une révélation, une boule d'énergie, d'émotion et de passion. »

6. Ici, aucun risque d'accusation de plagiat tant la citation/hommage parait évidente – au contraire de quelques *emprunts* restés célèbres dans le monde du rock. Citons par exemple – mais pas que : les emblématiques « Stairway to Heaven » (Led Zeppelin), « My Sweet Lord » (George Harrison), « Hello, I love you » (Doors), « Catch me Now I'm Falling » (Kinks) ou « Come as you are » (Nirvana) *inspirés* – voire plus… –, respectivement de « Taurus » (Spirit), « He's so fine » (The Chiffons), « All Day and All of the Night » (Kinks), « Street Fighting Man » (Rolling Stones) et « Eighties » (Killing Joke… eux-mêmes déjà *influencés* par le « Life Goes On » des Damned !). Un péché mignon certes, mais originel – écoutez donc aussi la scie rock de Bill Haley « Rock Around the Clock » (1954) puis le « Move It on Over » (1947) de Hank Williams…

Fly on a Windshield (2'46)

« Fly On A Windshield » utilise tout d'abord des sons éthérés et acoustiques – cette tranquille *swoon music* évoquée un peu plus loin, mais agrémentée d'une menace diffuse – pour donner une impression de brise soufflant, calme et sournoise, à travers les canyons urbains. À la sortie du métro, dans un New York qui s'éveille, le bruit de la cité s'estompe derrière ce « *Wall of Death* » qui s'avance, porté par les vents de l'océan. Au milieu de la rue, Rael voit donc se former cet immense bloc de béton que personne d'autre ne remarque – ou dont nul ne semble s'inquiéter... De la poussière s'agglutine sur sa peau, formant une croûte qui l'empêche de bouger (« *Making a crust I cannot move in* »). Rael essaie d'échapper à ce mur mouvant, qui descend vers lui, engloutissant tout sur son passage. Finalement, il a beau tenter de s'enfuir, la barrière le percute de plein fouet et le retient prisonnier. Alors, métaphore d'une expérience de renaissance mystique – comme certains exégètes de l'œuvre du groupe l'ont analysé ? *Bardo Thödol*[1] à la sauce new-yorkaise qui va amener l'Aerosol Kid vers une nouvelle étape pour la perfectibilité ?? Mouais, Rael métaphorisé en mouche errante semble en fait assez résigné ; et il s'attend plutôt à s'écraser sur un quelconque pare-brise – « *on a windshield* » –, au milieu de l'autoroute...

Le morceau commence donc avec un lent récitatif vocal, style *mantra liturgique,* précédé par une délicate série d'accords à la guitare, lesquelles sont ponctuées – à 0'19 – par de mystérieuses notes éthérées (sorties d'on ne sait où – un vibraphone ?) et des chœurs célestes. Puis, soudain, le *Mur de la Mort* est là, et le groupe démarre la seconde partie : miaulements de chat écorché de la guitare puis solo – haché et languide à la fois –, propulsé par un fabuleux beat monolithique (Phil Collins, admirateur de toujours de John Bonham, paye ici son tribut au batteur de Led Zeppelin), le tout accompagné de parties de basse saccadées et d'inquiétantes nappes de synthé. Tony Banks se rappelle la genèse de ce passage : deux accords de Rutherford inlassablement répétés – dans un style *Pharaon-descendant-le-Nil* – et sur lesquels était venu se greffer le reste du groupe. De fait la couleur musicale et l'ambiance font penser à une longue pérégrination, menaçante et hiératique – un climat qui, avec le recul, *rappellerait* assez les futurs « Kashmir » zeppelinien (*in* leur *Physical Graffiti* de 1975) et « ...In That Quiet Earth » (sur le genesisien *Wind and Wuthering* de 1976-77). Dans cet interlude musical relativement bref (à peu près 1'30), on notera la fantastique cohésion des quatre musiciens – toute en violence contenue – mais surtout l'empreinte prégnante du guitariste : ce style mélodique si particulier (mélange de délicatesse, de *lyrisme corrosif,* d'étrangeté et de malaise latent) qui est sa marque de fabrique – et que l'on retrouvera l'année suivante sur son premier album solo, *Voyage Of the Acolyte*.

Couplé pratiquement au titre suivant, la transition avec ce « Broadway Melody of 1974 » a toujours porté à polémiques. Sur certaines éditions CD's de l'album, la chanson suivante correspondrait seulement à la toute fin de l'ensemble, soit : trente-deux secondes de cette *swoon music* (expression inventée par Kevin Holm-Hudson pour décrire certaines transitions musicales récurrentes tout au long de *The Lamb*, dans un style proche de la pâmoison – « *swoon* » en anglais[2]). Or donc, les paroles retranscrites sur la pochette de l'édition vinyle originale sont partie intégrante de ce même titre à suivre… Bref, trêve de controverses, il est maintenant bien clair que « Fly on a Windshield » se termine au moment où commencent les vers « *Echoes of the Broadway Everglades* » – c'est-à-dire à 2'44 des 4'22 que dure l'ensemble... Il fallait bien clore le débat, non ?

Aux dires de Peter et Tony[3] – et de votre serviteur –, le diptyque « Fly »/« Broadway » est l'une des plus grandes compositions du quintet toutes périodes confondues. Il ne fit pourtant jamais vraiment partie de la setlist des shows post-*The Lamb*. Après la tournée, les deux titres couplés ne furent en effet que très rarement joués en concert, pour définitivement être mis de côté à partir de 1978 – significativement, juste avant le virage *commercial* des années 80.

1. Le *Bardo Thödol* (ou *Livre des morts*) est un texte du bouddhisme tibétain décrivant les états de conscience et perceptions sensorielles qui surviennent pendant la période qui s'étend de la mort à la renaissance. L'étude de son vivant ou la récitation par un *lama* – le sage, pas l'animal ! – lors de l'agonie, ou après la mort, est censée aider à la libération du cycle des transmigrations (*samsara*), ou au pire obtenir une *meilleure* réincarnation. Le titre de l'ouvrage est composé des termes suivants : *Bardo* (état intermédiaire), *Thö* (entendre) et *Dol* (libérer).
2. Voir son livre-essai sur l'album : *Genesis and The Lamb Lies Down on Broadway* (Kevin Holm-Hudson, Ed. Ashgate Publishing, 2008). Ces différents passages correspondent au final de « Broadway Melody… », à celui d'« In the Cage », et à la totalité de « Silent Sorrow... » et « Ravine ».
3. Cf. leurs propos dans le documentaire de John Edginton, *Genesis : Sum of the Parts*, 124 minutes tournées pour la télévision allemande en mars 2014. Cette réunion à bâtons rompus des cinq membres originels dissertant sur leur *carrière* commune, et en particulier sur *The Lamb*, est une mine d'informations pour tout aficionado du Genesis de ces années-là. Elle est encore visible

sur YouTube et, comme l'a signalé Phil Collins (dans son autobiographie de 2016 *Not Dead Yet*) : *« It's eerie how we all still revert to type »*. Étonnant en effet d'y retrouver les membres tels qu'on pouvait se les imaginer/représenter quarante ans plus tôt : le taciturne Steve, Phil le clown, Mike tout en placidité, le disert et nerveux Tony… et Peter un peu tout cela à la fois.

Broadway Melody of 1974 (2'11)

Sur un rythme de parade décadente à la « I Am the Walrus »[1], « Broadway Melody of 1974 » nous évoque les stars du Hollywood d'antan et les autres célébrités du pays de l'Oncle Sam. Point de vue fasciné et critique, il décrit Broadway et le folklore médiatico-culturel – façon mini *Hollywood Babylon*[2] qui aurait été élargi au show-business et à la mythologie américaine dans son ensemble. Dans cet acerbe défilé fellinien, mélange subtil d'ironie brute et d'onirisme, véritable catalogue sociologique, la *reconstitution historique*[3] parade là devant nous, comme autant d'icônes décodées et dépeintes de manière décalée et sardonique.

Mais observons donc le grotesque défilé : Lenny Bruce était ce comédien américain connu pour son sens de la satire et de la critique sociétale, qu'on retrouva un jour de 1966 mort d'une overdose. L'année 1974 – celle-là même de la conception de l'album –, Dustin Hoffman incarnait son personnage dans le film à succès de Bob Fosse, *Lenny*. Ici Bruce « *declares a truce* », c'est-à-dire « demande une trêve » – un aspect conciliant et obéissant en totale contradiction avec la vie et la personnalité révoltée dudit Bruce. Première pique gabrielienne à la sauce calembourienne, on s'attendrait en effet bien mieux à ce que Bruce « *declares a truth* » (*truth* : « vérité ») plutôt qu'une lâche « trêve » (*truce*)…

Car ici, tout est sens dessus dessous, à front renversé : Groucho Marx – un maître de la réplique et de la vanne-qui-tue – se tient là, comique complètement à côté de la plaque, « *his punchline failing* » (« la chute de sa blague faisant un bide complet »). Ensuite, tout est à l'avenant : des membres du Ku Klux Klan servent de la nourriture typique du sud des États-Unis (celle des noirs américains donc) au son d'un classique jazz (« *Ku Klux Klan serve hot soul food and the band plays 'In the Mood'* »), tandis que Caryl Chessman – théoricien canadien de la communication et observateur lucide du rôle des médias dans le monde moderne – se contente de regarder « à l'occasion » la télé, pratiquant ainsi la politique de l'autruche (« *casual viewin', head buried in the sand* »). Et voilà Howard Hughes... « *in blue suede shoes* » ! Image ironique d'une icône respectable de la culture américaine *rabaissée* au rang de chanteur de rock (« Blue Suede Shoes », un des plus gros succès du rock fifties d'Elvis Presley). Hugues se tient là, ridicule dans ses pompes en daim bleu, fumant des Winston et reluquant les majorettes de la parade... Pendant ce temps les sirènes de la mythologie grecque désespèrent d'apercevoir un navire à l'horizon, marins sur lesquels elles pourraient se faire les dents (« *Sirens on the rooftop swailing but there's no ship sailing* »). Pathétique métaphore d'une culture américaine désenchantée, à bout de souffle, et qui ferait peut-être mieux de retourner à l'état d'Éden initial – celui des « *Broadway Everglades* »... Les Everglades, ces zones marécageuses de la Floride, auxquelles devait ressembler le site de New York avant l'arrivée des premiers colons.[4]

Cavalcade d'images surréalistico-burlesques (on pense à nouveau au « Walrus » Beatlesien, déjà cité plus haut, mais aussi à la « Soft Parade » des Doors sur l'album du même nom de 1969), Peter énumère donc ses sentences, attribuant à chacun une de ses piques-anecdotes, selon qu'il se fait passer pour une star de cinéma ou pour un meurtrier tristement célèbre. Une des images les plus marquantes de cet apocalyptique défilé, c'est en effet l'apparition de Caryl Chessman, ce criminel américain qui mena un long combat pour faire reconnaître son innocence (l'énigmatique « *in a scent* » serait en fait un jeu de mot / rime typiquement gabrielesque – « *in a scent / innocent* »). Chessman, qui milita contre la peine de mort pendant plus de douze ans avant d'être exécuté en 1960, mène ici le carrousel et « hume l'air / *sniffs the air* », lequel air a une odeur de « fleur de pêcher et d'amande amère ». « *Peach blossom and bitter almond* » : l'odeur typique du gaz servant pour lesdites exécutions capitales aux Usa...

Après la première référence musicale de la chanson-titre, on trouve une deuxième connexion avec la culture des années 60, l'expression « *needles and pins* » étant une allusion voilée au morceau pop du même nom. Celui-ci fut créé pour la chanteuse américaine Jackie DeShannon (en 1963, par le duo de *songwriters* Jack Nitzsche / Sonny Bono) puis, *via* le groupe britannique des Searchers, devint un hit l'année suivante aux Usa. C'est aussi bien sûr un sibyllin (quoiqu'évident) sous-entendu à la consommation de drogue, et particulièrement à celle de l'héroïne, en hausse exponentielle dans le New York du début des seventies. « *The children play at home with needles* / Chez eux les enfants jouent avec des aiguilles »... Est-ce là la cause et l'explication du cocon léthargique dans lequel va se retrouver Rael dans le morceau suivant ?

Au-delà de cette approche, on notera une autre référence historique dans le titre même de ce « Broadway », strictement cinématographique celle-là : au cours des années 30, on avait en effet dénombré pas moins de quatre films nommés *Broadway Melody Of – 1929, 1936, 1938* et *1940* ! Dans ces comédies typiques, on rencontrait une ribambelle de vedettes de l'époque, certaines encore connues de nos jours (Fred Astaire, Robert Taylor) ; d'autres un peu oubliées : Anita Page, Bessie Love.

Anyway, après cette kyrielle de célébrités qui en prend chacune pour son grade[5] – au son d'un riff de basse abrupt et presque heavy, typique de Rutherford, d'une scansion inspirée de Peter (corrosivité insinuante, calme sournois) et de menaçantes nappes de mellotron[6] –, on arrive au passage qui assure la transition avec le morceau suivant. Soit : un court intermezzo à base de notes délicates, sortes de mini *glissandi* exécutés comme au ralenti, le tout ponctué de synthétiseurs – en sourdine, au loin – dans un style *langoureux*. Interlude musical qui nous amène, tranquillement semble-t-il, au calme cotonneux et faussement serein qui va suivre.

1. Chef-d'œuvre beatlesien fortement inspiré de souvenirs d'enfance de John Lennon, « Walrus » constitua une sorte de mini-révolution au moment de sa sortie (24/11/1967). Pierre de touche pop-rock, si l'on excepte la production dylanienne c'est une des toutes premières chansons à références culturelles ouvertes (Lewis Carroll, le surréalisme, l'écriture automatique) – et aussi novatrice d'un strict point de vue musical. Bandes doublées, utilisation d'instruments *incongrus* – violon, cor, clarinette... – le tout alterne entre (fabuleux) rythme rock, musique expérimentale et séquences oniriques au ralenti.

2. Livre best-seller du cinéaste américain Kenneth Anger (1927-2023). Publié une première fois en France sous forme embryonnaire – en 1959 aux éditions Pauvert –, *Hollywood Babylon* fit ensuite l'objet d'une édition *complétée* aux États-Unis (1975). Un temps interdit, il révèle la sombre face cachée des stars

d'Hollywood et les scandales du cinéma américain, des Années folles à la fin des années 50.
3. Groucho Marx, Marshall McLuhan, Howard Hughes, Lenny Bruce, Caryl Chessman… Pour une description plus exhaustive des personnages, voir les notes correspondantes au morceau dans le chapitre 4.
4. Everglades… « *Ever glad* » – soit « à jamais heureux », jeu de mots auquel s'est sûrement prêté Peter. Ou alors : simple coïncidence bienvenue ?, ou manière de *synchronicité* jungienne ?, ou bien *hasard objectif* à la A. Breton ??
5. Le morceau résonne parfois du burlesque d'antan, on pense en particulier à la comique scène iconoclaste de « Supper's Ready » : « *There's Winston Churchill dressed in drag, he used to be a british flag, plastic bag, what a drag !* »
6. Premier synthétiseur polyphonique, le mellotron (contraction acronymique de Melody Electronics) fut pour la première fois utilisé par les Beatles (« Strawberry Fields Forever »), puis, plus tard, par l'organiste Mike Pinder, au sein des Moody Blues. Il atteignit son apogée en 1969, sur le premier album de King Crimson – lesquels King Crimson vendirent d'ailleurs leur clavier à Genesis… Pour la petite histoire, il est issu d'un instrument précurseur (le Chamberlin, créé en 1948) – lequel fut *amélioré* par un agent commercial, Bill Fransen, ce dernier pouvant donc être considéré comme son inventeur. En tout état de cause, dans toute la production musicale 60-70's on retrouve, à foison, l'emblématique instrument.

Cuckoo Cocoon (2'12)

Sur fond d'arpèges cristallins de Hackett joués en *fingerpicking* (semble-t-il), la perspective change du tout au tout : fini le défilé de « Broadway Melody », maintenant Rael parle pour/de lui-même. Mais ce n'est pas seulement lui qui se demande « *where the hell I am ?* » (« où diable puis-je me trouver ? ») : c'est l'auditeur aussi, qui doit se fier aux mots et au ton apaisant de la musique pour se persuader que ce *Cocon du Coucou* est un endroit – certes un peu léthargique, Rael en *slacker* mou qui lâche la proie pour l'ombre –, mais finalement assez rassurant et plaisant (« *feel so secure* », « *feel good* »).

Mais voilà le vers « *some kind of jam ?* », qui vient à nouveau semer le doute. Dans son acception argotique, *jam* désigne en effet la semence, alors – bon dieu, mais c'est bien sûr ! – : notre héros a atteint le sentiment de plénitude et de satisfaction post-orgasmique !! Well, hum, en tout cas si Rael cherche à se convaincre qu'il se sent plutôt bien, le fait est qu'il a aussi, soudainement, l'impression d'être – tel le Jonas du récit biblique – comme enfermé dans une baleine (« *some sort of Jonah shut up inside the whale* »)... Ou tout simplement, pire encore et dur retour à la réalité, dans une prosaïque geôle de Brooklyn (« *a prisoner locked in some Brooklyn jail* »), en d'autres termes dans un inquiétant (et bien réel celui-là) « sale pétrin »[1] ?

L'ambiance faussement rassurante est tout de même bien illustrée par la sérénité et le calme élégiaque que dégage la mélodie, le tout étant renforcé quand survient un des très rares solos de flûte de Peter (depuis toujours son instrument de prédilection, il avait été bien plus souvent utilisé sur les albums précédents). Quoi qu'il en soit et étant donné la couleur pastorale propre à l'instrument – particulièrement présent dans ce rock progressif typique de l'époque[2] –, on comprend qu'il ne pouvait être utilisé qu'à bon escient sur ce morceau. Vraiment ? L'atmosphère folky/bucolique (agrémentée des tintinnabulements de clochettes !) et la tessiture intimiste du chant[3] – ouatée mais presque comme étouffée – suggèrent encore un calme insidieux, qui aurait lui bien de quoi faire douter. Car de fait, très vite, renvoyé à lui-même, le coucou-Rael doit soudain faire face à bien plus qu'à un sentiment diffus, comme si l'horloge-pendule du même nom sonnait la transformation du cocon en tout autre chose. Et, après une seconde intervention flûtée, une vision floutée semble se profiler là, devant Peter et son héros : l'angoisse poisseuse suintant d'une cage de pierre au milieu d'une sombre caverne...

1. « *Jam* » : dans un sens plus classique, signifie aussi « confusion, chaos, problème ». À noter que le terme désigne aussi une séance d'improvisation musicale, autrement dit un *bœuf* (non, pas l'animal, mais lorsqu'un groupe se met à concevoir et/ou répéter un morceau...) Malicieusement, ici Gabriel joue bien évidemment sur la polysémie du mot.
2. Ian Anderson (Jethro Tull), Ian McDonald (King Crimson), Andrew Latimer (Camel), Didier Malherbe (Gong), Mauro Pagani (Premiata Forniera Marconi), Roland Richard (Pulsar), Jimmy Hastings (Caravan, National Health)...
3. On pense un peu au futur « Humdrum » de Peter, sur son premier album solo de 1977 (*I* ou *Car*).

In The Cage (8'14)

Dans « In The Cage », il n'est question que de fuite et de sentiments de panique. Comme l'a un jour confié Peter Gabriel dans une interview de 1980 : « *This song deals with fear* »… La peur qui imprègne tout et que l'on sent déjà dès la fabuleuse intro style Tin Pan Alley[1] : la pulsation du cœur-basse de Rutherford – un riff doorsien, à la « Five to One »/« Back Door Man », inquiétant et sournois – et ces couches de synthétiseurs qui lancent l'invocation de Peter : « *I've got sunshine in my stomach…* ». Une des stances les plus énigmatiques du chanteur, litanie plaintive en Si mineur où Rael semble se plaindre des effets délétères d'une consommation de produits illicites – ou est-ce tout simplement le contrecoup d'une nuit torride avec sa dulcinée (« *Like I just rocked my baby to sleep* ») ? Le fait est que notre héros n'arrête pas de cauchemarder à demi-éveillé (« *Can't keep me from creeping sleep* »), l'angoisse culminant avec cet ovni musical venu d'on ne sait où – Hackett et Banks triturant leurs instruments respectifs ? (Déjà sur les soli épiques de « Musical Box », on ne savait trop quoi était dû à qui…) –, en fait un sinistre drone ronflant, suivi de délicates notes de clavecin et des incessants battements de la basse. Alors le sentiment de malaise comateux s'atténue légèrement, puis se transforme en pure trépidation quand le chant devenu rageur de Gabriel est relancé – par une géniale série de riffs d'orgue banksiens, cousins éloignés de ceux de « The Knife » dans un style *ostinato*.

Tony Banks qui d'ailleurs se taille ici la part du lion, dans ce titre aux fortes réminiscences de ses anciennes performances (« Cinema Show », « Firth of Fifth », « Supper's Ready »), autant que de celles de la période 76-77 à venir (le diptyque *A Trick of the Tail / Wind and Wuthering* et ses grandioses parties de claviers). On pense en particulier au passage qui va de 3'17 à 4'11, puis de nouveau à partir de 5'05 : un véritable tour de force musical, où l'influence de Jean-Sébastien Bach parait évidente. Dans un style *baroque rococo*, ce ne sont là que séquences rythmiques répétées, hémioles déstructurantes, changements de tonalités et sauts d'un mode de gamme à un autre, broderie de soli virtuoses et arpèges échevelés (programmées sur synthétiseur ou non). Le tout, sur un rythme propre à la thématique traitée – l'*Imperial Aerosol Kid* en plein affolement –, est parfaitement illustré/complété par les autres : riffs lugubres de Hackett et Rutherford à mi-titre, et jeu effréné et ultra-rapide de Collins sur certains passages chantés.[2]

En attendant, ça n'aide pas vraiment notre héros que chacun soit coincé dans sa propre cage et que le monde soit devenu cette gigantesque prison en forme d'étoile (« *Cages joined to form a star / Each person can't go very far* »). Le doublon cage/cave des *lyrics* serait-il une référence au mythe platonicien de la caverne, cette allégorie de la connaissance acquise après avoir déjoué l'apparence des choses – soit : les ombres projetées sur le mur de la caverne qui ne reflètent pas la réalité, comme le théorisa le philosophe grec[3] ? Bref, quoi qu'il en soit, chacun ici semble en effet englué dans son propre karma (leur conception matérialiste de la vie les retient là – « *all tied to their things, they're netted by their strings* » –, prisonniers qu'ils sont d'eux-mêmes, leurs propres geôliers)… Or donc, le confort trompeur du titre précédent s'est bien transformé en ce piège, froide prison qui cerne notre héros de plus en plus près et menace de l'écraser.

Rael vient tout juste de se réveiller. Envie de vomir et sueurs froides (« *In a cold sweat with a strong urge to vomit* » – comme le signale Gabriel dans le texte additionnel de la pochette intérieure). Il ne sait pas où il se trouve mais tente de se rassurer (« *Must tell myself that I'm not here / If I keep self-control, I'll be safe in my soul* ») et pense même – tel le héros de *La Montagne*[4] – s'échapper sous forme liquide à travers la roche : « *If I could change to liquid, I could fill the cracks up in the rock* » ! Alors, de menaçantes stalactites/stalagmites se resserrent autour de lui, formant un traquenard dont il ne peut s'échapper (« *Rockface move to press my skin... Bottled in a strong compression* ») et qui provoque en lui de multiples troubles sensoriels (« *I'm drowning in a liquid fear / My distortion shows obsession / My headaches charge, my earaches roar* »)... Quand, tout à coup, depuis cette cage de pierre, il aperçoit son frère John – au son d'une épatante séquence amenée par un break guitare/basse, et dans un style heavy metal symphonico-dramatique déjà évoqué plus haut. Rael appelle donc son frère au secours, mais celui-ci ne daigne pas l'aider et s'éloigne, une larme de sang coulant sur sa joue. Référence biblique à la trahison de Jésus selon certains, rien de moins sûr (certes, selon les Évangiles Jésus aurait eu quatre frères mais aucun du nom de Jean/John !)… Bref, le tout est néanmoins et heureusement contre-balancé/rattrapé, par un presque joyeux « *My little runaway* ! »[5], lequel cri lance une nouvelle ébouriffante et inspirée intervention de Banks aux claviers. Plus loin, la cage presse Rael encore et toujours, au point qu'il ne puisse presque plus respirer, et ainsi jusqu'à ce que, soudainement, celle-ci commence à se dissoudre – ouch ! Alors notre héros prisonnier s'enfonce dans un mouvement de rotation accélérée, spirale continue qui l'amène – à la libération ? –, non, vers un nouveau cauchemar : la « Grande Parade de l'Emballage-Sans-Vie » qui s'avance… Aaargh et ouf !

Tourbillon musical et pièce baroque, à noter dans « In The Cage » une nouvelle référence musicale de Peter, celle-là plutôt sibylline puisque le passage n'est pas retranscrit dans les paroles de la pochette. Pourtant, à 5'30, on entend distinctement ce « *raindrops keep falling on me, keep on falling* » – citation décalée et on suppose un brin ironique du tube américain de Bacharach/David, chanté par B. J. Thomas en 1969 : « Raindrops Keep Falling On My Head » (un morceau popularisé en France par Sacha Distel, sous le titre « Toute la Pluie Tombe sur Moi » – eh oui !). Intentionnellement, ces « *raindrops* » semblent agir comme un écho au propre... écho des « *water drops* » de « Cuckoo Cocoon » – et, partant, aux stalactites/stalagmites d'« In the Cage ».

Le final du morceau est lui aussi assez remarquable : au son des grognements gore de Peter (qui semblent préfigurer ceux des personnages de « The Colony of Slippermen »), on assiste à la chute/transformation de Rael dans un tourbillon apocalyptique – « *keep on turning, spinning aroooouunnd* »… La vision s'évanouit alors progressivement, en une séquence musicale de style *ambient/contemplatif* – *swoon music*[6] à base de *licks* de flûte et d'orgue d'église –, laquelle dernière séquence fait retomber la pression et passe le relais au morceau suivant.

1. Voir note 1 p. 84.

2. Étonnant comme ici aussi, Tony – prototype même du musicien virtuose à *prétentions symphoniques* – parvient à insuffler ce sentiment d'urgence, à travers riffs, tempos et autres breaks rythmiques. Rôle habituellement tenu par la guitare, cette approche *rock séminal* des claviers pouvait déjà se noter sur d'anciens morceaux (« The Knife », « Return of the Giant Hogweed », plusieurs passages de « Supper's Ready »…), mais n'a jamais été aussi prégnante que sur *The Lamb*. Bien loin de l'esbroufe et du côté souvent pompeux des claviers dans le prog' (Keith Emerson, Rick Wakeman, etc.), excitante, à la fois brute et brillante – au propre comme au figuré –, on ne retrouvera malheureusement plus jamais cette approche dans les albums solos de Banks (*A Curious Feeling*, *Strictly Inc.*, *Bankstatement*).

3. Ce thème métaphysique de la cave/caverne revient régulièrement tout au long de l'album – en particulier dans « Cuckoo Cocoon », « Lilywhite Lilith » et même sur l'instrumental « The Waiting Room » (cf. les notes explicatives de Peter relatif au morceau, dans la pochette intérieure).
4. Film français fantastico-réaliste de Thomas Salvador (2022) où le personnage principal, alpiniste perdu/prisonnier d'une montagne, parvient à s'extraire de la roche en se fondant dans les étranges lueurs rougeoyantes – mi-liquide, mi-magma – qui suintent le long des parois.
5. On notera la voix de tête facétieuse de Peter et son falsetto – renvoyant à celui de Del Shannon, chanteur américain connu pour sa voix particulièrement aiguë, en particulier sur son hit de 1961… « Runaway », justement. (Par chez nous, on connaît le morceau surtout grâce à l'adaptation/reprise qu'en a faite l'inénarrable interprète franco-batave Dave, dans les années 1970, soit le varié-to-tubesque : « Vanina » !)
6. Cf. passage correspondant au terme, *supra* p. 60.

The Grand Parade of Lifeless Packaging (2'45)

On a souvent dit que les groupes de rock dit progressif manquaient singulièrement d'humour, tant dans leur attitude que dans les thèmes traités par leurs chansons. Pas faux… Mais voici le parfait contre-exemple, car cette « Grand Parade of Lifeless Packaging » est à bien des égards hilarante, passant tour à tour de la bouffonnerie monstrueuse – on pense à l'ambiance de barnum si particulière de *Freaks*[1] – au pathétique drolatique[2]. Le sujet, une contre-utopie à la George Orwell période *1984*, mais traitée avec suffisamment de recul et de sens du pittoresque, est l'occasion de créer un petit bijou de drôlerie – que l'on pourrait en fait retourner et appliquer à tout le monde. (Certes on a bien là affaire à une grande parade dans le sens littéral du terme – défilé de zombies (in)humains –, mais *Grand Parade* est aussi un terme topographique britannique, un peu l'équivalent de notre Grand-Rue, ou *Main Street* aux Usa… Ainsi on peut de fait, implicitement, *re(n)verser* cette charge sur tout le monde, sur le simple homme de la rue donc – et, partant, sur soi-même.)

Ici, point de promoteurs véreux proposant de réduire génétiquement la taille des locataires pour rentabiliser les profits (« Get'em out by Friday »[3] sur l'album *Foxtrot*), mais juste notre Rael qui est témoin de la façon dont les gens sont prisonniers d'un fatum (« *odd fatality* »), destin dont ils sont en fait plus que responsables. Sur la longue chaîne de production qu'est devenue la vie, un supermarché un peu spécial fait commerce… d'humanoïdes déshumanisés – d'esclaves quoi ! Ici, toutes les personnes paraissent inanimées, empaquetées, comme sans vie, « *stamped, adressed... in lifeless packaging* » ; et en même temps tellement ridicules qu'elles n'arrivent même pas à nous inspirer une quelconque compassion, tant elles paraissent vides et passives. Dans les rayons, Rael retrouve certains membres de son ancien gang, et son frère John qui est affublé d'un mystérieux n° 9. (Certains prétendent que ce choix serait une référence gabrielienne au « Revolution n° 9 » d'un autre John – Lennon[4] –, sur le double album blanc des Beatles de 1968. D'aucuns, étant donné le fort tropisme du chanteur pour l'imagerie biblique, pencheraient plutôt pour deux autres hypothèses : soit, en tant que 3 + 3 + 3, le chiffre 9 évoquerait la puissance divine – la Trinité qui s'exprime sur les trois plans de la matière, de l'homme et de Dieu. Soit alors, ce 9 serait une variante du nombre de la bête – 666 – dans une version *humanisée,* triple répétition ternaire souvent utilisée en sorcellerie ! Bref, à vous de choisir...)

Le morceau possède une structure cyclique autour de trois accords (A, C et E majeurs), simplicité consciemment assumée par les musiciens pour mettre en valeur les brillantes *lyrics* du chanteur – et ainsi créer ce rythme de ritournelle déjantée, entre alacrité amère, comptine dépouillée et catalogue cauchemardesque des lâchetés humaines. Le titre rappelle d'ailleurs un peu – ou plutôt *anticipe* – l'ambiance de fanfare bancale de « A Wonderful Day In A One-Way World » sur le deuxième album solo du même Peter (*II*, ou *Scratch* c'est selon).

Cette usine à l'étage (« *factory floor* ») – inhumaine production… d'humains – rappelle aussi fortement le célèbre roman d'anticipation d'Aldous Huxley, *Le Meilleur des Mondes* (1932). Le parallèle entre la description de la « *dreamdoll saleslady* »[5] dans les notes de pochette explicatives et le speech d'ouverture du *Directeur des Écloseries et Conditionnement* de la contre-utopie huxleyienne sont frappantes. La chaîne de montage est symbolisée par une cadence simple, aliénante et répétitive ; on le sait, c'est là l'endroit où Rael retrouve à nouveau son frère John. Auparavant, c'était lui qui était prisonnier de la cage, maintenant c'est au tour de John de ne plus pouvoir se déplacer librement, si ce n'est pour effectuer un travail débilitant : celui d'un vulgaire VRP / représentant de commerce, pathétique et stupide robot ânonnant des slogans vides, et dont la seule religion-fonction consisterait à battre des records de vente (« *Everyone's a sales representative wearing slogans in their shrine, dishing out failsafe superlative* »). Au bout de la salle, à en juger par le rythme qui s'accélère, la production se fait plus rapide, puis passe de la frénésie à l'hystérie – vision hallucinante et variation désopilante de morts-vivants à la George A. Romero[6].

Les sons initiaux de ce « Grand Parade » furent largement modifiés et complétés (bruits *métalliques* bizarroïdes, pépiements d'oiseaux), par un musicien qui fut un temps invité aux sessions d'enregistrement : Brian Eno, transfuge de Roxy Music et producteur occasionnel, qui transforme une partie du matériel déjà enregistré, en les rejouant *via* différents instruments/appareils de son jus (boîtes à rythme, vocoder, pédales d'effet…). Les seules traces/interventions typiquement *classiques* du style Genesis sont le rythme de bastringue égrené au piano en intro (ou est-ce un clavecin ?) et, à partir du deuxième tiers du morceau, ces résonances magiques, écho céleste hackettien en contrepoint, qui vrillent à mesure que le cauchemar de la parade progresse. Mais revenons à Eno : On notera bien sûr, particulièrement, les étranges effets appliqués à la voix de Peter, transformé en hybride homme-machine, androïde inquiétant et risible à la fois. L'audition passe régulièrement d'une enceinte à l'autre, subtile évocation de la parade en plein mouvement – et procédé repris à leur compte par bon nombre des groupes de ce rock progressif en plein épanouissement (voir la pierre angulaire de ce style musical : *Dark Side of the Moon* de Pink Floyd, paru l'année précédente). Quoi qu'il en soit, c'est sur ces manipulations mystérieusement qualifiées d'*enossification* dans les notes de pochette que se termine la revue – Gabriel s'époumonant dans une dernière partie vocale jouissive et apocalyptique, où l'humour noir vire progressivement au rire jaune. À la toute fin, alors que Rael pense qu'il aurait bien besoin d'un fusible (« *Just need a fuse* ») pour suivre la cadence imposée par la chaîne de montage – Phil Collins qui tape *subtilement* (fioritures jazzy sur rythme effréné) –, la voix se fait traînante et vire au grotesque, un peu comme un tourne-disque qui s'arrêterait progressivement faute de courant…[7] Un fusible maintenant bel et bien grillé, et ce discours/litanie qui tourne à la mauvaise vitesse, de plus en plus lentement – comme les cerveaux lobotomisés de John et de ses apathiques congénères.

1. a) En français *La Monstrueuse Parade*, *Freaks* est un film américain réalisé par Tod Browning, en 1932. Lors de sa première projection, ce fut un échec (public et critique) retentissant, notamment en raison de l'emploi, comme comédiens, de personnes ayant de véritables malformations physiques. Considéré comme perdu après la Seconde Guerre mondiale, le long-métrage fut redécouvert dans les années 60 et a acquis depuis un statut de film culte. Le concept de moralité y est traité, ainsi que celui d'attrait physique qui, que nous en soyons conscients ou non, peut influencer les images/impressions que nous nous faisons des autres (et la manière dont nous les abordons). En entremêlant les dimensions physique et morale, le film souligne que la véritable monstruosité peut résider dans ceux qui se conforment aux idées conventionnelles d'une société.

b) Le parallèle entre « Grand Parade » et *Freaks* se situe avant tout dans le défilé incongru des personnages, galerie d'acteurs qui ici, dans la chanson, auraient troqué leurs tares physiques pour des tares morales, n'inspirant ainsi aucune forme de sympathie ou de compassion (au contraire de ceux du film).

2. Comme l'a écrit un jour l'homme de radio britannique Mark Radcliffe, loin du côté pompeux de certains (ELP, Yes, etc.), « Genesis fut », lui, « un des très rares groupes de rock progressif avec une approche ironique des thèmes traités, très loin de la simple pop song mais aussi de toute esbroufe musicalo-poétique ». De fait, bien avant *The Lamb*, le groupe cultivait déjà, de-ci de-là, un humour détaché typiquement british – croisement entre *nonsense* Lewis Carrollien, pré-surréalisme, sens de l'absurde à la Monty Python et dérision style Goon Show (la bande radiophonique des années 50, celle de Spike Milligan, Peter Sellers et Harry Secombe).

3. « Get'em out by Friday » est une délirante et sarcastique dystopie science-fictionesque – basée sur un semblant de vécu de l'époque (1971-72) : en l'occurrence les problèmes qu'avait le couple Gabriel avec le logeur de leur flat londonien de Campden Hill Road, propriétaire avide de profit et désireux de les voir partir au plus vite.

4. Depuis l'explosion sixties, le Beatle en chef était de fait un des héros-mentors (brother John ?) du *frontman* de Genesis. À ce propos, Steve Hackett rapporta un jour l'anecdote suivante : Peter ivre de joie et dansant dans sa loge, juste avant un concert de la tournée *Selling Egland By the Pound*… Il venait d'entendre John Lennon déclarer aimer le nouvel album du groupe, dans une interview à la radio new-yorkaise WNEW !

5. Un avatar de la « *fat old lady outside the saloon* » de l'année précédente (« Dancing With the Moonlit Knight » in *Selling England by the Pound*), *via* la *drooping lady* de « Grand Parade » ?

6. On pense aussi à Charlie Chaplin et à la pantomime dantesque de sa chaîne de production (*Les Temps Modernes* – 1936) ; ou à l'immense gueule d'acier qui avale la masse des ouvriers dans le *Metropolis* de Fritz Lang (1927).
7. Nonobstant ces *tricks* et gimmicks technologiques, on pouvait lire – dans un *New Musical Express* de l'époque – une description pertinente de la si particulière voix de Peter *au naturel* : « Entre le croassement d'un corbeau se cabrant et dérapant dans des aigus inquisiteurs, elle glisse et se cambre à travers la musique de son discours d'*alien* mythologique » – ouf... Et dans un autre descriptif, pro domo en quelque sorte celui-là (le programme distribué lors de la tournée de 1972) : « C'est un chanteur à la tessiture remarquable, aux effets tonals variés pouvant passer de cris venus du plus profond de l'âme à un phrasé net et précis, d'hurlements angoissants suivis d'une diction claire et posée à d'extravagants et vénéneux accents roulants »... Re-ouf – mais plutôt bien vu !

Back in N.Y.C. (5'34)

La seconde face commence avec ce « Back in NYC », premier volet d'un triptyque formé avec les deux titres suivants : « Hairless Heart » et « Counting Out Time ». Après sa plongée dans l'univers éprouvant décrit plus haut – lequel a culminé avec le traumatisme claustrophobique d'« In the Cage » et le défilé des zombies de « Grand Parade of Lifeless Packaging » –, Rael éprouve en effet le besoin de se retourner vers son passé. Histoire de recoller les morceaux et de revenir à une réalité concrète, même si celle-ci n'a jamais été bien rose dans sa (jeune) vie. Un brin nostalgique, il se rappelle donc de ses années *de formation* dans son quartier, et comme alors la vie semblait bien plus simple[1].

Le voici donc revenu à New York, cette ville où seuls les plus forts survivent. Innocence retrouvée dans l'éden de la prime adolescence, dans un temps où Rael pouvait se révolter sans trop se poser de questions, un temps où il émargeait à un gang et où il fracassait à peu près tout ce qui se trouvait sur son passage... Mélange hybride de proto-punk nihiliste lâché dans la ville (Sid Vicious va débarquer dans deux ans) et de *Rebelle sans cause* à la sauce seventies – James Dean revenu de son fatal accident de 1955 ? –, on ne la lui fait pas à lui, l'*Imperial Aerosol Kid*... Et gare à celui qui croiserait, par mégarde, son chemin !

À l'image de la thématique de la chanson, la musique se fait ici rugueuse, dure et froide – un contraste d'ailleurs avec l'instrumental qui va suivre. L'intro en forme de *riddim prog'* – réminiscence de la pulsation cardiaque au début d'« In The Cage »[2] – débouche rapidement sur des couplets typiquement hargneux et un débit rageur. En fait, ici Gabri(a)el hurle plus qu'il ne chante, crachant son fiel nihiliste – langue de vipère abrasive et accents hystérico-haineux à la John(ny) Rotten/Lydon – dans une exaspération toute adolescente[3]. « *So you think I'm a tough kid ?!?* » crie-t-il à la face de tous en général, et des adultes en particulier… Ici plus de spleen d'adolescent plaintif en recherche d'identité (le « *Nobody needs to discover me / Keep on a straight line I don't believe I can* » *in* « Looking for Someone », quatre ans plus tôt). Non, Rael est juste un p'tit dur qui prend plaisir à tout détruire – et débrouillez-vous avec ça, car après tout c'est de votre monde qu'il s'agit (« *You say I must be crazy (...) but this is your mess I'm stuck in, I really don't belong !* »[4]). La chanson, nerveuse, acerbe et classiquement rock, est tout du long ponctuée par une basse qui sonne comme des coups de poings (Rutherford dans un style efficace, volontairement *à contretemps*), un super riff à base de triolets au clavier (plus diverses nappes de synthé et d'orgue très « Watcher Of The Skies »), et la batterie de Collins, syncopée, lourde et groovy à la fois – une gageure. Hackett a lui un peu de mal à trouver sa place, plaçant tout de même, de-ci de-là, quelques *licks* de guitare très… Chuck Berryen !

Les *lyrics*, elles, sont un tout aussi dur retour à la réalité. L'auditeur habitué à l'univers typiquement britannique du groupe – ambiance douce-amère éthérée et références philosophico-religieuses – a intérêt à s'accrocher… Rien de féérique dans ces « *Their trash I'll burn it to ash* » et autres « *I'm not full of shit !* ». Car, plus qu'aucune autre chanson de l'album, « Back in NYC » est le parfait exemple de la volonté de Gabriel de « laisser tomber tout ce trip intellectuel » pour le remplacer par quelque chose de plus direct et agressif, « *for people who weren't necessarily from a middle class background* ». La chanson suinte la violence et une certaine forme de cynisme (« *I don't care who I hurt, I don't care who I do wrong* »), voire de nihilisme – on pense un peu à Rael comme émule du héros borderline Alex, celui d'*Orange Mécanique*, ou au Travis Bickle de *Taxi Driver*[5]. D'ailleurs, pendant son interprétation sur scène, survolté et porté par la musique, Gabriel en venait à balancer un mini-cocktail Molotov au milieu du groupe (je vous rassure, inoffensif le cocktail...).

Concernant le passage « *As I cuddled the porcupine…* », différentes interprétations ont été proposées. Peter a lui souvent soutenu que c'était en fait une métaphore/référence à la… masturbation – ce qui semblerait être plutôt *approprié* puisque Rael n'a pas encore sauté… le pas ! Une autre explication (qu'on pouvait un temps trouvé sur le Net – *Yesfans.com*) avancerait que le porc-épic, cet animal extrêmement vulnérable sans ses épines, serait en fait une représentation de Rael lui-même. Et, l'image de « *tough guy* » des rues ne correspondant pas à son moi réel – autrement dit, au fond de lui-même Rael serait en fait un type plutôt fragile et vulnérable –, consciemment notre héros aurait donc décidé de mettre son cœur à nu (« *Held my heart, deep in hair, time to shave, shave it off* »), loin de l'image qu'il essayait de donner avant. Or mettre son cœur à nu, c'est se découvrir, et c'est risquer le viol de son propre moi – les autres et le monde extérieur risquant d'en profiter (« *Your fluffy heart is ready for rape, no !* »)… Well, jusqu'où peut mener l'alliance de l'exégèse, de la glose et de la psychanalyse !

Dans les paroles, on notera en tout cas quelques *inexactitudes*. Par exemple, ces « *progressive hypocrites* » qui sont un bel exemple du background culturel d'un vrai britannique (Peter) transposé chez un américain pur jus (Rael). *Progressive* devrait donc plutôt faire place au *liberal* américain, soit chez nous, pour faire simple, la *Gauche de gouvernement.* Ceci dit et de toute façon, au vu de sa révolte radicale un peu fruste, Rael aurait-il vraiment eu le temps et l'envie de s'intéresser au monde de la politique en général, et donc aurait-il jamais employé de tels termes – *progressive* ou *liberal* – hein je vous le demande ? Deuxième petite *erreur* : le « *Pontiac Reformatory* » dont parle le chanteur existe bien – c'est le Pontiac Correctional Center, créé en 1871 et devenu maintenant plus une prison classique qu'un centre de correction pour délinquants juvéniles (2 000 détenus de nos jours). Par contre, cet établissement s'est toujours trouvé… à plus de mille kilomètres de New York – à Pontiac oui, mais dans l'Illinois ! Par conséquent on voit mal comment Rael, adolescent du Bronx, a pu se retrouver enfermé là-bas. Oups, sorry Pete ! Ceci dit, peut-être que l'ami Gabriel avait eu vent des émeutes qui s'y déroulèrent en avril 1973 – émeutes qui firent la une des journaux –, et qu'il (Gabriel) voulut s'appuyer sur l'actualité de l'époque pour conter son histoire. Sans parler aussi du fait que Pontiac est pareillement le nom d'un célèbre chef indien et d'une non moins célèbre marque automobile (située autrefois à Pontiac, quartier, cette fois-ci, de… Detroit). Deux autres symboles/icônes américaines donc – ces symboles que se plaît à citer le chanteur tout au long de l'album.

Nouvelle référence aux classiques de la pop-rock-soul américaine : le vers « *I'm the pitcher in the chain gang* » est une allusion voilée au tube éponyme (« Chain Gang » donc) de Sam Cooke (1960) – enfin moi je trouve… Avec à la clé ce jeu de mots polysémique typiquement gabrielien : « *chain gang* » pour « le gang de la chaîne » – on sait que Rael fait partie d'une bande de délinquants – ; et « chain gang », nom que l'on donnait jadis aux bagnards, ces *enchaînés* qu'on maintenait attachés les uns aux autres pour empêcher qu'ils ne s'évadent. Enfin, manière de nouvelle référence, on pourrait aussi rapprocher le final de la chanson de cette *swoon music* déjà évoquée plus haut (cf. *in* « Fly on a Windshield »), et l'inclure dans la séquence listée (note 2, p. 60). Quinze brèves secondes, magiques, dans un style nostalgico-évanescent – mais quelles quinze secondes... Elles annoncent l'ambiance *immatérielle* et la couleur musicale si caractéristique – *moyenâgeuse* pourrait-on dire – du morceau qui va suivre.

1. Petit intermède historico-didactique : en 1974, à cause de la fin des sixties et de la catastrophe de la guerre du Vietnam, ce sentiment de nostalgie flottait dans l'air de la société américaine – voir le succès des films à l'ambiance *rétro* de cette époque : *Le Parrain*, *L'Arnaqueur*, *Paper Moon*, *American Graffiti*, la série *Happy Days*, etc. Cela dit, en ce qui concerne notre héros, on aurait plutôt affaire à un symptôme d'inadaptation au monde, à une immaturité teintée de narcissisme, et à une volonté un peu lâche de retour au cocon rassurant de l'enfance. Voilà pour l'exégèse psychologico-psychanalytique, et pour toi Rael ! – well qui aime bien châtie bien...

2. *Riddim* : terme musical qui désigne la base de toute composition, soit une succession de notes donnant le rythme premier (un peu l'équivalent du classique riff donc). Du fait de sa simplicité propre, un même *riddim* peut être utilisé par différents artistes sur plusieurs chansons – en l'occurrence ici c'est Genesis qui *s'inspire* de lui-même (« In the Cage ») pour « Back in N.Y.C. ».

3. Assurément sa performance vocale la plus – si ce terme veut dire quelque chose – *rock*, en tant que chanteur de Genesis. « Back in N. Y. C. » préfigure en tout cas bien le style *terrien* – agressif, *catchy* et rageur – de sa future carrière solo (cf., entre autres, les titres « Modern Love », « On The Air », « Animal Magic », « Not One Of Us », « I Don't Remember » ou « Kiss Of Life »).

4. « Vous vous dites que je dois être cinglé (…) mais c'est bien dans votre merdier que je suis coincé, c'est votre problème ! ». Peter, à propos de son personnage, dans une interview de 1975 : « Il se sent comme piégé, un rebut de la société, mais en même temps il se fout d'une quelconque position dans celle-ci. Sa seule réponse, face cette situation inextricable, c'est l'agressivité »… Rétrospectivement – et sans vouloir faire de psychologie de comptoir –, à travers Rael, Peter parle de/pour lui-même. Il se sent lui aussi dupé, dans une autre « *machinery* », pour lui celle du show-business : sa position de star du rock (qu'il a peut-être un temps voulu mais qui maintenant lui pèse plus que tout). Faut-il être « cinglé » pour quitter ce statut si chèrement acquis ?!? Comme il le dira rétrospectivement dans le burlesque « Excuse Me », sur son premier effort solo : « *I'm not the man I used to be, someone else crept in* / Je ne suis plus celui que j'ai été, quelqu'un d'autre s'est faufilé en moi ».
5. Film iconique de Stanley Kubrick, sorti deux ans plus tôt et tiré du roman éponyme d'Anthony Burgess, *Orange Mécanique* relate – sur un mode cynico-drolatique – les aventures d'un gang de criminels ultra-violents, et la reconversion d'Alex (son chef, joué par Malcolm McDowell) par l'intermédiaire d'un traitement de conditionnement psychologique. En décembre 1971, dans *Saturday Review*, Kubrick décrivait son film comme « une satire sociale traitant de la psychologie comportementale et du conditionnement psychologique comme nouvelles armes pouvant être utilisées par un pouvoir totalitaire cherchant à imposer un contrôle total sur ses citoyens » – thèmes chers à Gabriel en effet… (Pour ce qui est de Travis Bickle, il s'agit du personnage principal, suicidaire fou interprété par Robert De Niro dans le film de Martin Scorsese : *Taxi Driver*, palme d'Or à Cannes en 1976.)

Hairless Heart (2'21)

Avec ce « Cœur Glabre », pour la première fois le groupe sonne comme il avait l'habitude de le faire sur les disques antérieurs, ce côté mélancolico-pastoral qui est une de ses marques de fabrique – on pense par exemple au « Firth Of Fifth » (sur l'album *Selling England By The Pound*), au « For Absent Friends » de *Nursery Cryme* (pour la partie acoustique), ou à une grande partie du premier album, *Trespass* (le plus *aérien*[1] des disques du Genesis première période). C'est Steve Hackett qui a composé cette musique mêlant harmonieusement guitares et claviers, créant ainsi l'une des plus belles mélodies de Genesis toutes époques confondues. La première partie, en Ré mineur, – subtil voile d'un synthétiseur en ouverture, calmes arpèges à la guitare sèche et mystérieux clavier aux notes *liquides* – fait rapidement place à ces miaulements plaintifs typiques du style hackettien, cette fois-ci joués électrique et au travers d'une pédale d'effets couplée à une chambre d'écho. Puis l'envoûtante mélopée s'élève, un ton au-dessus – variations harmoniques d'un mellotron céleste (Hackett encore, ou Tony Banks ?) et de ce qui semble être un (très discret) orgue d'église, le tout rehaussé de sons de clochettes et autres triangles féériques. Le thème mélodique et sa structure même – revenant en boucle, comme *reptilien* (les *Lamia* à venir ?) – sont ensuite répétés plusieurs fois, alternativement avec calme puis avec plus d'emphase… Jusqu'à ce final épico-médiéval style *Wall of Sound* qui rehausse le tout – Phil et ses roulements de toms –, débouchant ainsi, avec bonheur, sur le morceau suivant. Une merveille, on vous dit.

« *Cette nuit-là, il imagina qu'on lui retirait son cœur velu et, au son d'une musique hyper romantique, qu'il l'observait se faire tondre par un rasoir anonyme, en acier inoxydable. L'organe palpitant (de couleur rouge cerise) remis à sa juste place, celui-ci commença à accélérer le rythme tandis qu'il guidait notre héros, lequel décomptait le temps qui lui restait jusqu'à son premier rendez-vous amoureux.* » (Texte de la pochette intérieure.)

« Hairless Heart » : un cœur humain n'a guère besoin d'être rasé, non ? Alors on a le droit de penser à d'autres parties du corps qui sont elles dotées d'un système pileux… Néanmoins, on peut aussi y voir une nouvelle allusion biblique, celle de la *circoncision du cœur (*Deutéronome, 30:6), soit un symbole d'éveil spirituel, vers la connaissance et la perfectibilité. Ah, langage métaphorique, quand tu nous tiens… Ceci dit encore, au lieu de préparer Rael aux choses de l'esprit, l'action semble plutôt le ramener aux sentiments amoureux, voire même à la pulsion sexuelle proprement dite (« L'organe palpitant, de couleur rouge cerise (…) commença à accélérer le rythme » – hum, hum). Pour preuve la chanson suivante – qui traite clairement de ce sujet. Et l'image du rasoir en acier inoxydable ne ramène-t-elle pas elle au surréalisme, une *marotte artistique* de toujours de Gabriel (cf. son texte/poème halluciné de « Supper's Ready »[2]) et au premier film du genre, datant de 1929, *Un Chien Andalou*[3] *? Un Chien Andalou*, œuvre érotico-kaléidoscopique où l'on voit justement l'œil d'une femme aguicheuse tranché par un rasoir – loin d'être anonyme celui-là, puisque c'est celui du héros du film ! Mais retenons nos chevaux : c'est à vous de voir, et ici chacun peut interpréter à sa façon…

1. Concernant ce côté *vaporeux*, on notera que sur les cinq membres du groupe, quatre sont d'un signe d'air (Peter, Phil et Steve tous Verseau, et Mike qui est Balance). Well, à toutes fins utiles, pour ceux pour qui l'astrologie aurait une quelconque valeur *scientifique*...
2. Pièce de résistance de l'album *Foxtrot* et délire poético-mystique – comme l'avait un jour présenté Peter à son public, pendant le show mythique donné aux Shepperton Studios : « *our Jerusalem boogie* » –, il est soutenu par une séquence musicale en sept mouvements (cf. en complément, note 2 p. 43). De fait, le novateur « Supper's Ready » – arrangements sophistiqués, étranges, mélodieux et complexes à la fois, apaisant autant que perturbant – est depuis considéré comme un des morceaux emblématiques de ce rock progressif en pleine gestation à l'époque.
3. Classique du cinéma surréaliste, réalisé par Luis Buñuel et Salvador Dali.

Counting Out Time (3'42)

Au même titre que « The Grand Parade », « Counting Out Time » est une autre chanson hilarante, drôlerie contrebalancée par les méchants riffs assénés par le duo Rutherford/Hackett. Burlesque et en même temps caustique, cousin éloigné du « I Know What I Like » de l'album précédent – démarquage tubesque/ubuesque, raillerie sous-jacente, refrain classiquement pop –, elle fut presque entièrement composée par le chanteur (*lyrics*, mélodie... et expériences personnelles). Rael se souvient de sa première expérience *érotique* avec l'autre sexe. Mais l'idée d'entreprendre d'avoir des relations sexuelles « illustrées par des numéros » (« *Got the whole thing down by numbers* », « *Look ! I've found the hotspots, Figs 1-9 !* ») est délicieusement absurde, quoiqu'on puisse en effet facilement y sentir le vécu du chanteur... C'est donc la première expérience charnelle de Rael. Il s'est procuré un guide censé lui expliquer comment *faire face* à une jeune femme dévêtue et consentante[1], et l'a étudié pendant des mois – le guide, pas la jeune femme (c'est d'ailleurs peut-être là son malheur !) Bref, voilà : le jour fatidique, c'est un fiasco total. Et Rael laisse là sa partenaire frustrée et quelque peu irritée : « *Please don't slap me, I'm a red-blooded male and the book said I could not fail !* »[2] Pauvre Rael indeed, qui se voyait déjà comme le « Sledgehammer » de sa dulcinée... Mais les auditeurs/trices réprimeront peut-être un sourire jaune – en effet qui peut prétendre avoir été pleinement ravi(e) *la pre-*

mière fois ? Quoi qu'il en soit, dans la présentation de la chanson en concert, un Peter rigolard racontait que son héros allait tenir très exactement… 78 secondes. Ce qui, il faut bien le reconnaître, ne constitue pas vraiment un argument à la – eeeuuh – *décharge* de Rael !

« Counting Out Time » suit son cours sur un rythme régulier, et sans la partie décalée du milieu et les breaks mordants du trident Rutherford/Collins/Hackett, elle pourrait presque être considérée comme une chanson pop un peu facile – trop pop sur elle ? –, témoin ce refrain presque exagérément entraînant (à l'image de celui de leur mini-hit de l'année dernière, « I Know What I Like »). Comme on l'a vu et au contraire de la plupart des titres de l'album – qui étaient, musicalement en tout cas, le résultat d'un travail de/du groupe –, elle fut écrite dans sa presque totalité par le seul Peter. Le chanteur avait déjà traité le thème de la sexualité, sur un mode ironico-tragique : dans l'épique « The Musical Box » de 1971, il décrit une vie d'attentes amoureuses et de frustrations sexuelles débouchant sur l'apparition horrifique d'un vieillard agressivement lubrique (l'orgasmique final du morceau). Critique de la société victorienne – son hypocrisie et sa répression latentes relativement à la sexualité – ; ici, le point de vue est plus satirique et porterait plutôt sur les progrès consécutifs à la révolution sexuelle des années 60-70 – pas si *probants* que ça peut-être… Le tout est traité sur un mode humoristique, pour ne pas dire railleur – « *It's time to unzip, move over Casanova* », invocation du célèbre séducteur vénitien pour se montrer à la hauteur –, mais en même temps plein de compassion envers l'inexpérimenté Rael.

Musicalement, « Counting… » est le type même de la chanson 50's rétro, dans un style doo-wop (Platters, Frankie Lymon & the Teenagers, les Drifters, etc.), mais revisitée à la sauce prog rock. Si la naissance du rock'n'roll procédait d'une déconstruction de la musique telle qu'on l'avait toujours connu (en gros : dorénavant prépondérance du rythme par rapport à la tonalité), l'émergence du rock progressif correspondit lui à une velléité de retour aux formats antérieurs – le tout agrémenté par les nouvelles techniques d'enregistrements en pleine émergence. Le but était de faire du format actuel quelque chose de plus complexe et sophistiqué – tout en gardant l'énergie et l'excitation propres au rock'n'roll originel… Et donc, malgré sa série d'accords typiquement fifties, ses chœurs sucrés et son final échevelé, on trouve dans « Counting » des interventions typiques du prog' – traité sur un mode humoristique/décalé : en intro deux claviers qui se répondent, comme liés (synthétiseur plus orgue ?, séquenceur ?), suivi plus loin par cet agressif riff de basse *asymétrique* qui déboule à l'improviste, et l'incroyable solo de Steve Hackett (à 2'28). Beaucoup de choses ont été dites sur le passage *sotto voce*, « *Put it away Mr Guitar !* » (Peter demandant à Steve d'arrêter de jouer ? Ou au contraire l'encourageant à se lancer ?). Le fait est que la partie de guitare, comme *déphasée,* est en cela même étonnante : le drolatique caquetage d'un canard, obtenu par une pédale multi-effets (fuzz, oscillateur, wah-wah) couplé à un synthé-guitare EMS Hi-Fli... Quand la technique et l'innovation n'oublient pas ce précepte fondamental : ne jamais (trop) se prendre au sérieux.

Le morceau fut choisi par le groupe pour en faire un single. Couplé avec « Riding The Scree » – un des titres les plus *progressivement* classiques de l'album –, Peter et la bande semblaient vouloir donner au public un indice de ce qu'allait être le 33 à venir : du Genesis pur jus (avant-garde et complexité musicales) allié à un certain retour au format et aux thèmes du pop-rock. Néanmoins, comme le « I Know What I Like » de l'album antérieur, la tentative échoua et le 45 tours ne fit qu'une courte apparition dans les charts – vite relayée par un deuxième essai (« Carpet Crawlers » accolé à « Waiting Room »).[3]

Pour finir avec « Counting Out Time », une dernière petite remarque – qui vaut ce qu'elle vaut, le lecteur/auditeur jugera – : le pathético-farfelu « *Erogene zones I love you, without you what would a poor boy do* ? », outre une allusion au guide susdit[1], pourrait bien être un hommage référence au classique des Rolling Stones, « Street Fighting Man ». En effet, ce *hit wonder* de 1968 composé par Mick Jagger et Keith Richards contait déjà les affres existentialo-ennuyés d'un kid s'interrogeant sur lui-même et son avenir : « *What can a poor boy do, except to sing for a rock'n'roll band ?* »...

Mais trêve d'interprétation et retour à notre héros : ayant choisi de se pencher sur son passé pour y trouver un peu de réconfort, celui-ci a lamentablement échoué. Et il se retrouve seul, de retour dans le monde gris et déprimant de la zone de production. Or Rael va y découvrir un étrange couloir recouvert de laine... d'agneau (« *Lamb's wool* »). Eh oui, le *lamb* du premier morceau est de retour !

1. Référence implicite à l'ouvrage du sexologue britannique Alex Comfort : *Erogenous Zones and Difficulties in Overcoming Finding Them* (ouf !), un manuel d'éducation sexuelle paru initialement en 1963 et qui devint un best-seller mondial dix ans plus tard. Gabriel reconnaîtra bien volontiers s'en être directement et doublement inspiré – au moment de l'écriture de la chanson... et durant son adolescence.
2. Le même genre de mésaventures que décrira Peter dans « Modern Love », trois ans plus tard : « *I trusted my venus was untouched in her shell, but the pearls in her oyster were as tacky as hell* / J'ai cru ma vénus intacte dans sa coquille, mais les perles de son huître étaient horriblement poisseuses » !
3. On notera le degré d'*incompétence* dans ce choix... Autant la mélodie de « Carpet » pouvait prétendre en faire un *tube* en puissance, autant un titre tel que « The Waiting Room » était tout sauf potentiellement commercial. Plutôt qu'une éventuelle *carence managériale*, on doit peut-être y voir là l'ambition, *idéaliste* et honnête, de passer outre les normes et contraintes de l'industrie musicale (et du show-biz en général).

The Carpet Crawlers (5'14)

« *There is lamb's wool under my naked feet* » murmure (Gab)Rael dans la magnifique introduction de ce « Carpet Crawlers », laquelle intro fonctionne un peu comme le récitatif d'un opéra ou le début d'un standard de Tin Pan Alley[1]. La suite est un festival d'imagerie et de figures de style à la Genesis *early seventies*, à savoir une poésie féerico-fantastique mâtinée de surréalisme doux-amer – si, si ! On y rencontre donc, tour à tour : une salamandre qui se suicide par le feu ; un mannequin de porcelaine à la *peau* fendillée qui redoute une agression (?!?) ; les vierges *folles et sages* de la Bible – pouffant de rire et aux corps luminescents ; des puces qui se cramponnent à la Toison d'Or ; quelques « Supermen aux manières douces retenus prisonniers de la kryptonite »[2] – tandis que des créatures imaginaires sont elles condamnées à rester dans leur cocon-prison de celluloïd (nouvelle référence au 7ème art ?) Le tout est illustré par les habituels expressions, néologismes et jeux de mots de Peter – à base d'assonances, allitérations, homophonies/polysémies/métonymies, allusions, allégories, euphémismes et autres litotes... Bref, on vous aura prévenus et vous ne serez pas déçus.

Rael essaye donc de reprendre ses esprits après ce retour à la réalité – et c'est son rêve/cauchemar qui recommence. Il a erré pendant un long moment et se retrouve maintenant dans un immense couloir orné d'un tapis ocre rouge. Au bout, une gigantesque porte en bois et, sur le sol, des centaines de personnes agenouillées, pathétiques chenilles humaines en perdition. Affublées du sobriquet d'« Hommes-Pantoufles » (ou « Rampants-du-Tapis », c'est selon) – les *carpet crawlers* donc –, elles n'ont qu'une idée en tête : passer cette porte qui se trouve au-dessus d'eux et qui donne accès à une mystérieuse chambre. « *Like the forest fight for sunlight* », elles rampent péniblement jusqu'à cet escalier en colimaçon, *aimantées* par un chimérique sentiment de liberté (« *pulled up by the magnet, believing they're free* »). « *We've got to get in to get out* » geignent-elles ensuite, dans un trait d'humour involontaire : « Il faut rentrer pour pouvoir (s'en) sortir »[3]...

« Carpet Crawlers » est peut-être, avec « Hairless Heart », la chanson la plus *tranquille* de l'album. Avec son rythme régulier et sa merveille de mélodie, sa structure classique refrain/couplet tournant autour de strophes répétitives, elle fut au fil des ans, lors des concerts, une des plus plébiscitées. Le morceau aurait été composé de bout en bout par Gabriel – comme le souligne la première épouse de Peter, Jill, dans la biographie de Spencer Bright.[4] On veut bien le croire – même si le morceau est aussi particulièrement magnifié par les autres, on pense en particulier aux superbes arabesques du clavecin de Tony (une préfiguration de son futur « Ripples ») et à la guitare cristalline de Steve, typique de son style.[5]

Mais de fait, c'est bien le chanteur qui tire ici son épingle du jeu. La tessiture de sa voix, chaude et fragile dans son expressivité, cascades vocales en forme ascendantes/descendantes, préfigure son chant à venir, en particulier celui inauguré avec l'album *So* (1986). Peut-être parce que, pour une fois, délaissant les habituels *tricks*/tics/gimmicks propres à son style vocal – géniaux au demeurant –, il privilégie ici le naturel et une certaine forme d'authenticité *mise à nu*... Tout en tenant – ultime paradoxe – le discours le moins *terre-à-terre* qui soit (« Carpet Crawlers » contient peut-être, en effet, les textes les plus *mythologiques* du disque, avec « The Lamia »).

1. On appelle *Tin Pan Alley* une certaine production musicale américaine qui débuta à la fin du XIXème siècle. Mélodramatique ou enjouée, populaire mais exigeante, elle influença le boom pré-50's puis rock'n'roll, jusqu'à maintenant.
2. a) Kryptonite : « matériau imaginaire issu de la BD américaine, dont il existe plusieurs variétés, chacune d'une couleur spécifique (vert, rouge, dorée, bleu). Celles-ci ont pour propriété d'affecter, en bien ou en mal, les survivants de la planète Krypton, et en premier lieu le héros emblématique, Superman. La kryptonite a tout d'abord été *inventée* dans l'émission de radio *The Adventures of Superman* (1943) et ne sera intégrée dans les *DC comics* que six ans plus tard. » (Fiche wikipédia, merci wikipédia !) b) Kryptonite (sens figuré) : tout élément qui neutralise un pouvoir, constituant ainsi une faille, un point faible.
3. Certains exégètes ont cru aussi y voir une obscure allusion à… l'activité sexuelle masculine : en l'occurrence les spermatozoïdes qui doivent « rentrer dedans » (« *get in* ») « pour pouvoir sortir » (« *to get out* ») et ainsi revenir à la vie – sous forme de *carpet crawler* (autrement dit un nouveau-né qui rampe sur le sol, sur le tapis, pour se déplacer… *Capito* ?).
4. *Peter Gabriel : An Authorized Biography* (Ed. Sidgwick & Jackson, 1988).
5. Celui qu'on retrouvera sur ses meilleurs albums solos : *Voyage of the Acolyte* et *The Circus and the Nightwhale* (1975 et… 2024 !). Ou encore : *Spectral Mornings* (1979) ; dans un style plus *heavy/world music*, *Wolflight* (2015) ; etc.

The Chamber of 32 Doors (5'41)

Au bout du « *carpeted corridor* » et de l'escalier en colimaçons évoqués dans le morceau précédent, Rael pénètre dans une immense pièce, aux multiples accès. Une seule de ces portes donne sur la sortie, toutes les autres ramenant inexorablement à cette même « Chamber Of 32 Doors ». Ici, il retrouve quelques figures familières/familiales, dont ses propres parents – qui ne font rien pour l'aider, si ce n'est le juger. Rael reste dubitatif face aux suggestions des autres personnes (inconnues) qui s'agglutinent dans cet endroit, toutes ayant un avis quant à la porte à choisir, mais tétanisées, comme incapables d'agir...

Cette pièce au fort écho de deux classiques de *Trespass* (1970) – « The Knife » (les effets/breaks style *drama sound*) et « Looking For Someone » (le chant de Gabriel, *duende* soul-rock[1], et la thématique ontologico-existentielle des paroles[2]) – est un des points émotionnels culminants du disque. L'ambiance presque pathétique et les envolées lyrico-théâtrales[3] sont curieusement – mais à bon escient – contrebalancées, par trois interludes folky (Phil Collins harmonisant en accompagnement vocal). Ce sont les moments où Rael paraît momentanément moins angoissé : « *I'd rather trust a country man than a townman / I'd rather trust a man who works with his hands / I'd rather trust a man who doesn't shout what he's found* » – soit Rael se cherchant, et cherchant une solution à sa quête spirituelle[4].

Les paroles sont astucieusement structurées autour du thème de la dualité/dichotomie. Après l'image du *countryman/townman* (paysan/citadin), un homme riche et un homme pauvre (*rich man/poor man*) entourent Rael, tandis que plus loin celui-ci se tient entre son père et sa mère (*father/mother*). À noter ici une nouvelle allusion biblique (typique de l'imagerie chrétienne) : Rael/Jésus[5] à la droite de son papa /Dieu-le-père... Toutes ces figures archétypales cernent Rael (devant/derrière/à droite/à gauche) ; menaçantes elles semblent aussi l'inviter à choisir une – LA – direction à prendre, comme les quatre points cardinaux constituent chacun une possibilité de route à suivre. Bon, voilà pour l'analyse et l'approche philosophico-mystique des *lyrics* de l'archange Gabriel !

Avec ses nombreux changements de rythmes et ses différents éléments mélodiques, « The Chamber Of 32 Doors » exprime la difficulté de Rael à se fixer sur un choix – jusqu'à l'ultime danger : l'option qui consiste à fuir ses peurs et à abandonner ses rêves, pour un petit confort qui pourrait au bout du compte s'avérer bien plus cauchemardesque. Chaque passage musical est astucieusement séparée d'*espaces de silence* ; et – agrémentée de l'écho dans la voix de Gabriel –, le tout illustre bien le sentiment d'isolement et de détresse de Rael. Quant aux autres musiciens du groupe, ils accompagnent tous avec bonheur l'émotion que suscite le chant : la couleur musicale apportée par Banks avec son utilisation du mellotron et de l'orgue Hammond, l'écho et la reverb sur certaines parties de batterie de Collins, le lyrisme d'Hackett dans son (trop court) solo de guitare d'intro, etc. Sans parler de l'utilisation de chœurs célestes – Phil encore –, de cloches carillonnantes et de ce qui semble bien être les notes d'un vibraphone, en écho… Incongrue mais astucieuse petite touche *féérique* qui contribue à atténuer le climat dramatique du morceau.

« *I'm so alone with my fear* » (Rael se tient donc seul, une fois de plus renvoyé à lui-même) suivi de ce « *I've got to find my own way* » – choisira-t-il la bonne porte, celle qui mène à la liberté et à l'affirmation de soi ? Well, vous le saurez en vous plongeant dans l'écoute de la seconde galette de l'œuvre agneline des 5 de la Charterhouse.[6]

1. *Duende* : terme espagnol difficilement traduisible (dans son sens premier : « lutin », « petit diable enfantin », le mot étant – selon certains étymologistes – dérivé du mythologique 'djinn' pré-islamique, lequel est aussi, on le sait, l'*ancêtre* du 'génie' français). Il correspond à ces moments de grâce où un artiste prend tous les risques pour transcender ses limites, entrer dans un état second et atteindre un niveau d'expression procédant d'une sorte de transe mystique, provoquant ainsi l'enchantement chez le spectateur. Plus succinctement, le musicologue Anselmo Gonzalez Climent le décrit comme « un état particulier de mystérieuse grâce artistique ». Le poète Federico Garcia Lorca a beaucoup développé ce concept en tant qu'il exprimerait particulièrement bien, selon lui, le *génie* du peuple andalou et de l'âme espagnole (notamment au travers de l'*art* tauromachique et du flamenco)… Soit, mais et donc quel rapport avec Peter ?? Eh bien, tout simplement parce que certaines de ses envoûtantes inflexions vocales, la *couleur* de son chant, sa force mélodique et expressive, semblent par moments procéder d'un pur miracle, si, si... Peut-être aussi parce que selon une légende familiale, les ancêtres Gabriel seraient de lointains marins espagnols de l'Invincible Armada échoués sur les côtes de Cornouailles, au tournant des XVIème et XVIIème siècles ! (« *My family arrived in this land from Spain at the time of the Armada, and the story goes we were adopted by Cornish peasants* », *dixit* Peter dans une interview de 1974.)
2. Le « *I need someone to believe in, someone to trust* » de 1974 renvoyant au « *Looking for someone, I guess I'm doing that* » de 1970.
3. Dans un style, lui, très « Fountain of Salmacis » (album *Nursery Cryme*).
4. Dans son livre sur le chanteur – *Without Frontiers* –, Daryl Easlea y voit aussi une claire allusion au dilemme qui se posait à Peter, dans un rêve qu'il fit à l'âge de onze ans : devait-t-il s'orienter vers une carrière dans le monde de la musique ou se consacrer à une simple vie de *farmer* ? « *You don't need any shield, when you're out in the field* » / « Pas besoin d'une quelconque protection (bouclier), quand tu te tiens là dans un champ »... On sait la direction que prit finalement Gabriel, mais son départ/exil de Londres en 1975 est tout de même assez parlant : retraite familiale vers le Bath des origines et – plus tard, dans les années 80 – création de ses propres studios d'enregistrement, *Real World* (dans le bucolique village de Box, Wiltshire).
5. On le sait, Rael est une espèce d'avatar, mi-fictif mi-assumé, du chanteur ; alors Peter se prendrait-il pour le fils de Dieu ?? Déjà, dans le deuxième mouvement de « Supper's Ready » (« The Guaranteed Eternal Sanctuary Man »), un Gabriel shamano-christique n'arborait-il pas une couronne d'épines du plus bel effet ? (Cf. les shows des Shepperton Studios de 1973, aisément *visualisables* sur Internet.) Je lance donc le débat...
6. Eeuuh, ça ne fait pas un peu trop de 'de' là, hein j'vous l'demande ? (NdE.)

Lilywhite Lilith (2'42)

À ce moment du voyage, l'auditeur est en droit de se demander pourquoi l'album s'appelle *The Lamb Lies Down On Broadway* et non pas, par exemple, *Rael And His Amazing Technicolor Frightening Visions*... Gabriel semble lui-même avoir devancé toute polémique à propos de la signification réelle de l'animal – *via* le récit reproduit dans la pochette intérieure : « Pendant ce temps, à bout de souffle, un agneau se couche. Cet agneau n'a absolument rien à voir avec Rael ou tout autre agneau – il se couche juste sur Broadway ». Cela dit, l'agneau a bien des connotations propres à la *mythologie* chrétienne ; alors simple tropisme culturel inconscient ou background religieux non assumé ? Il ne tient qu'à l'imagination de l'auditeur/lecteur de se faire une idée – et trouver ainsi d'autres éventuelles pistes d'interprétation.

L'« *amazing vision* » qu'il rencontre ici est donc une certaine Lilywhite Lilith, séduisante et mystérieuse créature aveugle... qui se propose de le conduire à travers l'obscurité. Elle lui demande d'être amenée au centre de la chambre aux 32 portes, afin de « sentir d'où peut bien venir la brise ». Puis, ayant trouvé la sortie, la dame le dirige vers un lieu où elle va le laisser seul, assis sur un trône de jade au beau milieu d'une cave sépulcrale. Gabriel raconta, dans une interview de 1975 avec le journaliste Chris Welch, que la cave en question était « *like a black tank* », référence tacite au caisson d'isolation du neuroscientifique américain John Cuningham... Lilly (tiens donc, mais oui tout se… tient !)[1]

Au son des interventions éclatantes de Steve Hackett, l'inquiétante créature et Rael ont donc atterri dans cette grande salle souterraine, Lily essayant en vain de rassurer notre héros terrorisé (« *They're coming for you, now don't be afraid* »), puis le laissant là, livré à lui-même. Métaphore ironique de 'L'aveugle conduisant l'aveugle'[2], Lilith est en fait une vieille connaissance de l'œuvre de Genesis : le motif central provient de la chanson « The Light » de 1970/71, que l'on ne peut malheureusement trouver que sur des enregistrements live vintage : une prestation à Woluwe (Belgique), du 7 mars 1971, et une autre qu'on pouvait un temps visionner sur Internet, un passage télé datant de la même époque. Bref, quoi qu'il en soit, « The Light » était initialement l'œuvre de Phil Collins, à qui les autres avaient demandé s'il avait du *matériel* qui pourrait être exploité. Elle fut totalement remaniée par la suite, aussi bien au niveau des paroles (au départ – connotation biblico-chrétienne assumée – il y était question de Joseph et Marie !), que de la musique.

Un des titres les plus courts du disque (2'44), « Lilywhite » est un pur rocker – riffs rageurs à la Pete Townshend –, plutôt éloigné du Genesis classique mais assez proche de certains titres ultérieurs de Peter en solo.[3] L'ambiance est énergique à souhait, ponctuée par les cassures rugueuses de la guitare et de la basse. On remarquera, dans le dernier tiers, une reprise/renvoi au riff rutherfordien de « Broadway Melody of 1974 » – et la même fin évanescente de ce « Broadway », qui fait le lien avec le morceau suivant. À noter aussi la présence plutôt effacée de Banks (quelques discrètes nappes de synthé et d'orgue), ceci expliquant peut-être pourquoi le titre ne fut plus jamais joué sur scène après la tournée 74-75 (Tony ayant – sacrilège ! – toujours plus ou moins dénigré certains titres de l'album, dont celui-ci).

Si l'on se réfère purement à l'étymologie, en réalité Lilith – de l'hébreu : לילית – est un démon féminin de la tradition juive (plus tard, au Moyen Âge, elle sera même présentée comme la première femme d'Adam, avant Ève). Dérivée d'une divinité mésopotamienne[4] liée au vent et à la tempête, elle représente un danger, en particulier pour les nouveau-nés, et on doit recourir à l'invocation d'autres créatures maléfiques pour s'en protéger… Notamment au terrible Pazuzu, le démon du film *L'Exorciste* de William Friedkin, lequel est aussi le *conjoint* de cette Lilith – nooooonnn pas Friedkin, Pazuzu ! Bref, poursuivons l'exégèse : Lilith serait aussi un hapax (c'est-à-dire : un « mot d'origine incertaine ») du *Livre d'Isaïe*. Sa signification dans ce passage de la Bible hébraïque n'est pas claire, par moments on serait en présence d'un onocentaure (créature mi-homme mi-âne), à d'autres d'un *lamashtu* (créature malfaisante représentée assise sur un âne – notez la filiation sémantique). Mais Symmaque l'Ébionite[5] utilise lui le propre terme de *lamie* pour la décrire ! La boucle est donc bouclée, on retrouve bien là une analogie avec nos monstres de la mythologie grecque, ces effrayantes et dangereuses sirènes tentatrices… Et confirmation donc que cette Lilith préfigure bien la rencontre à venir (« The Lamia », sur cette même 3ème face de l'album) ; celles-ci (les lamies) et

Lilywhite constituant bien plus une menace qu'un groupe d'amies/ amantes potentielles. En tout cas – c'est sûr –, tout sauf des créatures bienveillantes.[6]

Au son d'un solo de guitare langoureusement agressif (*sic*) et des grondements de la section rythmique, Lilith a donc prévenu Rael qu' *ils* allaient venir le chercher. Mais la peur est toujours bien présente – et se transforme en effroi (intonations paniquées du chant) quand, à peine visibles dans l'obscurité, deux globes apparaissent à l'entrée de la pièce. Flottant au-dessus de lui, la menace plane dans cette mystérieuse salle d'attente – *waiting room* qui maintenant s'apparente plus à une prison, peut-être même à une salle de torture...

1. John Cunningham Lilly (1915-2001) était ce pionnier de l'étude des phénomènes de conscience et de communication. Proche des chantres de la contre-culture californienne (Allen Ginsberg, Timothy Leary, Carlos Castaneda) ou autres (Alejandro Jodorowsky, Richard Feynman), il mena ses expériences sur les phénomènes d'isolation sensorielles dans les années 60 (cf. son autobiographie de 1972 : *Center of the Cyclone*). Plus tard, Lilly se consacrera au système de communication chez les dauphins, militera pour la préservation des baleines et s'intéressera aux dangers de l'informatisation à outrance (sa théorie de *bioforme* autonome inspirera le film *Terminator,* de James Cameron). Malgré les initiales de ses prénoms, on a donc bien là affaire à une référence plutôt scientifique que religieuse...
2. On pense au tableau de Pieter Brueghel *La Parabole des Aveugles*, allusion à la parole du Christ adressée aux Pharisiens : « Laissez-les, (...) si un aveugle guide un aveugle, ils tomberont tous deux dans la fosse » (Mt 15, 14 ; Lc 6, 39). Lilith serait donc – intentionnellement autant qu'à son corps défendant (elle est elle-même non-voyante !) – la cause des mésaventures à venir de Rael.
3. Cf. « Modern Love », énergie lyrique sous influence Springsteen, et une très grande partie du premier album (boosté par le trio guitaristique Steve Hunter/ Robert Fripp/Dick Wagner) ; « I Need Perspective » et « On the Air » sur le second ; « Not One of Us » et « I Don't Remember » sur le troisième, etc, etc.
4. On trouve en effet sa présence dans l'antique Épopée de Gilgamesh (chronique mythico-épique sumérienne du XVIIIème siècle... av. J.-C. !). Au début du récit, un démon (*Ki-sikil líl-lá-ke*) s'installe dans le tronc d'un arbre au bord de l'Euphrate puis se trouve transplanté à Uruk, *capitale* de l'ancienne Mésopotamie. Après maintes péripéties, le héros Gilgamesh parvient à l'effrayer et la divinité malfaisante s'enfuit dans le désert, son lieu de séjour habituel. Il est fort possible que ce soit là la première mention de Lilith, même si cette identification est parfois contestée.
5. Traducteur grec de la Bible de la fin du IIème siècle.

6. À l'opposé de la *version* qui en est donnée dans le film sataniste de Kenneth Anger, *Lucifer Rising* (1972). Dans ce célèbre court-métrage, on a en effet droit à une image bien peu démoniaque de Lilith, celle-ci étant interprétée par une sublime Marianne Faithfull, toute en charisme évanescent et candeur plaintive. D'autre part, Peter admet que son héroïne à lui fut avant tout inspirée du *Lilith* de l'Écossais George MacDonald : un roman métaphysico-fantastique qui annonçait, dès 1895, l'œuvre emblématique de Tolkien, *Le Seigneur des Anneaux*. Soit : une vision d'un style bien plus *merveilleux* qu'horrifique, et donc qui irait *a contrario* de la figure vraiment pernicieuse des Lamies grecques. Dont acte, va pour une version de Lilith *gentiment* menaçante...

The Waiting Room (5'25)

« I can see the corner of the tunnel
Lit up by whatever's coming here
Two golden globes float into the room
And a blaze of white light fills the air »

Ainsi donc se terminait « Lilywhite Lilith », la peur de Rael exacerbée par la vision de deux globes dorés, d'une lumière blanche aveuglante, et une succession de sons stridents tous plus inquiétants les uns que les autres. Alors, photisme (révélation religieuse s'accompagnant de sensations visuelles et auditives *colorées*) ou expérience de mort imminente (la lumière blanche à l'entrée du tunnel, *mortelle* tarte à la crème, ah ah) ? On pencherait plutôt pour un mix des deux, soit une mort symbolique suivie d'une possibilité de renaissance spirituelle – tout comme le *wall of death* de « Fly on a... » n'avait pas vraiment tué Rael mais lui avait permis de renaître à un autre niveau de conscience. Or – catastrophe ! –, notre héros, enchaîné au fatal karma-triptyque rébellion/désespoir/terreur, va finalement opter pour l'éternelle violence. Il brise alors les deux globes de verre, et avec eux toute chance de rédemption. Alors la caverne s'écroule littéralement sur lui…

Tony : « 'The Waiting Room' est la meilleure séance d'impro que nous ayons menée à Headley Grange. Originellement appelée 'The Evil Jam', nous avions éteint toutes les lumières – et juste fait du bruit. C'était vraiment effrayant, effrayant et excitant à la fois. » Phil : « 'The Evil Jam' a commencé avec Steve *inventant* des bruits puis Tony jouant de/avec quelques synthétiseurs – nous étions juste en train d'expérimenter toutes sortes de sons perçants et discordants… Le groupe était concentré vers un même but ; avec Peter soufflant dans les anches de son hautbois et jouant de sa flûte à travers la boîte d'effets Echoplex. Quand soudain il y eut ce grand coup de tonnerre et il s'est mis à pleuvoir, un orage terrible. […] Et puis nous sommes tous un peu revenus sur terre et avons enchaîné dans un semblant d'ambiance mélodique – la dernière partie du titre » (Hugh Fielder, in *The Book Of Genesis*).

Le morceau est de fait une surprenante pièce de style hybride/débridé, sorte de cubisme musical au premier abord typiquement psychédélique[1], mais en fait bien plus que cela. Cousin apparenté du « Providence » de King Crimson, l'influence des courants de la musique concrète européenne avant-gardiste (P. Schaeffer, Pierre Henry, I. Xenakis, en remontant jusqu'à Edgar Varèse) et contemporaine expérimentale – John Cage, La Monte Young, etc., soit les élèves de l'école dodécaphoniste[2] – semble évidente aussi, même si Genesis ne l'a jamais clairement revendiqué. Cependant, paradoxalement, « Waiting » possède un style bien à lui, presque *naïf*, en tout cas totalement *libre* car loin de tout le fatras intellectualo-conceptuel qui parasite bien souvent les styles musicaux évoqués plus haut. C'est ce qui fait son charme et – curieusement, malgré son atmosphère si particulière – sa fraîcheur.

Nous voilà donc plongé dans un festival de gargouillements musicaux et de chaos savamment/sciemment *non contrôlé* : clochettes, triangles, glockenspiels et autres instruments idiophones ; drone bruitiste que l'on jurerait sorti d'un Theremin[3], feedbacks angoissants et larsens miaulants ; sons de verre éclaté (les deux « *golden globes* » que Rael brise) et de portes qui claquent ; couinements d'animaux sortis d'on ne sait quel bestiaire, bref un véritable sabbat des sorcières sonore… À 2'40, un passage burlesque de dix secondes rappelle fortement l'ambiance *accidentelle* déjantée du Pink Floyd de l'époque Syd Barrett, soit les borborygmes terrifiants/terrifiés d'un canard mi-animal mi-jouet, on ne sait trop (« Bike », sur l'album *The Piper at the Gates of Dawn*).[4] Il débouche ensuite sur deux dernières minutes éblouissantes : sur fond de rythmique effrénée et de transe musicale soufie (ou serait-ce de la trance avec vingt ans d'avance ?[5]), une envoûtante mélodie se libère du chaos et avance – comme une trouée lumineuse dans un ciel qui se dégage, après la tempête. Étrange et troublant comme la sensation d'une musique peut *physiquement* correspondre au réel (cf. le passage de l'orage, évoqué par Collins dans l'extrait d' interview ci-dessus).

Particulièrement appréciée par les musiciens pour les shows de la tournée (spécialement Phil et Tony) – « The Waiting Room » leur permettait de décompresser et d'échapper un temps à la répétition de la même setlist soir après soir –, cette jam imaginative de musique concrèto-psychédélique ne fut pourtant plus jamais interprétée sur scène... Hormis pendant la tournée de 1977 – dans un medley la regroupant avec « Lilywhite Lilith » et « Wot Gorilla ? » (une étonnante petite pièce musicale de l'album post-Gabriel *Wind and Wuthering,* peu connue mais à l'ambiance assez similaire).

1. Dans un style proche du « Chrome Plated Megaphone of Destiny » des Mothers de F. Zappa (époque *We're Only in It For The Money*), du « Revolution N° 9 » des Beatles, d'un cocktail Pink Floyd « Interstellar Overdrive »/« Atom Heart Mother », voire de Grateful Dead et de ses improvisations lysergiques.
2. Dodécaphonisme : technique de composition musicale reposant sur l'utilisation des douze degrés de la gamme chromatique, par opposition au système tonal. Il fut théorisé par le compositeur autrichien Arnold Schönberg au début des années 20. Développé ensuite par Alban Berg, ce système donnera en particulier naissance à la musique sérielle (Messiaen, Stockhausen, Boulez...).
3. Le theremin est un instrument de musique électronique – le tout premier puisqu'il fut inventé en 1920, par le scientifique et musicien russe Lev Termen (1896-1993). Composé d'un boîtier et de deux antennes, l'instrument a la particularité de produire de la musique à partir des ondes vibratoires émises par le corps du musicien, en particulier ses mains. S'en servirent, entre autres, Brian Wilson (des Beach Boys), pour créer la symphonie de sons du bien nommé « Good Vibrations » ; Jimmy Page avec Led Zeppelin, puis plus tard, en concert, pendant son retour des années 90 avec Robert Plant ; le compositeur et chef d'orchestre Bernard Herrmann (*The Day the Earth Stood Still,* 1951) ; etc.
4. À propos de cette filiation avec Pink Floyd, Tony Smith – co-manager du groupe, à ne pas confondre avec son presque homonyme Tony Stratton-Smith, lui aussi impresario et avec qui il travailla *en binôme* à partir de 1973 – disait, en 2000 : « Le personnage de Peter, et ceux qu'il interprétait sur scène, étaient vraiment originaux, ainsi que ses *lyrics* qui étaient assez uniques dans leur genre. Le seul autre groupe auquel je pouvais le comparer dans ce domaine c'était le Pink Floyd de la période Syd Barrett, la même folie, la même étrangeté novatrice dans les paroles. »
5. La trance est ce genre de musique électronique ayant émergé au cours des années 90, dans la région de Francfort, en Allemagne. Fille de l'acid house des années 80 – puis de la new beat et de la techno –, elle se caractérise par un

tempo haché ultra-rapide, des lignes mélodiques répétitives, le tout dans une volonté de créer une ambiance hypnotique, extatique et exaltée (d'où son nom).

Anyway (3'08)

Enseveli sous les rochers – on se rappelle que les voûtes de la cave viennent de lui tomber dessus –, le *Rael Imperial Aerosol Kid* a quelque peu perdu de sa superbe. Il entonne alors son chant d'adieu, tant il lui semble évident qu'il ne pourra s'échapper de l'endroit où il est dorénavant retenu prisonnier. De fait, en ce qui le concerne, maintenant il n'est plus question de route/passage vers une quelconque *renaissance*, ici c'est bien de la mort réelle dont il s'agit – celle dont on ne sait rien... Et il l'attend, car elle va venir, cette fois-ci sous la forme d'une (autre) femme, chevauchant sa hiératique monture (« *They say she comes on a pale horse* »).

Dans un éclair de lucidité, Rael tente alors de prendre du recul – entre fanfaronnade et fatalisme. Il essaye de se moquer de lui-même – « *Keep the deadline open with my maker ! (...) All the pumping's nearly over for my sweet heart (...) This is the one for me, time to meet the chef* »[1] – et ironise sur le fait d'être capable d'avoir des pensées aussi brillantes (« *How wonderful to be so profound* ») alors que « tout ce que j'ai jamais été est en train de disparaître sous terre ». Mais *éclairvoyance*[2] passagère, car il retourne très vite à son auto-apitoiement, égrenant le catalogue de ses souffrances, tant physiques que morales : le pauvre Rael – en pleine crise solipsiste – a froid et se sent vieux, a du mal à respirer (« *Feel cold and old, it's getting hard to catch my breath* ») et avec ces rochers qui l'écrasent (« *The rocks, in time, compress* ») c'en est fini, sa chair devenue charbon va finir en humus (« *Your flesh to coal, enrich the soil* »), tandis qu'il a maintenant l'impression de devenir fou (« *I guess I must be driving myself insane* ») !!! Ouch, une litanie d'autant plus angoissante/pathétique que cette satanée Faucheuse tarde elle toujours à arriver, malgré un final qui se veut apaisant – couches de synthétiseurs célestes – et un avertissement venu d'on ne sait où : « *So sorry you had to wait, it won't be long, she's very rarely late* ».

Pour ce qui est de la musique, « Anyway » commence par une belle cascade d'arpèges au piano, laquelle sonne un peu comme un écho lointain de « The Lamb Lies Down... », la chanson-titre. Interlude acoustique après le rugueux « Lilywhite Lilith » et les expérimentations sonores de « Waiting Room », les accents plaintifs dans la voix de Peter et le passage grandiloquent de 1'26 à 1'50 – un break soudain ponctué de riffs de basse et d'éclats de cymbales – contribuent à en faire le titre le plus dramatique de l'album (avec « The Chamber of 32 Doors »). Dans cette partie centrale, Banks continue d'égrener ses notes : cascades sonores des claviers – une séquence qui semble anticiper certains extraits des futurs « Mad Man Moon », « Ripples » et autre « Entangled »[3] – pour finir par un petit *looping sonore* synthétique (à 1'53). Le groupe qui a enchaîné sur une succession d'accords lugubres et heavy laisse alors place à une belle intervention de Hackett, entre rage et passion[4], – juste après que Rael nous ait conté comment il aurait préféré passer de l'autre côté : « Tout simplement enterré dignement sous les pierres » (« *Just quietly buried in stones* »)... Et son souhait ultime, étonnant éclat de lyrisme en forme de *memento mori* pagano-poétique : « *Let me off at the rainbow (...) for God's elastic acre* » / Laissez-moi atteindre l'arc-en-ciel (…) vers les champs élastiques de Dieu » !

Tout comme « Lilywhite Lilith » trouvait sa genèse dans une ancienne chanson (« The Light »), « Anyway » remonte à 1970 et à un morceau que le groupe avait composé à l'époque – pour un documentaire de la *BBC* à propos de Michael Jackson (non pas le chanteur américain, un peintre britannique !). Ayant toujours eu tendance à dénigrer la deuxième partie de l'album – un comble vu le niveau de l'ensemble –, Tony Banks a souvent raconté que le groupe cherchait alors désespérément du matériel pour faire du simple album initial un double, ce qui expliquerait, selon ses dires, ces « raclages de fonds de tiroir ». Quoiqu'il en soit, à la base strictement musical, le morceau – retravaillé, en fait pratiquement réécrit – se nommait à l'origine « Frustration ». Il aurait tout aussi bien pu garder cette appellation, tant la mort peut être considérée comme la privation ultime – ah, ah ! Eeeuuh... non ?

1. « Laissons l'échéance finale à mon créateur ! (…) Mon pauvre p'tit cœur est sur le point de s'arrêter de battre (…) Ça y'est c'est mon tour, il est temps de rencontrer le chef ».
2. Saillie spirituelle, ceci est un néologisme de mon cru – merci, merci. (NdA)
3. Sur l'album de 1976, *A Trick of the Tail*.

4. La séquence fait irrésistiblement penser à certains passages du pamphlet-charge anti-guerre de 1970, « The Knife » (album *Trespass*) : mêmes riffs de guitare mélodramatiques et, en plus concis, ce solo rageur et frénétique à la Anthony Phillips.

Here Comes The Supernatural Anaesthetist (2'59)

À ce moment précis, un nouvel invité fait son apparition, sur fond de *dance music* ! C'est l'Anesthésiste Surnaturel – avatar du *Guaranteed Eternal Sanctuary Man* de « Supper's Ready » ? –, la Mort donc, qui rend visite à Rael, lequel Rael est surtout impressionné par la capacité de celle/celui-ci à... danser. Car ce n'est plus la mystérieuse cavalière attendue dans « Anyway » qui s'avance ici[1] ; mais bien plutôt le vrai *chef*[2] qui, comme le chante GabRael – en écho au célèbre aphorisme de Nietzsche[3] –, « *is such a fine dancer !* »/« est un danseur tellement merveilleux ! » En tout cas, voilà bien un final drolatique et qui tend à faire retomber l'ambiance un peu pesante du morceau précédent : l'Anesthésiste Suprême, qui n'a cure de Rael, ironise et lui propose même de partir sur un dernier coup de fumette (*« if he wants you to snuff it, all he has to do is puff it »*) – allusion perfide aux habitudes toxicologiques de notre héros ou simple clin d'œil au « *Caryl Chessman sniffs the air* » de « Broadway Melody... » ? Bref, quoiqu'il en soit la Camarde semble prendre tout cela à la rigolade : elle esquisse quelques gracieux pas de danse et finalement, entre sarcasme et gentille moquerie, laisse planté là notre Rael – Faust au petit pied.

De fait, ces quelques paroles concises participent pleinement au sens de la dérision et à l'humour que l'on retrouve parsemés, sous-jacents, en plusieurs endroits de l'album (« Grand Parade », « Counting out Time », certains passages de « Colony of Slippermen », « *it* »). Tout comme la musique du morceau elle-même. Car oui, la pièce composée par Rutherford, Collins, Banks et surtout Hackett (qui, sur toute la longueur, nous offre un festival) est d'un très haut niveau, tout en étant – une gageure – proprement désopilante. L'intro commence gentiment, une simple rythmique qui chaloupe lentement et lance le chant et les *lyrics* citées plus haut. Puis, à 0'27 démarre le festival Hackett : une minute trente secondes de variations guitaristiques de haute volée, relancées par les chœurs fantaisistes et volontairement enfantins du chanteur, – une séquence rehaussée elle par un bref et burlesque *lick* de synthé (à 1'14). Ici le savoir-faire du guitariste est en tous points remarquable – fantasque et virtuose à la fois, passant d'une figure mélodique à une autre, dans une volonté constante de ne pas se répéter.

La technique du *double tracking*[4] – plus la tonalité et l'insistance du guitariste à jouer sur un mode strident/aigu – apportent une touche burlesque, presque absurde, à cette séquence musicale où l'on sent l'influence des groupes anglais de l'école de Canterbury (Hatfield & the North, Gong, Matching Mole, etc.) et de l'humour pataphysicien de Soft Machine (le groupe de Robert Wyatt sous influence Alfred Jarry). Le tout débouche (à 1'55) sur un nouveau sensationnel solo, celui-là éthéré et lyrique à la fois, comme les volutes d'une fumée musicale qui s'évaporerait dans un fondu enchaîné – avec cette toute dernière note[5] qui grésille, comme suspendue dans l'air. Du grand art… Et pourtant le guitariste confiait – en 2014, dans une interview télévisée réunissant les cinq membres du groupe – que son plus grand regret pour cet album, qu'il a toujours dit adorer, était… de « ne pas y avoir suffisamment trouvé sa place » (!?! – NdA).

On sait que pendant les représentations de la tournée, des diapositives étaient projetées sur un écran installé derrière le groupe[6], faisant ainsi du concert un show multimédia avant la lettre[7] (ce filon artistique qu'affectionnera particulièrement Gabriel dans sa future carrière solo[8]). En ce qui concerne « Here Comes… », et pour accentuer le côté burlesque de la musique, le groupe – Peter en tête – opta pour une série de grotesques personnages sautant hystériquement, sur un *pogo stick.* Ambiance décalée garantie pour certains fans déboussolés et peu habitués à cet aspect de Genesis... (Et non, non, le groupe n'est pas aussi un précurseur du mouvement punk – en fait le *pogo stick* est cet espèce de jouet kitsch à ressort qui permet aux enfants de sauter tout en se déplaçant !)

En attendant, s'extirpant de sous les rochers, Rael – entre dépit et soulagement – semble bien avoir survécu à cette rencontre qui devait lui être fatale. Et son inextricable chemin le conduit maintenant vers un long couloir éclairé par un chandelier : « *He finds a long passageway lit by chandelier* » – deuxième strophe de l'épique morceau qui vient.

1. Elle semble s'être volatilisée dans les méandres de l'histoire, entre « Anyway » et le morceau présent.
2. Remember le « *Time to meet the chef* » au tout début du titre précédent ?... Hum, vous suivez là ??
3. « Je ne pourrais croire qu'en un Dieu qui danse » (in *Ainsi Parlait Zarathoustra,* 1885).
4. Technique d'enregistrement développée par Buddy Holly dans les années 50, puis améliorée à la demande des Beatles, aux studios EMI (pour leur album de 1966, *Revolver*). Elle consiste à doubler une piste (vocale ou instrumentale) et à la décaler légèrement pour donner l'impression de deux différentes *interprétations*. C'est une forme d'*overdubbing*, à la différence près qu'ici on double la partie enregistrée au lieu de graver une nouvelle *version*, le résultat pouvant être accentué en séparant les deux sur les canaux de droite et de gauche (effet stéréo).
5. Un synthétiseur (Moog ou autre) ? Une guitare ? Toute information sera la bienvenue…
6. Sous la houlette du chanteur, qui avait été impressionné par leurs travaux antérieurs, près de 3 000 diapositives avaient été créées par l'artiste multimédia australien Jeffrey Shaw, assisté de Theo Botschuijver (graphiste néerlandais qui travaillera par la suite sur le projet *Animals* de Pink Floyd – remember les *inflatable pigs* de la tournée de 1977 ?).
7. Peter, en 1974 : « Certains pensent que cette débauche de costumes, diapos et autres *tricks* ne sont là que comme un plus, en quelque sorte une béquille pour accompagner et soutenir un show bizarre ». En fait tout – musique, *slides* et aspects scéniques – avaient été conçus *en temps réel*, et priver le public de tout le processus créatif lui apparaissait comme une trahison envers celui-ci : « De fait l'aspect visuel n'est rien s'il ne s'intègre pas à la musique elle-même, c'est un tout inséparable », déclarait le chanteur dans la même interview.
8. On citera en particulier les concerts qui suivirent les albums *Us* (1992) et *Up* (2002), le projet *OVO-The Millenium Show* (2000) et la toute dernière tournée, celle de l'album *i/o* (2023).

The Lamia (6'56)

Très judicieusement *analysé* dans un ouvrage consacré à l'album[1], « The Lamia » – ce cauchemar enchanté – est en effet le *centre mythologique* et névralgique du disque. Tant par la puissance d'évocation de son imagerie et des thèmes traités (fantastique et légendes féériques, rituel d'initiation psycho-sexuel, scènes de cannibalisme) que par la richesse de sa musique – complexité harmonique, art délicat du contrepoint et enchevêtrement d'ensorcelantes mélodies[2] –, il en constitue en effet un de ses summums. En tout cas un des titres les plus appréciés par les aficionados du groupe – pour preuve l'accueil qu'il recevait pendant les shows.

Mais, avant toutes choses, un petit cours d'histoire(s) à l'usage du lecteur/auditeur : les Lamies/Lamia (en grec ancien Λάμια) sont ces personnages de la mythologie antique qui tendent à se transformer en créatures monstrueuses (mi-femme mi-serpent) et à s'attaquer aux jeunes hommes, pour, en particulier, en tirer des *profits* d'ordre – hum – sexuel. Ces êtres mythiques, au-delà de leur terrible aspect, possèdent aussi un fatal pouvoir de séduction – un peu comme celui d'une sirène/Lorelei qui aurait remplacé sa queue de poisson par celle, bien plus effrayante, d'un reptile[3]. Rael qui ne sera pas le premier à y succomber – même Zeus, le maître du Panthéon grec, eut maille à partir avec elles, ce qui déclencha le courroux de son épouse Héra ! – va en faire l'(amère) expérience, on le verra plus loin.

Autre petit rappel historique : au cours des temps, de nombreux ouvrages et/ou œuvres d'art se sont inspirés de cet épisode de la mythologie grecque : l'auteur grec tardif Apulée y fait allusion dans ses *Métamorphoses* tandis que Philostrate inclut, dans sa *Vie d'Apollonios de Tyane,* un épisode où le héros démasque une de ces lamies – corinthienne pour l'occasion – qui tente de le séduire[4]. Bien plus tard, à la faveur d'un regain de l'hellénisme, maints artistes de l'école picturale préraphaélite s'inspireront du mythe. Ensuite encore, au XXème siècle, on peut citer le peintre anglais John William Waterhouse qui s'en fit une spécialité[5], et, dans le domaine littéraire, les auteurs – de science-fiction ou autres – Clark Ashton Smith, Dan Simmons, Anita Blake ou Joseph Delaney, qui tous firent appel aux horrifiques lamies. Le cinéma aussi ne fut pas en reste (Sam Raimi et son *Jusqu'en enfer*), sans parler même d'un autre groupe, hard-rock celui-là : Iron Maiden (« Prodigal Son », sur leur album *Killers* de 1981).

Pour revenir à notre héros, on sait qu'après sa rencontre avec le « *Supernatural Anaesthetist* » Rael avait décidé que la Mort n'était qu'une illusion – puisque celle-ci s'était évanouie d'elle-même. Tout à coup, ici, au son de délicates notes de piano, il se trouve irrésistiblement attiré par de subtils parfums inconnus[6], arômes qui semblent provenir d'une chambre dans laquelle se trouve un bassin rempli d'eau de rose, et au-dessus duquel flotte une mystérieuse brume. Ces effluves recouvrent tout alentour mais, après tous ces dangers traversés, Rael est trop heureux de pouvoir s'y rafraîchir – il s'en approche néanmoins avec prudence... Aussitôt, trois de ces *Lamia* – séduisants visages féminins sur corps de serpent – entrent en scène, l'incitant à pénétrer dans l'accueillante piscine. Vision horrifique tout autant qu'excitante pour le kid Rael, qui, partagé entre crainte et attirance, se laisse finalement convaincre et rejoint les naïades, en tenue d'Adam (lui, pas les naïades, qui elles sont plutôt en tenue d'Ève – nonobstant leurs appendices de reptile !). Bref, le sort en est jeté : « *He slips into the nectar, leaving his shredded clothes behind* » / « Il se glisse dans le nectar, laissant ses guenilles derrière lui » – pour une séance à venir, toute en caresses, titillements et autres mordillements…

Maints journalistes et chroniqueurs de disques ont glosé sur ce passage, certains même (M. Bell du *New Musical Express* en particulier) n'hésitant pas à y voir une – voilée quoiqu'évidente – allusion au *sexe oral* (« *With their tongues, they test, taste and judge all that is mine* » / « Avec leurs langues, elles testent, goûtent et jugent tout ce qui est moi »). À l'aide Mr. Sigmund ! Le fait est que Peter était à l'époque plongé dans l'étude des théories de C. G. Jung[7], en particulier les liens existant entre la structure de la psyché dans le domaine sexuel et les productions et manifestations culturelles. Bref, quoi qu'il en soit les ébats entre Rael et ces étranges créatures vont atteindre un point culminant lorsque, cannibalisme ou apex de l'acte sexuel, celles-ci se mettent à ingurgiter son sang – ou est-ce son, hum, liquide séminal ?...[8] En tout cas fatale initiative, puisque soudain nos trois Lamies se mettent à se tordre de douleur ; et finalement meurent dans d'atroces souffrances : « *With the first drop of my blood in their veins, their faces are convulsed in mortal pain* » / « Dès la première goutte de mon sang dans leurs veines, leurs visages se mettent à convulser, comme au seuil de la mort ». Passage bretonien en diable – « la beauté sera convulsive ou ne sera pas »[9] –, eh bien tentons donc cette option d'exégèse alternative : s'agit-il d'une *petite mort* – un orgasme ? –, ou d'un décès bien réel ? Le fait est qu'au final, Rael ne trouve rien de mieux à faire que de dévorer les créatures inertes – cadavres, euh,... exquis ? –, dans une scène poétique féérico-gore : « *Your flesh that remains I will take as my food* » / « Vos restes mortels, je vais m'en délecter ». Et, dans une dernière et énigmatique strophe, de lancer cette surprenante image : « *It is the scent of garlic that lingers on my chocolate fingers* » / « C'est l'odeur de l'ail qui s'attarde sur mes doigts chocolat » ! Histoire de brouiller les pistes… et de faire retomber la tension, sur une note distanciée comico-incongrue ?[10]

Composé en 1819, c'est principalement le *Lamia* du poète romantique John Keats qui inspira le chanteur, pour la création de sa propre histoire. Dans le poème, la Lamie tente de convaincre le Dieu Hermès de la changer en *véritable* femme, ceci afin de séduire un certain Lycius, lequel prétend être capable de dominer toutes les passions, amour compris, au travers de la/sa philosophie... Mais voilà, Lycius tombe finalement amoureux d'elle ; et plus tard il meurt de chagrin, tandis que le subterfuge lamiesque est démasqué par son ami, le dieu des Arts – j'ai nommé Apollon lui-même ! En fait, pour sa chanson, Gabriel a mis de côté la trame narrative du récit pour se focaliser sur l'ambiance générale et sur certaines descriptions formelles qui, sans tomber dans l'apprêt ou le gongorisme[11], sont d'une *délicieuse préciosité*. Ainsi, nombre de strophes font référence à la *couleur* des vers et à l'ambiance générale du poème de Keats : les « *Three vermillion snakes of female face* » du chanteur renvoient au « *Vermillion-spotted (...) serpent* » de son prédécesseur en poésie, tandis que ses « *Muted melodies fill the echoing hall* » et « *A sickly sourness fills the room, the bitter harvest of a dying bloom* » résonnent comme un écho des « *Soft went the music the soft air along* » et « *The myrtle sicken'd in a thousand wreaths* » du poète anglais. Plus prosaïquement, mais tout autant révélateur, Peter tint aussi à préciser, dans une interview avec le journaliste Armando Gallo : « Tout vint d'un songe récurrent que je faisais quand j'étais môme… Je rêvais que je me baignais dans une piscine pleine de Ribena[12], avec toutes ces superbes demoiselles nageant autour de moi et me mordillant les fesses. Un rêve humide et sensuel, éclairé de couleurs chaudes »... Et oui, c'est bien de cela qu'il s'agit : foin d'intellectualisme et de références culturelles, l'enfant est bien souvent un artiste, et l'artiste tout simplement un enfant qui a réussi... du fait même d'avoir su le rester – enfant, je veux dire !! (Mon Dieu, que ce raisonnement est beau et alambiqué à la fois ! – NdE.)

Morceau de bravoure de l'organiste Tony Banks – tant dans la conception du morceau que dans ses arrangements –, l'accompagnement est, de fait, avant tout centré sur ses interventions pianistiques. L'intro, de calmes arabesques au style tout classique, mène tranquillement au superbe refrain puis à cette fabuleuse et soudaine séquence ascendante (de 1'46 à 2'11) – étoffée d'un magique mellotron, elle semble comme décrire l'entrée de Rael dans la piscine. Plus loin, Banks se distingue à nouveau par une mélancolique séquence à la Chopin, motif repris une deuxième fois deux minutes plus tard, mais cette fois-ci enrichi par un synthétiseur au son mystérieux. La narration de cet épisode romantico-sexuel, illustré par les effluves de claviers célestes, se termine sur une note amère, l'ambiance se brisant net – tout comme la couleur de l'eau qui change tout à coup, passant de tons chauds rougeoyants à un bleu de glace (« *Looking behind me, the water turns icy blue* »). Car notre héros vient de réaliser la tromperie : la scène est à nouveau disposée, éternel retour nietzschéen des Lamies qui sont là à nouveau, prêtes pour une énième victime à séduire (« *The lights are dimmed and once again the stage is set for you* » / « Les lumières s'estompent et, une fois de plus, le décor est planté pour toi »)... Pauvre Rael en Don Quichotte mâtiné de Sisyphe ! Dernière touche banksienne, un discret orgue d'église se fait alors entendre, lequel lance – l'ultime stance énoncée – ce grandiose final : un solo de Steve très « Cinema Show »/« Firth of Fifth », chorus épico-lyrique qui s'étire à l'infini, cerné par une rythmique chaloupée (typique du duo Collins/Rutherford) et ponctué, à la toute fin, par quelques notes de flûte de Peter... Un des (multiples) chefs-d'œuvre du groupe, on vous dit !

À noter que « The Lamia » – par sa structure harmonique (alternance de progressions ascendantes/descendantes à la… « Try A Little Tenderness », si, si[13]), ce thème central lié à l'eau, sa forte imagerie sexuelle et la prédominance des claviers (mellotron, piano, synthétiseur, orgue) – semble résonner comme un lointain écho de deux morceaux emblématiques du groupe : « Fountain of Salmacis » et, pour le paroxysme et la tension finale, « The Musical Box ».[14] Autre parallèle avec ce dernier, en public la chanson était *illustrée* par un surprenant effet théâtral : une sorte de tube fluorescent, maelström multicolore descendant sur le chanteur et le faisant disparaître de la vue des spectateurs – comme une métaphore visuelle de la transformation raelienne après sa rencontre avec l'amie Lamie. Par le passé, Gabriel et Genesis avaient habitué leur public à de nombreux changements de costumes et effets de mise en scène (« Dancing With The Moonlit Knight », « Watcher of the Skies »[15], « Supper's Ready », etc.) ; le fait est que le gimmick de « The Lamia » – par son originalité (impact dramatique et touche féérique à la fois) – fut un des plus marquants de la période Gabriel. Comme le morceau lui-même, on l'aura compris.

1. Cf. note 2 p. 60.
2. On n'insistera jamais assez sur l'apport de Peter dans ce domaine, cette étonnante faculté qu'il a toujours eu de créer de subtils et fragiles *croisements* harmoniques, comme stratifiés et agissant chacun sur un plan différent (voir sa carrière solo à venir – le summum étant atteint sur son « Family Snapshot » de 1980, un fascinant entrelacs de lignes mélodiques et de progressions eurythmiques, d'autant plus (sur)prenantes qu'elles ne sont pratiquement *soutenues* que par la seule voix du chanteur).
3. On ne sait trop pourquoi puisque, d'après une autre légende mythologique, elles seraient filles d'une stryge – sorte de vampire à mi-chemin entre une femme et un chien – et de Poséidon, le dieu de la mer et des océans !
4. Apulée (vers 125 – après 170), philosophe médio-platonicien et poète, un des premiers exemples de carrière littéraire (la majeure partie de son œuvre étant pourtant perdue). Philostrate (v. 170 – v. 240), orateur et biographe romain de langue grecque.
5. J. W. Waterhouse (1849-1917) et sa série de tableaux, tournant tous autour du thème des lamies.
6. « *From familiar fragrance to flavours strange* » / « De senteurs familières en saveurs étranges ».
7. Philosophe et psychanalyste suisse dissident de Freud, Carl Gustav Jung (1875-1961) développa en son temps, entre autres, les concepts : de dualité sexuelle (parts masculine et féminine pouvant se rencontrer en tout être humain), d'inconscient collectif (partage par une communauté plus ou moins grande d'un même type de psyché) et de synchronicité (association d'évènements qui ne présentent – apparemment – pas de liens de causalité entre eux, mais qui peuvent prendre un sens pour la personne qui les perçoit).
8. « *As they nibble the fruit of my flesh, I feel no pain, Only a magic that a name would stain* » / « Alors qu'elles grignotent le fruit de ma chair, je ne ressens aucune douleur, juste une espèce d'ineffable magie ».
9. In *Nadja* (1928), dernière ligne du récit autobiographique du *pape du surréalisme*, André Breton.
10. Richard MacPhail, tour manager du groupe, raconta un jour cette anecdote cocasse, survenue juste après la sortie de l'album, à Wooley Mills, le domicile de Peter près de Bath. Ce dernier reçut un soir un appel de sa maman Edith, laquelle semblait préoccupée par l'avenir de son fiston, et le sens de certaines de ses paroles. Gabriel resta alors pendu au téléphone près d'une heure, essayant avec tact d'expliquer le tout, en particulier « The Lamia », laquelle tourne donc autour de sa propre psyché sexuelle et de son inconscient… Et que

non *mother*, définitivement John n'est pas le frère qu'il aurait voulu avoir, et non je ne connais pas de lamies personnellement !... Well, situation intéressante – gênante et hilarante à la fois –, comme le fit remarquer MacPhail, présent sur place ce soir-là.

11. John Keats : cf. note 14 p. 229... Gongorisme : forme et *technique* littéraire qui doit son nom à Luis de Gongora (1561-1627), poète espagnol connu pour son style affecté, marqué par la complexité et la sophistication. Maniérisme poussé à l'extrême, « quête éperdue d'élégance verbale, le gongorisme finit parfois par étouffer le sens même, sous l'excès de parure » (H. de Montherlant).

12. Un soda à base de cassis – un peu l'équivalent de notre Oasis national !

13. Comparaison qui pourrait paraître malvenue – les styles musicaux de « Lamia » et « Try » n'ont certes rien à voir –, mais on connaît l'admiration de toujours de Peter pour Otis Redding. Et le classique soul du chanteur américain possède cette même ambiance lancinante que « Lamia », passant tour à tour du calme à l'exaltation, pour terminer sur un climax frénétique et passionné.

14. Quoique… Pour « The Lamia », l'interprétation et le chant de Gabriel se situent dans un registre assez différent : magnifiques et tout aussi prenants, mais bien moins *déchaînés/débridés* que dans le classique de *Nursery Cryme.*

15. « Watcher » ouvrait la plupart des concerts de la période pré-*The Lamb*, dans une ambiance très horrifique, à la *Cabinet du Dr. Caligari*. Soit un mélange étonnant/détonant inspiré donc du classique expressionniste de Fritz Lang, mais aussi par l'« Astronomy Domine » du Pink Floyd première manière (le thème science-fictionesque et le gimmick de la cape *utilisé* par Syd Barrett dès 1967). Le tout était saupoudré d'une pincée de *nursery rhymes* et de théâtre Grand-Guignol, sur fond de riff presque métal et d'orgue/synthé obsédant.

Silent Sorrow in Empty Boats (3'07)

« Silent » est un instrumental *impressionniste* : la guitare et la basse répètent une séquence de six notes langoureuses (Hackett au travers d'une pédale d'effets) tandis que Banks plaque d'amples accords en mode lydien (E/F#/G#/A#), Phil agrémentant l'ensemble de sons de cloche(tte)s et de cymbales effleurées. Le tout oscille entre musique de film, *ambient music* dans sa version *planante* – Ash Ra Tempel, Tangerine Dream, Klaus Schulze, Heldon –, musique répétitive américaine (Steve Reich, Philip Glass, Terry Riley) et mystérieuse chorale céleste à la Cocteau Twins (… avec, certes, près de dix ans d'avance !). Quant au thème musical lui-même, tout en *ostinato* et très inspiré, il serait... inspiré du prélude de *L'Or du Rhin*[1] : même ambiance contemplative illustrée par de longues séquences éthérées, répétées en boucle (*au vu* de son travail en solo – présent et à venir –, l'influence d'Eno, appelé à la rescousse pour la production, semble ici encore évidente).

De même, « Silent Sorrow in Empty Boats » rappelle fortement un morceau du groupe allemand Popol Vuh, « Aguirre » – même atmosphère aérienne, épurée, comme suspendue dans le temps, et accompagnée par des séquences cycliques à base de mellotron. Bande-son du film de Werner Herzog, *Aguirre ou la Colère de Dieu* (1972), elle accompagnait les dérives d'un conquistador – joué par Klaus Kinski –, et de fait le morceau de Genesis aurait tout aussi bien pu en illustrer certains passages. En particulier la longue scène où le héros et sa troupe de guerriers descendent la montagne à travers la jungle, en route vers un hypothétique eldorado. On ne sait si le groupe anglais connaissait l'œuvre de Herzog et sa majestueuse musique associée, laquelle ne sortit sur disque que deux ans plus tard, en 1976[2]... Ceci dit, il est fort possible que ce fut le cas pour Peter, au vu de son intérêt pour toute forme d'expression artistique, et en particulier pour le cinéma (cf. les contacts qu'il entretenait à l'époque avec A. Jodorowsky[3] et William Friedkin ; sans parler plus tard de ses collaborations avec les cinéastes Alan Parker – *Birdy* –, Martin Scorsese – *La Passion du Christ* –, et Phillip Noyce – *Le Chemin de la Liberté*).

Le titre – en dehors de sa qualité musicale intrinsèque – possédait un autre *objectif*, plus prosaïque celui-là : créer un interlude qui permettrait aux membres de l'équipe technique (roadies et ingénieurs) de *s'aligner*, et au chanteur de passer de la panoplie de « Lamia » à celle de « Colony of Slippermen », tous costumes encombrants et bien difficiles à enfiler. Pendant que Peter et les techniciens se démenaient, le groupe offrait donc ce morceau décrivant la dérive de Rael errant, affligé, après l'épisode de la mort des Lamies. « *Each empty snakelike body floats / Silent sorrow in empty boats* » : corps-bateaux sans vie des trois créatures flottant tristement à la surface de l'eau, telles des Parques transformées en Ophélies – et comme exilées dans un tableau de Millais[4].

1. Lui-même prologue – 2h25, tout de même ! – de la tétralogie de Richard Wagner, « Der Ring des Niebelungen » (1869).
2. *Aguirre*, disque de Popol Vuh, qui contient certaines musiques du film en question, agrémentées de compositions ultérieures de la période 73-75.

3. Alejandro Jodorowsky fut le créateur, dans les années 1960, avec Roland Topor et Fernando Arrabal, du collectif *Panique* (mouvement anarcho-surréaliste tempéré par l'irrationnel et l'autodérision). Ses multiples scénarios-intrigues (l'adaptation-suite de son film *El Topo* avec le dessinateur mexicain José Ladrönn – Lilith en prostituée ! –, la série de *L'Incal*, la trilogie du *Cœur Couronné* en collaboration avec Mœbius, etc.), tournent tous autour des mêmes thèmes que *The Lamb* : les aventures tragico-burlesques d'un héros (ici Rael, là Alain Mangel ou John Difool) en mal de recherche philosophico-existentielle. On sait que, dans les années 2010, il fut un temps question d'une adaptation cinématographique de *The Lamb* par Tim Burton – avec Jack Nicholson dans le rôle du Dr. Dyper ! –, mais le projet est, au final, tombé à l'eau... En réalité, c'est bien Jodorowsky qui semblerait être – semblait ? (il est né en 1929 et va sur ses 96 ans) – le réalisateur idéal pour un tel projet.
4. John Everett Millais (1829-1896), peintre préraphaélite anglais spécialisé dans les représentations de légendes et autres scènes mélancolico-mythologico-historiques. Se tournant plus tard vers le réalisme, il est l'auteur de quelques chefs-d'œuvre de la peinture anglaise : *Mariana*, *Portrait of a Girl*, *The Knight Errant* et surtout *Ophélia* (1852).

The Colony of Slippermen (8'14)

La quatrième face débute avec l'arrivée de Rael chez les « Hommes-Pantoufles », dans cette « Colony » qui constitue – selon votre serviteur – un autre sommet de l'album. D'un strict point de vue musical, le titre est peut-être le plus typiquement *progressif* du disque, tant par sa structure[1] que par son contenu, une espèce de mini-opéra luxuriant à la « Supper's Ready » ou « Battle of Epping Forest »[2]. Soit : un foisonnant exercice de style à base de poupées/montagnes russes (mélodies se combinant entre elles et changements de rythme constants), parties de claviers ébouriffantes, imagerie prenante – double-sens, allusions et assonances en cascade – et gimmicks vocaux passant alternativement du burlesque à l'horrifique. Tout au long du morceau, les ruptures de ton sont d'une étonnante fluidité, et Gabriel est à son meilleur dans la galerie des personnages qu'il égrène, passant tantôt de la grimace grotesque (les *slippermen*) à l'impassibilité du terrifiant Dr. Dyper, du prosaïque (Rael et son frère John) au cocasse (le sort qui leur est réservé), ou de l'exubérance la plus totale (la course folle de la séquence « Raven ») à un calme trompeur (l'accueil faussement bienveillant du premier homme-pantoufle que Rael rencontre). Bref, un festival de baroque, de drame et d'extravagance, semblant tout droit sorti d'une scène dc tragédie grecque à la sauce *commedia dell'arte*.

La partie introductive est une nouvelle séquence strictement instrumentale. Au même titre que « Silent Sorrow In Empty Boats », ce passage permettait à Peter de finir d'enfiler l'horrifique tenue d'Homme-Pantoufle, et en réalité beaucoup de fans et critiques se demandèrent la pertinence qu'il y avait d'accommoder une œuvre studio aux nécessités d'un show à venir... Certes, au premier abord, l'interlude peut paraître incongru, voire déplacé. Mais en réalité, c'est une petite pièce musicale (1'48) surprenante, au style étonnamment *asiatique*, propre au théâtre kabuki (on y entend les sonorités caractéristiques de ce qui semble être les cordes pincées d'un koto, l'équivalent japonais du cithare). On pense aussi un peu à la musique indonésienne – bluffant comme Tony Banks arrive à faire sonner ses claviers comme un gamelan, cet ensemble instrumental typique du folklore balinais. Un clavecin couplé à un synthétiseur ? *Who knows*, le fait est que l'ambiance créée est vraiment réussie, toute en mystère et menace diffuse. Hackett enrobe le tout de notes qui s'étirent en reverb, tandis qu'on peut entendre aux alentours les cris de volatiles venus d'on ne sait où. Après l'*ambient music* de « Silent Sorrow», Genesis continue son exploration des musiques exotico-parallèles et le résultat est plus que concluant.

Bubbity bup ! Tout à coup, au son d'une glossolalie typiquement gabrielienne, voici le vrai départ de... l'« Arrival ». Tel un diable sorti de sa boîte, le morceau est lancé et des scènes idylliques sont évoquées, entre caricature, parodie et référence assumée au courant littéraire romantique. Les vers d'introduction *« I wandered lonely as a cloud »* / « *I've never seen a stranger crowd* » sont en effet clairement empruntés à *Daffodils* (« *I wander'd lonely as a cloud* » et « *When all at once I saw a crowd* »), la pièce lyrique de Wordsworth[3]. Au son d'une lancinante figure rythmique banksienne, d'une discrète ligne bourdonnante de Hackett et d'une batterie tour à tour *punchy* et brinquebalante, l'hommage ironique au poète anglais est rapidement déjoué par l'approche des *slippermen* (à 2'46). Ces Hommes-Pantoufles (ou Hommes-Rampants ?) ont fauté avec les Lamia, tout comme Rael – en conséquence de quoi ils ont été transformés[4] en répugnantes créatures, croisement improbable entre homuncule lovecraftien, *Elephant Man* à la David Lynch et monstres tout droit sortis de l'imagination d'un Giger[5] ou d'un d'Enki Bilal[6]. Le spécimen qui s'adresse à Rael semble être atteint de lèpre ou d'une quelconque maladie vénérienne ; mais son air faux, sa veulerie et la perverse luxure qui semble suinter de tous ses pores font qu'on ne peut éprouver aucune compassion pour lui, ni pour ses congénères.[7] « *We, like you, have tasted love, don't be alarmed at what you see (...) You better watch it son, your sentence has only just begun* », susurre alors le monstre de sa voix gore éraillée, entre cauteleuse tentative d'enjôlement et sourde menace. Comme un écho lointain de l'album *Nursery Cryme*, on pense bien évidemment au vieillard grotesque et libidineux du classique de 1971, « The Musical Box ». Et effectivement, Peter ne confiera-t-il pas rétrospectivement – dans une interview de 1980 – que tout cela traitait et tournait autour d'un même thème : « l'attitude des gens vis-à-vis du sexe » ? Bien, nous allons être servis…

Car dans la deuxième partie du morceau[8], Rael retrouve son frère et les deux comprennent/admettent que, ayant eux aussi été transformés (métaphoriquement) en *slippermen*, il va leur falloir subir une intervention chirurgicale, afin de recouvrer leur *apparence* humaine. Et pour cela passer par une séance de… castration ! Opération que le *Doktor Dyper* – hybride cauchemardesque du Dr. Mabuse[9] et de Josef Mengele[10a] – se propose aimablement d'effectuer. Notez le sinistre et *tudesco-nazi* 'k'[10b], et l'allusion/référence au concept chrétien du péché de chair (ah, judéo-christianisme quand tu nous tiens)… Excellent en tout cas comment Gabriel arrive à communiquer le sentiment de panique qui saisit Rael, quand on lui dit qu'il est lui-même devenu un de ces monstres – « *Me, like you ?? Like that !* » – et que, au son d'un synthé tournoyant et d'une angoissante ligne au clavecin, ils vont devoir passer entre les mains du chirurgien psychopathe. Soutenu par les brillants et entêtants motifs musicaux de Banks, véritable broderie sonore, Peter excelle en effet dans le registre des intonations vocales, afin de personnifier les différents acteurs : ce sont les voix *enossifiées* du Dr. Dyper et des *slippermen* – autrement dit travaillées en studio par l'ami Eno, au travers de filtres et autres modulateurs de sons[11]. Résultat : de fabuleux passages horrifico-truculents, qui feront l'effroi et le délice des spectateurs de la tournée à venir – et ce, malgré la difficulté pour les reproduire fidèlement sur scène. Car en effet, la sophistication grand-guignolesque du costume des *slippermen* – masque et bosses en latex, testicules gonflables ! –

poseront bien des problèmes au chanteur : micro trop éloigné, déplacement ardu, chaleur difficilement supportable, etc., etc.[12]

De fait, il ne faut pas négliger l'aspect humoristique et ironique de toutes ces références sexuello-horrifiques – à première vue terrifiantes mais à la fin tout autant amusantes ; un peu comme la vision d'un film de série Z qu'on ne pourrait pas totalement prendre au sérieux, ou la narration d'un conte à la W. Burroughs, mais qui aurait *contrebalancé* le terrifiant au profit du comique.[13] Et ce n'est pas le moindre mérite de Gabriel que d'avoir su introduire cette tournure décalée – les voix (sons gutturaux puis aigus, roulements et accents fantaisistes), la scène d'émasculation/castration décrite plus haut –, à l'image du recul et de la touche humoristiques qui reviennent régulièrement dans l'album. Car c'est bien aussi cette ambivalence, entre sentiment de *panique comique* – angoisse plus burlesque[14] – et atmosphère de bouffonnerie amusée à la Zappa[15], qui crée la distanciation et fait de *The Lamb* cette œuvre fascinante et si originale. Au contraire de nombre de concept albums de l'époque, un brin prétentieux, pour ne pas dire pompeux – en tout cas (se prenant un peu) trop (au) sérieux.

Pièce de résistance musicale de « The Colony... », « Raven » – qui commence à 4'18 – est avant tout une éblouissante démonstration de Tony Banks aux claviers. Ici, comme dans le reste de la séquence, très peu d'interventions solos des autres membres du groupe, et en particulier de la guitare de Steve Hackett. L'instrument peine en effet à être entendu sur tout « Colony », hormis sur l'instrumental d'introduction, sur quelques discrets arpèges et sur cette belle note stridente en *sustain*, à 6'01. Et donc, effectivement, ce sont bien les interventions de Tony qui brillent ici de mille feux. On pense en particulier au solo épique qui va de 4'50 à 5'38 (virtuoses arabesques sonores à base de mellotron, de synthé et d'orgue – le tout soutenu par la rythmique affolée de Collins/Rutherford) et au passage inspiré (6'39 à 7'09) qui relance la machine banksienne. Avec pour couronner le tout, le retour de cette inquiétante et mystérieuse ligne au clavecin, laquelle réintroduit le chant passionné de Gabriel. Époustouflant et brillantissime, on vous dit.

Dans le final, la musique se fait de plus en plus urgente, presque frénétique (breaks et fioritures des toms de la batterie, *staccatos* venimeux de Banks, riffs soutenus de Rutherford), puis s'atténue momentanément. Elle décrit alors la chasse au corbeau/*raven* – lequel oiseau a entre-temps dérobé le récipient dans lequel sont stockés les *joyaux de la couronne* des deux frères ! Finalement le tube – « *a yellow plastic Shoobedoobe* » (encore une pointe absurdo-excentrique de Peter) – est jeté par le plaisantin volatile, dans le cours d'eau en contrebas... Or voilà que John, toujours aussi veule, recule, abandonnant une fois de plus notre héros – et semblant ainsi, lui John, accepter son sort. Quant au kid Rael, sa folle poursuite continue. Elle le conduit désormais au sommet d'une falaise, du haut de laquelle il essaie de suivre le chemin que prend sa virilité ; laquelle, à vau-l'eau, file au fil de l'eau (ha, ha, très drôle – NdE), vers le fond du ravin… Aaarrgh et ouf ![16] Par la suite tout se calme à nouveau, la musique s'apaise leeeeennntement – atmosphère mi-sereine mi-éthérée –, faisant ainsi le lien avec l'ambiance du morceau à venir (le son du vent qui commence à se faire entendre). Surgit alors une dernière allitération, sous forme de jeu de mots classiquement gabrielesque : le corbeau (« Raven ») a mené tout droit Rael – et le groupe – jusqu'au titre suivant : ce « Ravine » (Ravin) qui nous fait face maintenant… Sacré Pete, va !

1. Trois sections musicales imbriquées et formant un tout : « Arrival », « A Visit to the Doktor » et « Raven ».
2. En moins long tout de même – 8'14 pour « Colony » contre 11'46 (« Battle ») et... 22'53 (« Supper's ») ! (Notons que le terme de mini-opéra avait déjà été utilisé bien avant, lors de la sortie du « A Day In The Life » des Beatles – 1967 – et, pour la toute première fois, à propos du « A Quick One While He's Away » des Who – fin 1966. Manière de rock prog' avant la lettre ?...)
3. William Wordsworth, poète et chantre du romantisme anglais (1770-1850).
4. Ce thème de la transformation – tant physique que mentale – est récurrent chez Gabriel, autant avec Genesis (le vieillard lascif de « Musical Box », la fusion du demi-dieu et de la nymphe dans « Fountain of Salmacis », la plante anthropomorphe de « Return of Giant Hogweed ») que dans son travail en solo (cf. les pochettes de ses premiers albums, qui semblent toutes réaliser la mutation – graduelle et anxiogène – du chanteur en… autre chose).
5. Hans Ruedi Giger (1940-2014) dit H. R. Giger, graphiste, illustrateur et plasticien suisse. Peintre des sociétés futuristes toxiques, artiste multimédia dont on retrouve les œuvres dans les domaines les plus divers – cinéma (la série des *Alien* de 1979 à 2007), pochettes de disques (Magma, ELP, Debbie Harry), tatouages, jeux vidéo –, Giger a influencé tous les aspects de l'imaginaire, dans une version tourmentée et apocalyptique. Maître de l'aérographe, il met en scène ses créations dans une sorte de danse endiablée, version contem-

poraine d'un Jérôme Bosch – oscillant entre horrible, fantastique pur, beauté formelle des compositions et contre-utopie nihiliste.

6. Enki Bilal : (génial) dessinateur et réalisateur français d'origine bosniaque, créateur d'un monde dystopique où chimères de l'esprit, monstruosités physiques et morales, références historiques et visions hallucinées se côtoient allègrement : *Les Phalanges de l'Ordre Noir, Bunker Palace Hotel, Tykho Moon, Exterminateur 17*... (On pourrait aussi penser à l'œuvre de l'artiste japonaise Yayoi Kusama, et en particulier à ses sculptures avant-gardistes des années 60-70, très « *slippermen* » avant l'heure – cf. la série de ses *Accumulations*.)

7. Cf. les parlants « *Slubberdegullions on squeaky feet, each orifice disgracing* »/« Caoutchoucs dégoulinants sur pieds grinçants, vision de leurs immondes orifices », « *His skin's all covered in slimy lumps* »/« Sa peau est recouverte de pustules suintantes » et « *His twisted limbs like rubber stumps* »/« Ses membres tordus comme des moignons de caoutchouc ». On notera l'ambiance très *Freaks* (voir note 1.a, p. 72)... Le parallèle entre « Colony » et le film se situe avant tout dans le défilé incongru des personnages, galerie d'acteurs qui ici, dans la chanson, auraient troqué leurs tares physiques pour des tares physiques ET morales, n'inspirant aucune forme de sympathie ou de compassion. (Euh, désolé mais tout cela a déjà été dit dans la note 1.b, p. 72 ! – NdE).

8. « A Visit to the Doktor ». La séquence est une courte course – 3'27 à 4'18 –, échevelée, comme affolée, le léger écho dans la voix de Gabriel concluant par un cinglant « *That's the end of your tail (...) Don't delay, dock the dick !* », suivi par un duo batterie/claviers. Banks et Collins se répondent alors mutuellement, illustrant de leurs interventions vigoureuses le choc causé par l'annonce de la mutilation à venir.

9. Célèbre figure littéraire créé par l'écrivain luxembourgeois Norbert Jacques (1880-1954) et repris (trois fois) au cinéma, par Fritz Lang, en particulier dans son *Testament du Docteur Mabuse* (1933, éponyme du roman de N. Jacques).

10. a) Josef Mengele, médecin nazi du camp d'extermination d'Auschwitz. b) On sait que beaucoup de groupes de rock ont joué avec l'imagerie nazie : J. Page de Led Zeppelin ; les Stones B. Jones – les photos parues en 1966 dans le magazine *Stern*, affublé d'un uniforme SS, svastika et tout le toutim – et K. Richards ; Lemmy Kilmister de Motörhead et Ron Asheton des Stooges, leurs croix-de-fer et leur fascination pour le IIIème Reich ; la Banshee Siouxsie ; Sid Vicious des Sex Pistols ; Joy Division et plus tard Marilyn Manson ; ou encore Laibach – bref les exemples sont légion. Et donc Genesis, groupe pourtant bien peu *scandaleux*, se permet peut-être ici une allusion subliminale à l'idéologie mortifère… Le point Godwin, la *reductio ab Hitlerum* de Gabriel ? (Certes, ici pas de controverse engagée avec ses auditeurs, mais quand même...)

11. Un procédé/gimmick auquel Peter avait certes déjà eu recours par le passé – en concert et sur disques –, mais ces fois-là avec l'unique concours de sa propre tessiture vocale : la galerie des personnages de « Harold the Barrel », de « Get'em out by Friday », de « The Musical Box », ou encore le défilé des

différents caractères/rôles de « Fountain of Salmacis », « Supper's Ready » ou du truculent « Battle of Epping Forest ».
12. Tout comme le problème posé par la cape *descendante* de « The Lamia ». En effet, certains soirs, celle-ci avait la fâcheuse tendance de se prendre dans le pied de micro, gâchant ainsi le superbe effet visuel du final de la chanson : une débauche de couleurs tournoyant autour du chanteur, métaphore visuelle de Rael comme enfermé dans le cocon-prison des Lamies.
13. On ne sait si le livre a influencé Peter, mais notons tout de même les ressemblances troublantes avec *Le Festin Nu*, le roman de l'écrivain américain (1914-1997), pierre angulaire de la Beat Generation : les deux héros (William Lee et Rael) comme doubles de leurs auteurs respectifs, en prise avec une réalité anxiogène et fluctuante ; le sadique Dr. Dyper en avatar tout aussi pervers que les Dr. Benway et Pr. Karl du roman ; les immondes et apathiques Mugwumps comme anticipations des Slippermen, etc... Le tout baigne dans un monde, l'Interzone, où Burroughs mêle drogue, politique, sexualité braque, hallucinations cauchemardesques, délire paranoïaque et soupçon de satire sociale – well, ça ne vous rappelle rien ?
14. Le morceau fait un peu penser au futur « Moribund the Burgermeister » de Peter, sur son premier effort solo de 1977 (même si la production de Bob Ezrin pour *Car/I* fait plus dans le grandiloquent et le gros son américain). Bref, tout de même : effet caricatural similaire dans la voix et ce même sentiment d'urgence (dans les deux cas un narrateur en pleine confusion/paranoïa) et d'effroi (la foule anxiogène décrite dans « Moribund » ressemblant furieusement aux épouvantables *slippermen* de la section/séquence « Raven »).
15. Frank Zappa (1940-1993) : musicien américain chantre du rock parodique, déjanté et ironique (toute la période des années 60-70 avec son groupe, les Mothers of Invention, ou en solo) – tout autant que compositeur *sérieux* et spécialiste de musiques *savantes* (contemporaine, concrète, dodécaphonique, atonale ; en gros à partir des années 80).
16. La course effrénée/désespérée du héros fait un peu penser au mythique feuilleton sixties *Le Prisonnier*, dans une version *retournée* en quelque sorte : Rael poursuit ici le corbeau alors que dans la série de Patrick McGoohan, c'est le héros qui est pourchassé, en l'occurrence par une effrayante, énorme et mystérieuse boule blanche, laquelle se charge de parer à toute velléité de fuite.

Ravine (2'04)

« Ravine » illustre le vent froid qui souffle et la hauteur à partir de laquelle Rael scrute ce « *yellow plastic tube* » lâché par le corbeau/*raven* du morceau précédent, lequel s'éloigne dans les méandres de la rivière – le tube, pas le corbeau ni le morceau, ha ha... Le style musical d'Eno – comme on l'a vu producteur de certains titres du disque –

y est à nouveau assez perceptible. Petit aparté : Brian Peter George St. John le Baptiste de la Salle Eno (!), ce *non-musicien* comme il se définissait un temps, a contribué à populariser méthodes conceptuelles et autres modes d'enregistrement plus ou moins novateurs, s'attachant à privilégier – selon le site web AllMusic – « la théorie sur la pratique, la sérendipité sur la prévoyance et la texture sur l'artisanat ». En d'autres termes l'aptitude à faire, par hasard, une découverte inattendue et à en saisir l'utilité – scientifique, pratique et, partant, artistique[1]. Bref, personnalité novatrice et influente de la musique populaire[2], il inventa au milieu des années 70 le terme d'*ambient music* pour décrire son travail solo, dans des albums tels que *Discreet Music* (1975), *Before and After Science* (1977) ou *Music for Airports* (1978). C'est ce type même d'expression musicale que l'on peut retrouver dans « Ravine » – ce côté improvisé mais contrôlé à la fois, décalé, comme *détaché* (ici, on pourrait presque parler de musique *immobile*).

En tout état de cause, le morceau – plutôt bref (2'03) mais très abouti – a un style qui aujourd'hui serait certainement à ranger dans la catégorie *musique filmique* ou *d'atmosphère*. On pourrait presque encore penser à une séquence issue d'*Aguirre ou la Colère de Dieu* – à l'instar du « Silent Sorrow in Empty Boats »[3], mais dans un climat plus teinté de (sourde) menace que de sérénité. C'est une sorte de mini-pièce musicale au climat éthéré, presque irréel et comme *figé*, *à la David Lynch / Edward Hopper* : une trame répétitive de Steve Hackett à la guitare – les trémolos de son instrument sonnant un peu comme ceux d'une mandoline – accompagnée de ces langoureux synthétiseurs aériens qui eux semblent comme siffler (Banks encore et toujours). Ambiance prenante, entre sinistre (les bourrasques menaçantes du vent) et un climat *abstrait*, empreint de douceur contemplative (la texture imprécise – entre improvisation et recherche stylistique – et le côté statique, comme *en apesanteur*, de la mélodie).

L'album aurait très bien pu passer directement de « Colony » à « The Light Dies Down On Broadway » sans préjudice musical ; mais le suspense de l'histoire et la volonté de lier les morceaux entre eux – comme pour les séquences d'un même film – demandaient à nouveau un temps mort. « Ravine » fut donc créée et intégrée à l'album à cet effet. Sans parler bien sûr de sa fonction strictement *utilitaire* : tout comme « Silent Sorrow » et le passage d'introduction de « Colony of Slippermen » (« Arrival »), il permettait de faire la liaison et de laisser le temps pour tout le monde – équipes techniques et membres du groupe – de se préparer à la suite du show. C'est ce qu'on appelle – après un ultime fade-out de la brise qui continue de souffler au loin – joindre l'utile à l'a...dmirable. (Ah, ah, très fin indeed – NdE.)

1. Cf. sa fameuse méthode dite des *Stratégies obliques*. Soit : un jeu de cartes qui propose aux musiciens d'improviser suivant des instructions bien précises – on notera ici le paradoxe –, dans le cadre d'un processus créatif laissant une grande place au hasard et à une certaine forme de *magie/irrationnel.*
2. Son statut de musicien/producteur/réalisateur artistique est très recherché depuis près de cinquante ans : au sein de Roxy Music (les deux premiers albums du groupe), puis pour les Talking Heads (leurs deux chefs-d'œuvre *More Songs About Buildings and Food* et *Fear of Music*, plus *Remain in Light*), la trilogie 70's de David Bowie (*Low*, *Heroes*, *Lodger*), Robert Fripp, U2 (*The Unforgettable Fire*, *The Joshua Tree*, *Achtung Baby*), Devo, Ultravox, John Cale, Jon Hassell, Geoffrey Oryema, Peter Gabriel en solo (*i/o*), James, Laurie Anderson, Sinead O'Connor, Coldplay, Grace Jones, etc., etc. L'influence du producteur Eno sur Peter fut primordiale, et assumée (voir, entre autres, les notes répétitives *liquides* de « Lead a Normal Life » sur l'album *Melt*), mais aussi peut-être sur Tony, même si celui-ci n'a jamais vraiment voulu le reconnaître (cf. son album solo de 1979 au style *impressionniste* : *A Curious Feeling*).
3. Cf. *supra*, p. 104.

The Light Dies Down On Broadway (3'33)

Déboussolé, largué, Rael va soudainement avoir l'occasion de revenir vers les rivages rassurants d'antan. Quand il était juste un kid des rues, révolté certes mais vierge encore de l'aventure-enfer dans laquelle il est maintenant plongé. Attirantes sirènes, des réminiscences et bruits familiers résonnent à ses oreilles (« *He meets a sense of yesteryear* »)... et à celles de l'auditeur, puisque la chanson est une manière de reprise, à la fois de « The Lamia » (variation sur une de ses multiples mélodies) et de « The Lamb Lies Down... » (pour le refrain).

Façon de retour en arrière empruntant au gimmick des Beatles de 1967 (*Sgt. Pepper's Lonely Hearts Club Band*, dont la chanson-titre revenait en fin de disque) et à Jimi Hendrix (le titre « Voodoo Child » qui est traité à deux endroits différents sur son *Electric Ladyland* de 1968), ces *réutilisations* soulignent l'importance des deux morceaux dans la trame narrative de l'album. Elles symbolisent chacune les options proposées à Rael, à savoir soit un retour à sa vie *réelle* dans la métropole new-yorkaise (la chanson-titre), soit son accomplissement personnel à travers un voyage initiatique dans sa propre psyché (« The Lamia »). Une raison plus pragmatique influença aussi le groupe dans le choix du procédé : les musiciens ayant de toute urgence besoin d'un nouveau morceau entre « Colony Of Slippermen » et « Riding The Scree », grâce à cette astuce[1] le groupe gagna du temps, pour pouvoir ensuite se concentrer sur les paroles. Car en réalité, en ce qui concerne « The Light Dies », le chanteur n'est pas l'auteur du texte. C'est Banks et Rutherford qui s'en chargèrent, atténuant ainsi le fardeau de Peter – depuis juillet, il était en butte à divers problèmes familiaux et à des sollicitations artistiques *extérieures* au groupe (les sirènes hollywoodiennes de William Friedkin). Bref, de fait, le style d'écriture est ici totalement différent de celui de Gabriel, qui dans l'album se place pratiquement toujours dans la peau du héros, à la première personne donc[2]. Ici Tony et Mike utilisent un registre différent : le point de vue d'un narrateur extérieur au récit, prenant ses distances et contribuant ainsi à rendre le tout plus linéaire – une manière distanciée de *faire le point* dans un tableau pouvant paraître quelquefois un peu trop débridé et abscons.

Au milieu de l'appel des sirènes de la ville – « *Subway sounds (...) My home !* » – et une touche-référence à connotation lysergique (« *The smell of acid on his gun of paint* »), Rael entend son frère John l'appeler en contrebas, depuis les eaux déchaînées de la rivière. Notre héros est sur la falaise, il aperçoit alors une lucarne dans le ciel, au travers de la roche, lucarne dans laquelle il peut visionner des images de son passé, comme dans un film[3]. Rael est maintenant confronté à un dilemme : soit sauver son frère qui l'a pourtant plusieurs fois laissé tomber (voir « In the Cage » et « The Colony Of Slippermen »), soit sortir de ce cauchemar (« *This forsaken place* ») pour en retrouver un autre plus *confortable*, celui de sa vie d'autrefois. Le rythme lent de la chanson semble suggérer que Rael hésite, plus très chaud pour revenir en arrière et de moins en moins dupe (« *The freedom I had in the rat-race* »). Dans un éclair de lucidité, il réalise enfin que l'enfer c'était sa vie antérieure, et qu'il se doit de passer par cette épreuve purgatoire pour se trouver lui-même. Son choix est fait : il tentera de sauver son frère – et ainsi lui aussi, par la même occasion. La fenêtre/lucarne commence alors à disparaître, et Rael fonce vers la rivière, non plus pour retrouver ses attributs virils (le *plastic tube* de « The Colony... » – remember ?) mais pour tenter de sauver John de la noyade.

Loin d'être faible, « The Light Dies Down On Broadway » se situe tout de même un ton en dessous du reste de l'album. Ceci dit, d'autant plus que le truc de la reprise sera... repris à nouveau, sur l'album suivant, et pour un résultat bien plus réussi[4]. En ce qui concerne « The Light Dies On Broadway », les airs sont certes bien reconnaissables – quoique, il faut bien tendre l'oreille pour celui de « The Lamia »... –, mais trop simplement accolés l'un à l'autre ; et de ce fait le rendu est, si ce n'est raté, un peu décevant. L'agencement parait un peu *forcé* et trop évident alors que sur les essais de 1973 et 1975, chaque motif emprunté – mélodie, refrain ou riff – sont intégrés à un tout différent déjà préexistant, d'où l'effet d'originalité (effet que l'on ne retrouve pas ici, la simple imbrication des mélodies sentant un peu trop l'artifice et la facilité). Néanmoins, le morceau, à défaut d'être pleinement réussi, est loin d'être mauvais ; et, même si on peut sentir le *stratagème* musical, l'effort de créer un nouveau titre à partir d'autres déjà existants est plutôt louable, D'autant plus qu'il est sauvé par cette belle introduction *liturgique* à l'orgue (couplé lui-même de variations *sifflantes*), le chant prenant de Peter dans son ensemble, et par une fin impeccable : à partir de 2'50, sur fond de rythmique saccadée empruntée à la chanson-titre (Rutherford et Collins qui accélèrent le tempo à bon escient), Banks se livre à un renversant numéro aux claviers. Soit une kyrielle de *divagations* délicieusement burlesques – comme si un Erik Satie 70's avait troqué son piano pour un synthé couplé à une pédale d'effets – et qui, accompagnées de gabrieliennes flûteries, s'étirent en vibrations sonores. Étonnant final bourdonnant, qui va nous mener au non moins étonnant préambule qui va suivre.

1. *Procédé* que Genesis avait déjà utilisé sur l'album de l'année précédente : on retrouve en effet la lancinante mélodie introductive du disque (la partie acoustique de Hackett dans « Dancing with the Moonlit Knight ») à la toute fin du dernier morceau (« Aisle of Plenty »).
2. Exceptions faites, il est vrai, sur le morceau qui clôt le disque, « *it* », et à certains endroits de « The Lamia ».
3. Le passage : « *A window in the bank above his head / Reveals his home amidst the streets* ».
4. Dans *A Trick Of The Tail* (1976), le dernier titre – « Los Endos » – propose en effet un bien plus subtil mix/intégration d'autres morceaux du disque : en

l'occurrence des extraits de « Dance On A Volcano » et de « Squonk », qui se fondent avec bonheur dans l'ensemble.

<u>Riding the Scree</u> (3'56)

L'intro de « Riding » est mémorable, peut-être le passage musical le plus insolite de toute la carrière de Genesis période seventies. Un irrésistible beat assuré par une basse métronomique (Rutherford en mode groovy !) associée à une pulsation au cordeau de Collins, et une troisième fioriture rythmique qui vient s'y greffer – Tony triturant un de ses claviers ? Steve une de ses guitares ? Une boîte à rythmes ?? Bref, quoi qu'il en soit, l'ensemble parvient à faire sonner le groupe… funky ! Eh oui, un comble – ou une divine surprise, c'est selon. Battement syncopé tout ce qu'il y a d'addictif ; on a presque l'impression d'un croisement hybride entre le James Brown de « Sex Machine », un rythme dansant à la Chic et une certaine filiation jazz-rock (peut-être l'influence de Brand X, le groupe *parallèle* de Phil Collins à l'époque). Le fait est que cette pulsation saccadée – *de guingois* pourrait-on dire – n'est pas aussi sans rappeler le célèbre passage déstructuré de la section 'Apocalypse in 9/8' de « Supper's Ready » (la foisonnante pièce musicale de *Foxtrot*) : même architecture rythmique jouée faussement à contretemps[1] et même manière d'interventions pianistiques, dans un style échevelé mais totalement contrôlé.

Avec ses claviers justement, Tony Banks éblouit par la maestria et l'inventivité de son jeu – mais oui : par son génie musical n'ayons pas peur des mots... Il arrive à rendre presque palpables les cascades de Rael – qui va tenter de gravir l'éboulis en direction de la rivière –, par une impressionnante série de mini soli. Extraordinaire maelström musical tourbillonnant, qu'on en juge : de 0'13 à 0'46, une spirale d'arpèges fluides et tournoyants suivie de bizarres digressions sonores (*licks cartoonesques* plus flopées de notes *liquides*, glissantes et distordues), et deux beaux à-plats planants au synthétiseur (ARP Pro-Soloist). Deuxième séquence, de 0'47 à 1'04 : un riff typiquement symphonique qui s'étire et débouche sur une espèce de gigue entraînante style *folklore médiéval*[2] ; un nouveau détour plus classique, avec en pointe d'orgue une… pointe d'orgue d'église (ah, ah – NdE) ; puis, à 1'41, ce sublime passage au style épico-lyrique, le tout jusqu'au lancement du chant de Peter à 2'11... Ouf ! Fa-bu-leux : la preuve que brio, prouesse technique et émotion ne sont pas incompatibles – et qu' ils ne sont pas nécessairement liés à leur longueur (l'intervention de Tony n'aura duré que deux minutes). D'une veine étonnamment exubérante et fantasque, assez peu courante chez l'organiste, son interprétation atteint ici des sommets, ceci d'autant plus que pendant tout ce temps le canevas rythmique funky/dansant continue, dans un contexte/style complètement différent donc – presque comme *décalé*.

Pendant la brève séquence chantée, la musique s'adoucit un peu tandis que Rael tente de monter sur le talus, dans le but de plonger dans l'eau et secourir son frère (« *Struggling down the slope (...) I begin to try to ride the scree* »). Puis tout à coup, juste avant de sauter, notre héros n'hésite pas à invoquer... 'Evel' Knievel[3]. Vantardise, sacrifice réel ou simple bravade ? « Evil Knievel, t'es pas meilleur que moi... J'me lance ! », murmure en tout cas Peter/Rael – d'une voix déformée, tour à tour gutturale puis enfantine[4]. La référence à Knievel prouve bien en tout cas que la chanson fut l'une des toutes dernières composées pour l'album, ce dernier sortant dans les bacs tout juste deux mois après la tentative de saut du fantasque cascadeur... Saut qui à l'époque fit la une des médias – et termina en plantage total ! Peter en a sûrement fait allusion pour accentuer le côté burlesque et ironique du récit et son approche distanciée vis-à-vis de celui-ci, tout en y associant une *tranche de vécu* (l'expérience de Knievel en elle-même).[5] Mais reprenons le récit en mode musical : à 3'08 donc, au son de l'échevelée bourrée médiévale qui reprend, l'*Imperial Aerosol Kid* se lance enfin, dans une dernière saillie verbale (« *Here I go !* »), bravache et drolatique. Comme pour se donner du courage et en même temps se moquer de lui-même, de son sort et de l'ordalie nautique qui arrive. Alors – image anticipée du lit de la rivière et de ses eaux plus calmes –, la musique s'apaise à nouveau : ultime pause avant de reprendre la lutte pour atteindre John et filer vers le final du récit...

À propos de « Riding... », une dernière étonnante petite anecdote concernant le fameux riff d'intro : il fut samplé – avec bonheur – par le duo américain... d'électro/hip-hop 310[6]. Sous le titre « The Voice of Britain », la vidéo associée mêle le beat en question avec d'autres passages de la production genesisienne : le mellotron de « Watcher of the Skies » et le couplet d'introduction de « Dancing with the Moonlit Knight », un extrait de ce dernier donnant son titre au morceau de 310. Le tout – accompagné d'images plutôt vintage de « Musical Box »,

« The Colony Of Slippermen » et « Supper's Ready » – est une forme d'hommage mi-enthousiaste, mi-ironique au groupe ; le duo ayant par ailleurs toujours déclaré ne pas du tout apprécier le genre prog rock seventies.[7]

1. On pense aussi un peu au « Money » de Pink Floyd, monstrueux hit de l'année précédente, qui a peut-être donné des idées à Genesis. La rythmique – pulsation funk dansante sur beat heurté – n'est en effet pas sans rappeler celle de « Riding the Scree », son pendant en plus drôle (la cocasserie du flop d'Evel Knievel contre les paroles désenchantées et pessimistes de Roger Waters).
2. De 1'04 à 1'17, elle sera reprise à 3'08.
3. Robert Craig Knievel, Jr (1938-2007), cascadeur américain et casse-cou trompe-la-mort qui, le 8 septembre 1974, tenta un saut à moto au-dessus du Snake River Canyon (Idaho) – ratant son coup mais s'en sortant vivant. Icône culturelle des années 70, de nos jours il est un peu tombé... dans l'oubli.
4. Dans les *lyrics* du morceau, « Evel » (le surnom que se donnait le cascadeur) devient « Evil » (« Le Mal ») – revoilà notre Peter en mode calembours...
5. Peter Gabriel dans une interview de décembre 1974 au magazine *Circus* : « J'adore cette démarche. Nombre de pièces et de bouquins ont théorisé sur la mort ou le suicide – ou leur simple perspective –, pour attirer l'attention sur une performance... Et il (Knievel) a réalisé le truc, pour la première fois à ma connaissance et avec un réel succès à l'échelle mondiale. » (De fait, le show du cascadeur fut bien un succès médiatique, si ce n'est planétaire tout au moins international, et ce malgré – ou peut-être grâce ? – à son plantage.)
6. En 1999, sur leur mini-album *Prague Rock.*
7. Et pourtant, outre l'emprunt à Genesis, sur *Prague Rock* le combo reprend aussi des extraits de… King Crimson, Pink Floyd, Yes et Jethro Tull !

In the Rapids (2'24)

Étrange chanson qui arrive, au climat empreint de sérénité (le ton de la voix et la couleur musicale presque élégiaque de la première partie), mais mêlé à une certaine forme de renoncement – voire de fatalisme – qui transparaît dans les paroles[1]. Et pourtant, « In the Rapids » est censée décrire la course de Rael à travers les flots en furie… Entrelacs d'arpèges et d'accords à la guitare (semi-?)acoustique, dans un genre *folk intimiste* – on entend les doigts de Hackett glisser sur les frettes –, elle commence un peu comme le « For Absent Friends » de l'album *Nursery Cryme* (1971). Puis Peter/Rael raconte sa chute dans les rapides et la cadence s'accélère, Steve ponctuant le récit de petites notes piquées et d'une dernière… pointe, stridente et bien sentie (électrique celle-là). Phil Collins, lui, agrémente l'ensemble dans un style jazzy du meilleur effet : roulements des toms, discrets tintements des cymbales et fioritures à la pédale Charleston. L'auditeur est alors porté tranquillement, par cette ambiance faussement paisible – jusqu'à cette accélération finale, après que Rael ait ramené son frère sur le rivage (« *Hang on John, we're out of this at last* ») et qu'il se soit rendu compte que le visage de John est en fait… le sien : « *It's mine, it's mine !* » Un drone discret puis de plus en plus menaçant se fait alors entendre – comme un avion qui descendrait en piqué – et débouche sur une rythmique syncopée (Steve Hackett et/ou Mike Rutherford ?) qui, elle, file tout droit vers le morceau final... De la belle ouvrage, indeed.[2]

La fragile diction du chant, ses calmes accents soul et ce climat tout en discrétion – voix en avant, arrangements dépouillés – rappellent/anticipent certains futurs morceaux des albums solos de Peter : « Humdrum »[3a] ; « Mother of Violence », « Flotsam and Jetsam », « Indigo »[3b] ; « Lead A Normal Life »[3c] ; « Wallflower » (… si l'on veut bien omettre les percussions)[3d], « The Drop »[3e] ou encore le single hommage à son père Ralph, « Father, Son » (2000).[4] À noter, sur « In the Rapids », la présence quasi… invisible de Tony Banks : il n'apparaît en effet que sur un *lick* pianistique (à 1'17) et sur le gimmick du bourdonnement à la fin du morceau (un effet travaillé au synthétiseur – et peut-être aussi à l'aide d'une nouvelle guitare, au travers d'une pédale d'effets).

Le courant a donc amené Rael et John à un point culminant du récit : « *And when the waters slow down (...), something's changed, that's not your face* », notre héros se découvrant lui-même dans le visage de son frère. Alors, crise de schizophrénie ou simple et passager changement de personnalité ? Ou alors Rael révèle-t-il, de manière plus prosaïque, sa propre nature : celle d'un égoïste auto-centré (c'est lui qui compte, pas John !) ? Ou bien encore – hypothèse plus réjouissante – a-t-il enfin pris conscience de la nature duale de tout être humain, et accompli ainsi sa réunification psychique ?? Hein, je vous le demande… Eh bien, sympathique lecteur, toutes ces angoissantes questions trouveront – peut-être – une réponse dans le dernier épisode, à suivre, celui de la mythique double galette des 3+2[5] *schoolboys* de la Charterhouse.

1. « *Striking down to reach you, I can't get through to the other side (...) Taken down by the undertow, I'm spiralled down the river bed, my fire is burning low* / Essayant de me frayer un passage pour t'atteindre, je n'arrive pas à passer de l'autre côté (…) Emporté par le reflux, je suis aspiré vers le fond de la rivière, mon feu vital s'amenuise peu à peu ».

2. NB 1 : en fait le beat cadencé de la guitare est, formellement, le début de « *it* »... Mais les deux chansons s'enchaînant l'une l'autre sans aucune transition, l'effet couplé drone/rythmique se devait d'être décrit *en même temps.* NB 2 : le *croisement* entre les deux chansons fait un peu penser à l'intro du « I Feel Fine » des 4 de Liverpool : chez Genesis l'effet drone d'« In the Rapids » qui lance le motif mélodique de la guitare de « *it* », *via* la rythmique, tout comme le feedback du classique de 1964 amène au riff-*ostinato* joué par John Lennon et George Harrison.

3. Sur, respectivement, a) *PG I,* b) *PG II*, c) *PG III*, d) *PG IV* et e) *Up.* NB: les quatre premiers albums de Peter en solitaire, au tournant des 70-80's, sont connus sous les noms de *Peter Gabriel I* (ou *Car*), *Peter Gabriel II* (ou *Scratch*), *Peter Gabriel III* (ou *Melt*) et *Peter Gabriel IV* (ou *Security*).

4. Ralph Parton Gabriel, le père de Peter, fut toute sa vie un autre *calme excentrique*, à l'image de son fils. Descendant d'un ancien maire de Londres fait baronet, c'était un ingénieur de formation qui inventa, pendant la Seconde Guerre mondiale, un système de brouillage directionnel des bombes allemandes, sauvant ainsi des milliers de vies pendant la période du blitz (1940-41). Plus tard il développa un système précurseur de télévision par câble puis un autre, en 1971, de diffusion de programme télé *via* le téléphone (*Dial-A-Program,* Peter en fera d'ailleurs une citation/référence, mi-admiratif mi-moqueur, un an plus tard, dans le morceau « Get'em Out By Friday »...) Sir Ralph Gabriel, décédé centenaire en 2012, est sûrement à l'origine de la passion de Peter pour tout ce qui touche aux innovations technologiques, la musique étant elle sans doute *héritée* de sa mère Edith Irene, laquelle était issue d'une famille de musiciens.

5. Des cinq membres du groupe, seuls Tony, Peter et Mike furent un jour élèves du vénérable – 1868 – établissement de Godalming, Surrey.

it (4'17)

On a beaucoup glosé sur la signification profonde de ce dernier titre – qui laisse suffisamment de champ libre pour que tout le monde puisse se faire sa propre idée. C'est d'ailleurs ce qui fait son charme et son mystère... So, *quid* du mini mantra ? Quésaco ??? Éloge de la liberté individuelle et de la connaissance de soi pour les uns, bouillie métaphysique à base de recherche spirituelle pour les autres, ou simple maelström chaotique de sentences poétiques (volontairement ?) absconses : « *C*'est le puzzle, *c*'est la brume pourpre », « *Ça* chevauche un cheval sans sabots », « *C*'est secoué, pas remué, cocktails sur les toits »...[1] Ouf ! – c'est selon, et chacun fera son choix. Certains y ont même vu une apologie cachée de la religion chrétienne – si, si –, le très Lewis Carrollien « *Look across the mirror sonny, before you choose, decide* » comme figure cryptique de « *Look a cross : the mirror...* »[2] !!! Ah, exégèse, quand tu nous tiens, tu peux nous mener bien loin – faut dire, quand on appelle son groupe *La Genèse*, on doit s'attendre à tout. Peut-être faut-il surtout écouter le principal intéressé – Peter, dans une interview au *NME,* juste après la sortie du disque : « Faire la leçon, jouer au pédant, c'est illusoire ; et il faut savoir garder son sens de l'humour : je m'implique à fond dans mes paroles, mais en même temps je ne peux pas m'empêcher d'en rire. »

Littéralement surgi du morceau précédent – guitare rythmique sautillante, pointe au synthétiseur et petit break de batterie –, c'est au son d'une entêtante ligne musicale de Steve[3] que Peter va se lancer dans la conclusion de son édifiante fable, et dans l'explication de ce que peut bien signifier ce mystérieux *It.* Mike Rutherford (basse vrombissante) et Phil Collins tissent leur toile, assurant illico un beat rock rapide et entraînant – presque dansant –, tandis que le guitariste agrémente la sauce de notes cristallines (quand il ne reprend pas les quatorze notes de la susdite ligne, *ostinato*). Étonnant comme Tony Banks, omniprésent sur tout l'album, semble ici encore en retrait (comme pour le titre précédent) : quelques discrètes interventions plus, à 0'42, un mini solo en spirale d'une dizaine de secondes, et *this is* 'it' ! La musique sonne donc légère et vivante – presque poppy –, comme si le groupe voulait faire retomber la pression. Et comme si Rael avait enfin atteint une certaine forme de sérénité. Heureux d'être là, d'avoir pu s'enfuir de la « Chambre aux 32 Portes », et échapper aux *slippermen* et autres lamies perverses – métaphores de sa psyché et de ses angoisses ontologiques. Mais, à vrai dire : ses peurs ont-elles réellement été surmontées ?

En tout cas, de toutes ces recherches existentielles et tentatives d'explications, Gabriel semble un peu se moquer – malgré son chant fougueux et passionné. À sa manière distanciée et ironique, il tente/propose pourtant des pistes, sans y croire vraiment – c'est à dire en acquiesçant à chacune d'entre elles. Alors ce '*IT*', c'est quoi nom de Dieu ?... Dieu ??? La conscience universelle (le lennonien « *I am he as you are he as you are me and we are all together* » de « I Am the Walrus ») ? La mort comme simple passage vers *quelque chose d'autre* ? Ou les deux à la fois ?? (Peter dans une interview de 1975 : « *I don't think that Rael is really dead, he's just going through the cosmic juice* »). Le *Ça* freudien (le pôle pulsionnel en chacun, qui serait dominé par le sexe : « it *is warm, just watch* it *grow* / C'est chaud, regarde le grandir (...) it *is in between your legs* / C'est là entre tes jambes »[4]) ; le moi ; le surmoi ; l'inconscient, ou le subconscient (Peter, toujours en 1975 : « The Lamb *is really a series of events that could happen to somebody who doesn't even know his subconscious exists* »)[5] ?? Ou bien est-ce l'*inconscient collectif* jungien, à base d'*archétypes,* et affectant de manière égale chacun d'entre nous ? Le karma hindouiste – ou le *fatum* des Romains ? Un croisement mystérieux entre le monolithe kubrickien à l'origine de tout[6] et celui de la pochette du *Presence* zeppelinien[7] ?? Le *voile de Maya* d'Arthur Schopenhauer[8], autrement dit l'illusion trompeuse qui empêche l'Homme de comprendre l'unicité de tout, et que tout ne fait qu'un – ouch !? Un simple *Carpe diem* ? Le concept d'Elinor Glyn, ce mélange mystérieux de charisme ineffable, d'intelligence, de classe et de sex-appeal ?!?[9] Ou le panthéisme antique revisité à la sauce contemporaine : « it *never stays in one place* (...), it *is always in a space* » ?[10] La *Chose en soi* kantienne (« *Ding an sich* ») ou le noumène purement platonicien ? Un individualisme de la connaissance de soi – le *Sapere aude* latin[11] – et de l'auto-transcendance (le paradoxe nietzschéen : « Deviens ce que tu es ») ? L'*Éternel retour* du même Nietzsche, ou la réincarnation hindouiste/bouddhiste ?? Le *Dasein* heideggerien ?[12] Ou alors – plus prosaïquement – *it* comme référence au journal *International Times* (aka : *IT*), chantre de la contestation dans les sixties[13] ?!? Ou bien encore, référence artistique *devancière*, *it* comme créature de l'horreur à la Stephen King[14] ? Aaaaaargh, n'en jetez plus !... Et si, en fait, tout *ça* n'était que la vie en elle-même – dans toute son accep-(ta)tion ?

Quoi qu'il en soit, entre scepticisme et exubérance, Gabriel se lance alors dans une série de stances surréalistico-jubilatoires, apparence de *non sequiturs* – cadavres exquis ?, cut-up à la Burroughs *?,* collage a-léatoire ? – qui en fait se complètent l'un l'autre. Car *it* en effet, c'est bien, au final, tout... *ça* à la fois ! Inventaire à la Prévert mâtiné de test de Rorschach laissé à l'interprétation de chacun – petit florilège :

When it*'s cold,* it *comes slow*
(…)
– all around me
(…)
*Just a l*ittle *b*it *of* it *can bring you up or down.*
Like the supper it *is cooking in your hometown.*
it *is chicken,* it *is eggs,*
(…)
it *is walking on the moon,*
Leaving your cocoon.
(…)
it *never stays in one place, but* it*'s not a passing phase*
it *is in the singles bar, in the distance of the face*
it *is in between the cages,* it *is always in a space*
(…)
Any rock can be made to roll
If you've enough of it *to pay the toll*
it *has no home in words or goal*
*Not even in your favour*ite *hole*
it *is hope for the dope*
(…)
Cocktails on the roof.
When you eat right thru' it *you see everything alive*
(…)
it *is here.* it *is now*

Donc « *C*'est ici, *c*'est maintenant » – comme un écho du lointain « *We want the world and we want it now* » morrisonien.[15] Peut-être, mais *it c'*est aussi et surtout : la volonté et la force de vivre (« it *is inside the spirit, with enough grit to survive* / *C*'est l'esprit, quand il a assez de courage pour survivre ») ; *ça* et la sagesse/lucidité de savoir s'accepter soi-même tout en forçant son propre destin (« *Look across the mirror sonny, before you choose, decide* / Regarde de l'autre côté du miroir fiston, et avant de choisir, décide vraiment »). Enfin moi, c'que j'en dis…

D'aucuns ont trouvé – et prétendent encore – quc, musicalement parlant, « *it* » constituait une forme de déception, l'impression qu'il clôturait l'album un peu *en queue de poisson* et qu'on aurait pu s'attendre à un final plus grandiose (à l'image des suites épiques auxquelles le groupe nous avaient habituées par le passé). Peut-être que les *retards de livraison* à la maison de disques ont joué à l'époque, mais le fait est que le morceau colle tout de même bien à la conclusion du récit. Laquelle conclusion se devait d'être, selon la vision et la volonté de Peter, *optimiste* dans son ironie, en tout cas dénuée de toute forme de pathos ou de dolorisme grandiloquent. On pourrait en tout cas établir un parallèle entre le morceau et un classique du groupe de 1972 : « Watcher of the Skies » – qui terminait souvent les concerts, juste après le dernier titre du show proprement dit (« *it* » donc). Musicalement les deux chansons n'ont rien à voir (« *it* » est aussi enjouée que « Watcher » sonne lugubre), mais le thème ontologico-existentiel leur est commun, nonobstant donc leur ambiance respective (presque détachée pour l'un et *à la sauce* science-fictionesque pour l'autre[16]). Et, si on écoute bien, on s'aperçoit que les deux notes d'intro des morceaux – jouées longuement au mellotron pour « Watcher of the Skies », et rapidement à la guitare sur « *it* » – correspondent. (D'ailleurs, lors de la première tournée post-Gabriel, le groupe proposera un medley de ces deux mêmes titres, semblant assumer – après coup – une certaine corrélation entre eux.)

Outre les habituelles et astucieuses assonances/rimes/allitérations gabrieliennes, on notera deux nouveaux clins d'œil *musicaux* : le « it *is purple haze* » est une claire référence au classique éponyme de Jimi Hendrix de 1967, tandis que « it*'s only knock-and-know-all but I like* it » renvoie lui au célèbre hit des Stones : « It's Only Rock'n'Roll » (1974). Avec en prime un jeu de mots *euphonique* typique du chanteur : sous sa plume, « *rock'n'roll* » devient « *knock and knowall* » – en d'autres termes « frappe à toutes les portes qui permettraient d'élargir ton champ de conscience ». Soit un slogan/devise qui semblerait préconiser la recherche d'une connaissance – *lato sensu* –, au détriment d'un hypothétique (chimérique ?) *sens de la vie*. On notera pour finir le « it *is Rael* », jeu de mots un peu facile – ou bien est-ce une allusion sibylline à l'actualité de l'époque ? (Fin 1973, Israël vient de gagner la guerre du Kippour, consolidant ainsi son existence en tant qu'État.) Bon, faut voir…[17]

On sait que – voir la fin d'« In the Rapids » – la conscience de l'ami Rael était passée dans l'esprit de son frère, les deux ne faisant finalement plus qu'un ; et ce jusqu'à ce que cette même conscience les contemple *à la troisième personne*, puis les féconde à nouveau. Eh oui – alléluia ! – l'esprit du monde semble être maintenant entré en eux (en Rael en tout cas) ; et c'est ainsi qu'en l'acceptant (le monde, le monde en lui et, partant, lui-même), il peut enfin se sentir réel… *real* ! Real/ Rael, *capito* ?

Sagesse ultime du grand apologue genesisien, qui sait aussi *penser contre soi* : ceux qui, dans cette fiction, espèrent découvrir de quoi il retourne exactement en seront pour leurs frais. Car il y a autant de réponses que de choix – comme il faut de tout pour faire un monde. Rael, John et Peter ne sauraient prétendre à une réponse péremptoire toute faite. Et nous non plus… Parce que oui, au bout du compte tout *ça* n'a aucune solution/aspiration – « it *has no home in words or goal* / *ça* ne peut se résumer à des mots ou à un quelconque but » –, ni même une réelle volonté d'*explication* de la part du chanteur-conteur : « *If you think that* it*'s pretentious, you've been taken for a ride* / Si tu penses que tout *ça* prétend à quelque chose,[18] c'est qu'tu t'es fait mener en bateau. »[19]

Yep, l'ange Gabriel – diable sorti de sa boîte et *deus ex musica* – se tue à vous le dire, dans un ultime slogan philosophico-libertaire : « *it is here, it is noooooow* »... Et pour le reste – impératif catégorique *hic et nunc* qui se mordrait la queue – : c'est à vous de décider !

1. « it *is the jigsaw,* it *is purple haze* », « it *rides your horse without a hoof* », « it *is shaken not stirred, cocktails on the roof* ».
2. « Regarde de l'autre côté du miroir… » / « Regarde une croix : le miroir… »
3. Une espèce de variation hybride *rétroactive* qui évoquerait, dans une autre tonalité, les chorus guitaristiques de « Dance on a Volcano » (*A Trick of the Tail,* 1976), de son « Every Day » (*Spectral Mornings,* 1979)… et du tube d'Indochine, « L'Aventurier » (1982) – si, si ! –, avec en plus une petite touche « Satisfaction » à la clé (re-si, si !)... Ou bien alors – même nombre de notes (quinze) – la belle ligne mélodique du « Starless » de King Crimson (1974), au caractère aussi mélancolique qu'il sonne guilleret chez Genesis.
4. *It* comme métaphore symbolique du sexe : hypothèse étayée par le petit commentaire de Peter – pendant un concert de la tournée – décrivant *les bijoux de famille* du « yellow plastic tube » (transporté par le corbeau dans la partie 'Raven' de « The Colony Of… ») : « *it with* It *in it* » (cf. note 55, p. 225).

5. « *The Lamb*, c'est tout simplement une série d'évènements qui pourraient arriver à quelqu'un qui ne saurait même pas que son subconscient existe. »
6. *In* le classique S.-F. de Stanley Kubrick, *2001, l'Odyssée de l'Espace* (1968).
7. Septième album du groupe Led Zeppelin, datant de 1976, sa pochette représente une famille américaine *mainstream* (une photo 60's du magazine *Life*) attablée autour d'une mystérieuse sculpture, à la *présence* énigmatique.
8. Élevant le *vouloir vivre* au rang de principe métaphysique, la pensée du philosophe allemand A. Schopenhauer (1788-1860) en fait la clef de l'énigme du monde, et par là explique le tragique de la condition humaine, réduite à être le jouet de cette force vitale qui lui échappe (*Le Monde comme Volonté et comme Représentation*, 1819). C'est aux religions indiennes qu'il emprunte son concept de *voile de Maya* (Maya : terme sanskrit évoquant le pouvoir qui perpétue l'illusion propre à l'univers phénoménal – son manichéisme – ; la notion met ainsi à jour la nature fallacieuse de la réalité empirique et des données sensorielles).
9. Elinor Glyn (1864-1943) est cette auteure britannique qui popularisa le concept de *It-girl* (*The Flirt and the Flapper, It*), en pensant particulièrement à l'actrice américaine Clara Bow. Cette dernière, popularisée par le film éponyme (*It* de C. Badger et J. von Sternberg, 1927), possédait ce quelque chose d'indicible et de magnétique, ces « confiance en soi et indifférence à l'image renvoyée – plus ce petit 'ça' qui donne l'impression que vous n'êtes pas tout à fait comme les autres » (*dixit* Glyn). De nos jours, le terme a pris une connotation fortement péjorative, mettant l'accent sur l'exhibitionnisme effréné et le manque de talent foncier de la *it-girl* moderne (Cf. Kim Kardashian et la cohorte des *célébrités* à réseaux sociaux).
10. Tropisme panthéiste que l'on retrouvera dans le « I Need Perspective » de Peter (du disque de '78, *Scratch*) – Gaïa la Terre comme déesse-mère –, et sur son dernier effort en date (« i/o », qui donne son nom à l'album solo de 2023).
11. « Ose penser par toi-même » : locution/injonction latine du poète Horace (65-8 av. JC). Elle fut reprise en son temps, à son compte et comme devise, par le philosophe allemand Emmanuel Kant (1724-1804), évoqué plus haut.
12. Concept du philosophe allemand Martin Heidegger (1889-1976), qu'on pourrait traduire, littéralement, par l'*Être-là.* Soit : l'existence humaine en tant que 'présence au monde' – hum, une forme d'existentialisme en plus sophistiqué... Heidegger cherche à distinguer la manière d'être spécifique de l'*être humain*, le *Dasein* étant cet *étant* paradoxal à qui son propre être certes importe, mais qui – confronté à la conscience de la mort – continue néanmoins de vivre en relation avec ses semblables. Enfermé dans une solitude lucide, il n'en reste pas moins « au monde », près « des choses de la vie ». Eeeuuh, *verstanden ?*
13. *International Times* : emblématique journal underground et pierre angulaire du Swinging London. Lancé le 15 octobre 1966 par l'éditeur Barry Miles – avec l'aide financière du Beatle Paul McCartney –, *IT* connut plusieurs for-

mules : de 1966 à 1972, de 1975 à 1982 puis de 1986 au mitan des années 90. Depuis 2011, il existe sous forme de webzine.

14. *It*, célèbre roman horrifique de Stephen King (1986). Il raconte l'histoire d'une bande d'adolescents au prise avec une créature maléfico-clownesque, qu'ils surnomment *Ça*. *Ça* comme entité métaphorique des peurs et des démons de l'enfance, *via* le mythe de Cthulhu (H. P. Lovecraft étant revendiqué par King comme une de ses principales influences).

15. « When the Music's Over » sur le deuxième album des Doors, *Strange Days* (1967).

16. Quoique, pour « *it* » aussi la connexion S.-F. tient, puisque Raël – avec un tréma s'il vous plaît – est le nom d'un gourou sectaire (Claude Vorilhon à l'état civil) qui commença à faire parler de lui, vers 1974 justement. Celui-ci prétend(ait) – la secte et son chef existent toujours – être en contact avec des entités supérieures venues de l'espace, des êtres, les Élohims, tirant leur nom du Élohim de la Genèse (*sobriquet*/avatar du Dieu d'Israël, Yahweh/Jéhovah)... (Sinon à part ça, aucun rapport avec notre sujet en général et la Science-Fiction en particulier, mais un certain Laurens Reael, 1583-1637, un temps gouverneur des Indes néerlandaises, a aussi existé ! – NdA.)

17. Et puisqu'on en est aux noms de pays, *IT* – prononcé à l'anglaise – c'est... Haïti ! Et Haïti, c'est le premier État noir des temps modernes (1804), donc *IT* comme symbole de tous les opprimés de la Terre – et par conséquent de Rael, lui-même d'origine porto-ricaine... CQFD, il fallait y penser *isn't it* ? (Euh, comment ça *délire interprétatif* ?!?)

18. Autrement dit : « à un(e) quelconque message/vérité final(e)».

19. Rajoutant au flou artistique, « *pretentious* » peut aussi être pris dans le sens de « prétentieux/vaniteux ». Auquel cas Gabriel – dans un clin d'œil malicieux – brouillerait encore le message, insistant ici sur le fait qu'il veut avant tout ne pas apparaître comme suffisant et arrogant. Libre donc à l'auditeur de déceler un hypothétique message, mais, surtout, si c'est le cas, qu'il ne le prenne pas (lui, Peter, en tant que narrateur) pour un donneur de leçons présomptueux.

4

Singing all the chants
Les lyrics

1: The Lamb Lies Down on Broadway *(4'48)*
(L'Agneau Gît sur Broadway)

And the lamb lies down on Broadway[1]
Et l'agneau gît sur Broadway

Early morning Manhattan,
Manhattan au petit matin,
Ocean winds blow on the land
Les vents marins soufflent sur les terres
The Movie-Palace is now undone
Le Ciné-Palace est fermé maintenant
The all-night watchmen have had their fun[2]
Les veilleurs de nuit ont pris leur pied
Sleeping cheaply on the midnight show
Dormant pour pas cher pendant les séances de nuit
It's the same old ending – time to go
Ça finit toujours de la même façon – faut partir

Get out !
Tirez-vous !
It seems they cannot leave their dream
On dirait qu'ils ne peuvent sortir de leurs rêves
There's something moving in the sidewalk steam,[3]
Quelque chose se meut sur le trottoir fumant,
And the lamb lies down on Broadway
Et l'agneau gît sur Broadway

Night-time's flyers feel their pains[4]
Les oiseaux de nuit comprennent leur douleur
Drugstore take down the chains[4]
Le drugstore défait ses chaînes
Metal motion comes in bursts,
Métal en mouvement éclatant sur le sol,
But the gas station can quench that thirst
Mais la station-service peut étancher cette soif-là
Suspension cracked on unmade road
Les suspensions ont morflé sur la route défoncée
The truckers eyes read "Overload"
Les yeux des routiers lisent "En surcharge"
And out of the subway
Quand tout à coup, sortant du métro
Rael Imperial Aerosol Kid[5]
Rael, Le Môme Empereur du Tag
Exits into daylight, spraygun hid,[5]
Sort à la lumière du jour, sa bombe planquée,
And the lamb lies down on Broadway
Et l'agneau gît sur Broadway

The lamb seems right out of place,
L'agneau ne semble pas être à sa place,
Yet the Broadway street scene finds a focus in its face[6]
Et pourtant la scène de rue de Broadway se fixe sur sa trogne
Somehow it's lying there
Le fait est qu'il gît là
Brings a stillness to the air
Répandant partout une atmosphère de calme

Though man-made light, at night is very bright,
Bien que toute lumière artificielle soit aveuglante de nuit,
There's no whitewash victim,[7]
C'n'est pas là une simple victime toute de blanc immaculé,
As the neon dim, to the coat of white[7]
Tandis que les néons faiblissent peu à peu, sur le manteau blanc
Rael Imperial Aerosol Kid
Rael, Môme Empereur du Tag[8]
Wipes his gun – he's forgotten what he did,[9]
Essuie son arme – il n'se souvient plus de c'qu'il a fait,
And the lamb lies down on Broadway
Et l'agneau gît sur Broadway

Suzanne tired, her work all done,[10]
Suzanne est fatiguée, son boulot terminé,
Thinks money – honey – be on – neon
Elle pense fric – mec – être sous... – neon[11]
Cabman's velvet glove sounds the horn[12]
Le chauffeur de taxi klaxonne, de sa main gantée de velours
And the sawdust king spits out his scorn[13]
Et le roi de la sciure crache tout son mépris
Wonder women you can draw your blind ![14]
Hé les belles gonzesses, baissez donc vos stores !
Don't look at me ! I'm not your kind
Ne m'regardez pas ! Je n'suis pas votre genre
I'm Rael !
J'suis juste moi, Rael !

Something inside me has just begun,[15]
Quelque chose en moi affleure,
Lord knows what I have done,[16]
Dieu seul sait ce que j'ai bien pu faire,
And the lamb lies down on Broadway
Et l'agneau gît sur Broadway
On Broadway
Sur Broadway

They say the lights are always bright on Broadway[17]
On dit que les lumières brillent toujours sur Broadway
They say there's always magic in the air[17]
On dit qu'il y a toujours de la magie qui flotte dans l'air

They say the lights are always bright on Broadway.[17]
On dit que les lumières brillent toujours sur Broadway.

1) Clin d'œil au LLDOE (« Let Light Descend On Earth *» / « Laissez la lumière descendre sur la Terre ») de la tradition hermétique ? L'auteure occultiste britannique Alice Bailey (1880-1949) en avait tiré un célèbre mantra dans son* Great Invocation *(1937), opération/rituel visant, pour le récitant, à s'imprégner de connaissance et de la lumière cosmique ! Gabriel ayant toujours été adepte de spiritualité et d'explorations des différents systèmes de croyance, on peut penser que la connexion fut consciente. Dans ce cas, le « monde/ Terre » aurait été réduit à la simple et prosaïque Broadway – cette artère qui traverse Manhattan en diagonale – et LLDOE transformé en LLDOB. Retour à une réalité un peu plus* terre-à-terre, *celle voulue par la toute nouvelle orientation du groupe.*
Tout de même, les références judéo-chrétiennes ayant toujours joué un rôle majeur dans la musique de Genesis (période Gabriel et même jusqu'à la fin des années 70), à commencer par le nom même du groupe, le Lamb *peut donc être considéré dans le contexte et à l'aune du Nouveau Testament et de la tradition chrétienne. Poussant la métaphore plus loin, nous pouvons supposer que Rael, à travers l'image agneline (celle-là même que développe William Blake dans son poème de 1789 :* The Lamb, *tiens donc...), est une figure christique. En d'autres termes, « L'agneau se couche sur Broadway », c'est un peu « Jésus-Christ meurt à New York » ou l'*agnus dei *« qui enlève le péché du monde » – eh oui !*
2) Jeu de mots : « veilleurs de nuit » ou « spectateurs (des films) des séances de nuit » – au choix.
3) « Steam », pour la vapeur caractéristique des bouches d'égout new-yorkaises – et allusion prémonitoire au futur morceau de Gabriel ? « Give me steam, And how you feel to make it real, Real as any place you've been, Get a life with the dreamer's dream *» / « Donnez-moi de la vapeur, Et c'que vous ressentez pour le rendre réel, Réel (Rael ?? – NdA) comme tout ce que vous avez jamais connu, Vivez du rêve du rêveur » (« Steam » sur l'album de 1992,* Us*)...*
*Quoi qu'il en soit, le symbolisme de la vapeur/*steam *illustre le monde dans lequel Rael va être transporté. La vapeur est l'impalpable et l'intangible. C'est l'étoffe entre la réalité et les rêves, là où la raison et la folie risquent d'entrer en collision.*

4) « Night time's flyers feel their pain *» : les toxicos souffrent au petit matin, en manque ou en pleine redescente de trip, tandis que le* drugstore *(triple acception : pharmacie, lieu convivial – bar, resto, etc. – et endroit où l'on peut trouver son dealer) ouvre ses portes («* Drugstore take down the chains *»).*
5) Ambiguïté voulue : Rael tient-il entre ses mains une simple bombe (à peinture) ou, carrément, un vrai pistolet : « (spray)gun *» ?*
6) « Focus *» : image parlante et typiquement cinématographique... Peter pensait-il dès le départ faire un film de TLLDOB ? (Quoi qu'il en soit, c'est bien ce qu'il tentera par la suite ; cf. ses projets avortés, en particulier ceux avec A. Jodorowsky et W. Friedkin.)*
7) « There's no whitewash victim / As the neon dim to the coat of white *» : la toison immaculée (*coat of white*) de l'agneau victime/*victim*... maculée de sang (*no whitewash*) ? Ou bien parle-t-on des murs blancs environnants, pas encore recouverts des inscriptions de Rael ?*
8) Ou alors, on pourrait tenter aussi : « Rael Petit Prince de la Bombe Aérosol » – au choix, faut voir...
9) « Wipes his gun *» : « Nettoie son pistolet » : Rael n'aurait-il pas en fait commis une agression sexuelle... ou le péché d'Onan ?! Ou encore : « Essuie son arme – il n's'rappelle plus de ce qu'il a fait (*he's forgotten what he did*) » – soit des connotations de mictions ; la peinture/graffiti serait alors pour Rael une façon de marquer son territoire, un peu comme les animaux le font avec leur urine ! !*
10) Possiblement une référence à la chanson « Suzanne » de Leonard Cohen (1966). Nonobstant la diction très cohenienne *de Peter dans ce passage, celle-ci parle d'éveil et de réalisation personnelle, avec un courant sous-jacent de références bibliques proche de la thématique de «The Lamb Lies Down... ». Hypothèse probable donc, étant donné l'admiration de toujours de Gabriel pour le chanteur canadien (voir sa reprise du morceau en question et de « Here it is » sur les albums hommages de 1995 et 2022,* Tower of Song : Songs of Leonard Cohen *et* Here it is : A Tribute to Leonard Cohen*).*
11) « Be on *» : « être défoncé / sous drogue », par opposition à «* be in *» : « être branché / dans le coup » ?*
12) Hypothèse : référence sibylline au pape américain du pop art *Andy Warhol (et à certaines anecdotes de sa vie). Warhol, hypocondriaque notoire, portait souvent des gants (*glove*) ; et arriva un jour à un raout/spectacle new-yorkais, au volant d'un taxi (*cabman*)... Il a aussi été très impliqué dans le concept du groupe de Lou Reed et John Cale : le... Velvet Underground – en particulier au moment de leur premier album (*Velvet Underground & Nico *– 1967).*
13, 15, 16) « Sawdust *» : « Sciure » : métaphore de la cocaïne ? Auquel cas, Rael est-il en train de faire une overdose et de s'en rendre compte («* Lord knows what I have done *») ou simplement en train de triper agréablement («* Something inside me has just begun *») ?*
14) « Wonder women *» : « Femmes superbes » – ou le pluriel de Wonder*

*Woman, la célèbre héroïne de bande dessinée américaine. Pour ce qui est de « *Draw your blind !* », deux alternatives : a) « Baissez vos stores ! » (les* won-der women *comme prosaïques commerçantes) ou b) invective/invitation grivoise aux mêmes : « Baissez vos jupes ! » – well pourquoi pas...*
17) Citation/référence au « On Broadway », classique soul des Drifters de 1963 – à un mot près (le neon lights *d'origine réduit à un simple* lights*).*

2: Fly on a Windshield *(2'46)*
(Mouche sur un Pare-Brise)

There's something solid forming in the air,
Quelque chose de solide prend forme dans l'air,
And the wall of death[1] is lowered in Times Square[2]
Et le mur de la mort est tombé sur Times Square
No one seems to care,[1]
Personne ne semble y faire attention,
They carry on as if nothing was there[1]
Chacun continue comme si de rien n'était
The wind is blowing harder now,
Le vent souffle de plus belle maintenant,
Blowing dust into my eyes,
M'inondant les yeux de poussière,
The dust settles on my skin,
La poussière s'agglutine sur ma peau,
Making a crust I cannot move in
Formant une croûte dont je ne peux me défaire
And I'm hovering like a fly, waiting for the windshield on the freeway.[3]
Et je plane, telle une mouche attendant le prochain pare-brise sur l'autoroute.

1) On pourrait supposer qu'après un trip – ayant flirté avec l'overdose ? –, Rael a fait une expérience de mort imminente... Et ainsi commencer à acquérir une certaine forme de connaissance philosophique, via *le vertige métaphysique du « wall of death » ? En tout cas, tout le monde semble rester indifférents à sa révélation (« *No one seems to care, they carry on as if nothing was there* ») ; pauvre Rael, ainsi doublement victime, de son sort et de ses semblables !*

2) Times Square *est ce quartier emblématique de Manhattan, et son centre névralgique. Il tient son nom de l'ancien siège du journal* New York Times, *entre la 42e rue et Broadway. Surnommé «* Crossroads of the world *», c'est l'un des endroits les plus célèbres et les plus animés au monde, à l'instar de Shibuya (Tokyo), des Champs-Élysées ou du Piccadilly Circus londonien.*
3) En fait d'expérience métaphysique, l'Imperial Aerosol Kid ne serait-il pas plutôt revenu au chaos existentiel d'avant – mouche en pleine désespérance qui n'attend plus qu'un pare-brise pour se crasher/suicider ? En attendant, il semble encore profiter des restes de son trip (« And I'm hovering / *Et je continue de planer »)... Mais il existe aussi une autre acception du verbe «* to hover *» : « hésiter, être indécis ». Auquel cas l'hypothèse 'toxicologique' tombe à l'eau et on a juste là affaire à un Rael irrésolu, voire aboulique.*

3: Broadway Melody of 1974[1] *(2'11)* *(Mélodie de Broadway de 1974)*

Echoes of the Broadway Everglades,[2]
Echos des Everglades de/sur Broadway,
With her mythical madonnas still walking in their shades : [3]
Ses mythiques madones défilant toujours, suivies de leurs ombres :
Lenny Bruce[4] declares a truce[5] and plays his other hand[6]
Lenny Bruce déclare une trêve et abat un autre de ses jeux
Marshall McLuhan[7], casual viewin', head buried in the sand
M. McLuhan, observateur occasionnel, s'enfouit la tête dans l'sable
Sirens on the rooftops wailing, but there's no ship sailing[8]
Sirènes se lamentant sur les toits, mais aucun navire n'est en vue
Groucho with his movies trailing, stands alone with his punchline failing[9]
Groucho, ses films à la traîne, se tient là, sa blague ayant fait un bide

Ku Klux Klan serve hot soul food and the band plays 'In the Mood',[10]
Le Ku Klux Klan distribue de la Soul Food bien chaude tandis que l'orchestre joue 'In the Mood'
The cheerleader waves her cyanide wand, there's a smell of peach blossom and bitter almond[11]
La pom-pom girl agite sa baguette cyanosée, senteur de fleur de pêcher et d'amande amère

Caryl Chessman[11] sniffs the air and leads the parade, he knows in a scent[11,12], you can bottle all you made
Caryl Chessman hume l'air et mène la parade, il sait que dans/avec un parfum on peut tout mettre en bouteille
There's Howard Hughes[13] in blue suede shoes[14], smiling at the majorettes smoking Winston cigarettes[13]
Voici Howard Hughes – chaussures en daim bleu –, souriant aux majorettes et fumant des cigarettes Winston

And as the song and dance begins, the children play at home
Et tandis que chant et danse commencent, les enfants jouent chez eux
With needles ; needles and pins.[15]
Avec des aiguilles ; des aiguilles et des épingles.

1) Broadway Melody Of… *: série de comédies musicales américaines qui s'étendirent sur plus de dix ans, de 1929 à 1940. Issue de la première mouture, la chanson a donné aussi son nom aux films suivants, qu'elle y soit reprise ou non ; le film de 1929 étant en tout cas le premier long métrage musical entièrement parlant (*Le Chanteur de Jazz *de 1927 comporte lui encore de nombreuses scènes muettes). Quoi qu'il en soit, parangon du cinéma joyeux et de divertissement – basé sur le principe de la revue –, ici Peter Gabriel transpose ironiquement la chanson à l'époque – 1974 – et à la trame sombre de son histoire.*
2) Référence au parc naturel des Everglades, zone humide et particulièrement sauvage de la Floride. Peter profiterait-il de la sémantique/phonétique du mot pour faire une allusion à un éventuel et lointain paradis perdu, celui d'avant la conquête du continent américain (« Ever glad *», littéralement : « Heureux à jamais ») ? Ou alors Broadway vu comme 'transposition' réelle des lointaines contrées floridiennes – saillie caustique et décalée d'un supposé édénique New York, mégalopole dans les faits bien plutôt 'infernale'.*
3) Nouvelle subtilité sémantique – et donc alternative de traduction : ces mythiques madones défilent – en quelque sorte – « doublement » : elles-mêmes et elles-mêmes dans leurs ombres (« in their shades *»). Comme si ces ombres pouvaient avoir une vie propre – rester immobiles par exemple – mais consentaient à suivre les madones « réelles ». (NB : alternative, « still » plutôt pour « tranquillement », et non pas « toujours/encore » ? Possible.)*
4) Leonard A. Schneider, dit Lenny Bruce (1925-1966), comédien-humoriste américain et icône culturelle des années 60. Son humour satirique entreprenait de détruire les frontières du bon goût de l'époque (Bruce fut l'un des premiers à « utiliser » insultes et grossièretés dans ses sketchs). Il débuta sa carrière

par des shows plutôt légers avant de trouver sa vocation : celle de mettre à l'index les inégalités de l'époque et percer à jour le rêve américain. Procès à répétition et séjours en prison ayant achevé de… l'achever, il mit fin à ses jours, couvert de dettes mais ayant ouvert la voie à un nouveau style d'humour, noir, caustique et engagé.

5) Jeu de mots « declares a truce/truth *» : « déclare une trêve / énonce une vérité »… et rime riche ! (*Bruce/Truce*)*

6) C.-à-d. : « dévoile un autre de ses plans ». Ou alors est-ce une allusion à une éventuelle passion de Bruce, comme joueur (de cartes) invétéré ?

*7) Sociologue canadien, Herbert Marshall McLuhan (1911-1980) s'intéressa aux techniques modernes de diffusion et à leur incidence sur la société. Figure médiatique des années 1960-70, il acquiert une renommée internationale grâce à ses travaux sur la communication de masse. Son analyse des médias, révolutionnaire pour l'époque, tournait en particulier sur l'idée que « le médium est le message » (*The medium is the message*), façonnant ainsi l'image d'une culture « accélérée » au point d'en être presque « jetable » – comme un vulgaire produit de consommation.*

La vision du sociologue est ici détournée/retournée contre lui-même, par un Gabriel oscillant entre sarcasme, malice et humour : McLuhan ne pratique plus que la politique de l'autruche (« Head buried in the sand *»), à l'image du type de société qu'il critique, et semble n'être devenu qu'un de ses quelconques et occasionnels observateurs («* Marshall McLuhan casual viewin' *»).*

*8) Référence voilée à l'*Odyssée *d'Homère et aux sirènes qui séduisaient les marins, afin que ceux-ci s'écrasent sur les rochers. Mais, constat désenchanté de la société américaine, même le recours à la mythologie ne mène plus à rien, car aucun navire ne navigue plus au large…*

9) Julius Henry Marx (1890-1977) dit Groucho (de l'anglais « to grouch » : « ronchonner »), acteur et (génial) humoriste américain. Accompagné de ses frères (Chico, Harpo et, dans une moindre mesure, Gummo et Zeppo), ils triomphèrent à Broadway sous le nom des Marx Brothers. Avec sa démarche de poulet – que reprendra plus tard John Cleese dans les Monty Python –, sa moustache dessinée à la cendre de bouchon brûlé, ses petites lunettes, mâchant continuellement un cigare, usant de nombreux calembours et autres contrepèteries, il est considéré comme un des maîtres de la répartie, de l'absurde et, partant, de l'humour moderne (son/leur chef-d'œuvre : La Soupe au Canard, *1933). Le vers «* With his movies trailing, stands alone with his punchline failing *» est une allusion aux gags-gimmicks récurrents – et tombant volontairement à l'eau – dans ses films. Ou bien, serait-ce une simple allusion au déclin de sa carrière, à partir des années 40-50 ?*

10) « Ku Klux Klan serve hot soul food *» / (littéralement:) « Le Ku Klux Klan sert la chaude nourriture de l'âme » : évocation-référence aux croix enflammées (*hot*) du KKK, la société secrète suprémaciste blanche fondée aux États-Unis, au lendemain de la guerre de Sécession. Et à la «* soul food *», cette nour-*

riture/cuisine associée aux familles noires du Sud, familles noires qui étaient bien évidemment les principales victimes du Klan. Autrement dit : l'horreur de l'Histoire américaine traitée sous un mode décalé et sarcastique. « And the band plays 'In the Mood' *» : « In the Mood » est ce célébrissime standard de jazz, créé et interprété par le Glen Miller Orchestra en 1939. Il s'ouvre sur un riff de saxo classique, samplé par les Beatles dans leur « All you Need is Love » – si si ! Avec son big band, Miller avait révolutionné le jazz, en lui apportant un nouveau son, le* swing. *On notera à nouveau la causticité gabrielienne, associant le KKK à un morceau pareil, joyeux et entraînant dans son style – mais aussi* décalé *par sa sémantique même («* In the mood *», soit littéralement : « De bonne humeur »).*

11) Caryl Chessman (1922-1960) est ce condamné américain qui fut reconnu coupable d'enlèvement, de vol et de viol. Il obtint huit sursis et passa douze années dans le couloir de la mort, son exécution étant sans cesse reportée. Menant une brillante bataille juridique depuis sa cellule, il apprit quatre langues et écrivit plusieurs livres pendant cette période, mettant à jour certaines failles du système judiciaire américain.

« The smell of peach blossom and bitter almond */ L'odeur de fleur de pêcher et d'amande amère » est caractéristique de celle du cyanure/*cyanide *(«* The cheerleader waves her cyanide wand *»), employé pour les exécutions dans les chambres à gaz américaines. Pour ce qui est de l'expression «* In a scent *» / « Dans un parfum », on a affaire à un jeu de mots phonétique typique de Peter («* In a scent *» / «* Innocent *»), Chessman ayant toujours déclaré qu'il n'était pas coupable des crimes qui lui étaient imputés. « Innocent, tu peux mettre en bouteille tout ce que tu as fait » signifierait donc que s'il réussissait à prouver son innocence, il pourrait mettre en bouteille – soit : laisser derrière lui – ses prétendus crimes. Et enfin être libre. Coupable ou pas, Chessman fut finalement gazé à la prison de San Quentin (Californie), le 2 mai 1960.*

12) Ou alors, autre traduction possible, moins littérale mais peut-être plus adéquate : « He knows in a scent *» : « Il pressent »... En tout cas, un vers plus que difficile à « déchiffrer ».*

*13) Howard Hughes (1905-1976) : célèbre homme d'affaires américain et touche-à-tout de génie. Excentrique notoire et aviateur fanatique (il battit la plupart des records mondiaux de vitesse aérienne entre 1935 et 1938), il fut aussi un producteur et réalisateur de films à succès (*Hell's Angels, Scarface*). S'étant un jour de 1946 crashé avec son avion, il se retira soudainement du monde, se contentant alors de diriger son empire financier depuis ses différentes chambres d'hôtel. Hypocondriaque notoire et obsédé jusqu'à la folie par la crainte des germes et autres microbes, il vécut alors les trente dernières années de sa vie dans l'isolement le plus complet. On ne sait si Winston était sa marque de cigarettes préférée – ni si Presley était son chanteur favori (voir note suivante) !*

14) Référence au « Roi du rock » et autre star américaine, Elvis Presley (1935-

1977) – et à son tube fifties : « Blue Suede Shoes » (originellement joué et composé par Carl Perkins en 1956). De la part de Gabriel, la juxtaposition et la mise sur le même plan de deux icônes culturelles aussi différentes est bien sûr une (nouvelle) manière de dérision.

15) « Needles and Pins » : chanson écrite par Jack Nitzsche et Sonny Bono et enregistrée pour la première fois par Jackie DeShannon, en 1963. Elle a été reprise l'année suivante par le groupe britannique The Searchers – peut-être est-ce sous cette version que Peter la découvrit alors. « To have pins and needles *», c'est aussi l'équivalent de notre expression « avoir des fourmis dans les bras/jambes »… Ou serait-ce encore une nouvelle allusion à la drogue – «* needle *» : « aiguille » ? En tout cas les deux options, sûrement* intentionnelles *de la part du chanteur, et la référence au morceau 60's sont pertinentes dans le contexte.*

4: Cuckoo Cocoon *(2'12)*
(Cocon du Coucou)

Wrapped up in some powdered wool – I guess I'm losing touch[1]
Enveloppé dans une espèce de laine poudrée – je crois bien que j'suis en train de perdre contact
Don't tell me this is dying, 'cos I ain't changed that much
Ne m'dites pas que c'est ça mourir, pass'que je n'ressens pas vraiment de changement
The only sound is water drops, I wonder where the hell I am,[2]
Le seul son qu'on puisse entendre est celui de gouttes d'eau, où diable puis-je bien me trouver,
Some kind of jam ?[3]
Dans une espèce de chaos ?
Cuckoo cocoon have I come too, too soon for you ?[4]
Cocon du coucou suis-je venu trop, trop tôt vers toi ?

There's nothing I can recognize ; this is nowhere that I've known
Il n'y a rien ici qui me rappelle quoi que ce soit ; cet endroit m'est complètement inconnu
With no sign of life at all, I guess that I'm alone,
Aucun signe de vie, je crois bien que je suis seul,

And I feel so secure that I know this can't be real but I feel good[1]
Et je m'sens tellement en sécurité que je vois bien que tout cela ne peut être réel, mais je m'sens bien
Cuckoo cocoon have I come too, too soon for you ?[4]
Cocon du coucou suis-je venu trop, trop tôt vers toi ?

I wonder if I'm a prisoner locked in some Brooklyn jail
Je m'demande si j'suis pas un prisonnier enfermé dans une quelconque geôle de Brooklyn
– or some sort of Jonah shut up inside the whale[5]
– ou quelque Jonas retenu à l'intérieur de la baleine
No – I'm still Rael and I'm stuck in some kind of cave, what could have saved me ?
Non – j'suis bien Rael et j'suis coincé dans une espèce de grotte, qu'est-ce donc qui aurait bien pu me sauver ?
Cuckoo cocoon have I come too, too soon for you ?[4]
Cocon du coucou suis-je venu trop, trop tôt vers toi ?

1) « Powdered wool *» : « laine poudrée », soit un type de laine particulier (d'aspect sec et au granité alterné, comme poudreux) et dont on fait certains types de pulls et de couvertures. La laine fait bien sûr référence à l'agneau qui nous occupe ici, mais la « poudre », c'est aussi une (nouvelle) évocation du monde de la drogue – en l'occurrence ici : des drogues dures (héroïne, cocaïne...). On comprend alors le sens de « Et je me sens tellement en sécurité que je vois bien que tout ça ne peut être réel, mais je me sens bien ». De fait, l'« effet » d'une couverture est bien réel alors que celui de la drogue ne dure pas...*
2) « Water drops *» : prémices des stalagmites/stalactites du titre à venir ?*
3) Différents sens du terme « jam *» : a) « confusion » ; b) « pétrin (être dans le) » ; c) « semence/sperme » (on serait donc là plutôt dans une triviale connotation grivoise, argotique en l'occurrence... Eeeeuuh, donc tropisme onaniste raelien ??) ; d) « confiture » (nouvelle allusion aux narcotiques, le cannabis étant à une époque consommé sous cette forme – cf.* The Hasheesh Eater *de Fitz H. Ludlow ou* Les Paradis Artificiels *de Baudelaire, et de ses compères du* Club des Haschischins *: Nerval, Flaubert, Delacroix, Balzac, T. Gautier).*
*4) Le refrain « ...*have I come too, too son for you ? *» : Rael semble comprendre qu'il n'est pas assez fort pour pouvoir expérimenter ce genre de substances, et qu'il risque de mourir avant l'heure – trop jeune, trop tôt («* too soon *»). Par ailleurs, on notera l'ambiguïté du premier «* too *» : «* too *» ça peut être « trop » mais également « aussi » (et, dans ce cas : « ... suis-je venu aussi, trop tôt vers toi » – comme bien d'autres avant lui ?).*

5) Référence au Jonas de la Bible, ce prophète qui fuyait la mission que lui avait assignée Yahweh/Dieu – et un temps enfermé dans une baleine (Jonas, pas Dieu !). Triple référence religieuse – judaïsme, islam et christianisme se sont réclamés du personnage –, Jonas est le prototype/parangon de celui qui a des fautes à racheter... Tout comme Rael peut-être, lequel sentirait alors que de tout ce qui lui arrive, il doit bien être un peu coupable/responsable.

5: <u>In the Cage</u> *(8'14)*
(Dans la Cage)

I got sunshine in my stomach[1]
Un soleil brille dans mon estomac
Like I just rocked my baby to sleep[2]
Comme si je venais de bercer ma dulcinée pour qu'elle s'endorme
I got sunshine in my stomach
Un soleil brille dans mon estomac
But I can't keep me from creeping sleep,
Mais je n'peux m'empêcher de sombrer dans le sommeil,
Sleep, deep in the deep
Dans un sommeil de plus en plus profond

Rockface moves to press my skin
La paroi rocheuse se met à bouger et compresse ma peau
White liquids turn sour within[3]
Des espèces de liquides blancs s'en écoulent, virant aigres
Turn fast – turn sour
S'écoulent à toute vitesse – virent aigres
Turn sweat – turn sour
Deviennent sueur – virent aigres
Must tell myself that I'm not here
Faut que j'me dise que je n'suis pas vraiment là
I'm drowning in a liquid fear
Je m'noie dans une peur liquide
Bottled in a strong compression,
Prisonnier d'une forte pression,
My distortion shows obsession[4]
Ma distorsion révèle une obsession

In the cave
Dans la grotte
Get me out of this cave !
Sortez-moi de cette caverne !

If I keep self-control,
Si j'arrive à garder mon sang-froid,
I'll be safe in my soul
Je resterai sain d'esprit[5]
And the childhood belief
Et les croyances d'antan
Brings a moment's relief,
M'apaisent pour un moment,
But my cynic soon returns
Mais mon cynisme reprend le dessus
And the lifeboat burns [6]
Et le canot de sauvetage brûle
My spirit just never learns [6]
Mon esprit n'apprend jamais rien

Stalactites, stalagmites
Stalactites, stalagmites
Shut me in, lock me tight
Qui m'enferment, m'emprisonnent
Lips are dry, throat is dry
Lèvres pâteuses, gorge sèche
Feel like burning, stomach churning,
J'ai l'impression d'brûler, estomac noué,
I'm dressed up in white costume
J'suis vêtu d'un costume blanc
Padding out left-over room[7]
M'agglutinant dans la pièce d'en haut à gauche
Body stretching, feel the wretching
Mon corps s'étire, je m'sens misérable
In the cage
Dans la cage
Get me out of the cage !
Sortez-moi de cette cage !

In the glare of a light,
Dans le halo d'une lumière
I see a strange kind of sight ;
J'ai une espèce d'étrange vision ;
Of cages joined to form a star
Celle de cages jointes entre elles pour former une étoile
Each person can't go very far ;
Chaque personne qui s'y trouve ne peut aller bien loin ;
All tied to their things[8]
Toutes sont liées à leurs affaires
They are netted by their strings,[8]
Elles sont retenues par leurs propres cordes,
Free to flutter in memories of their wasted wings[8]
Tout juste libres de flotter parmi les souvenirs de leurs ailes foutues

Outside the cage I see my brother John,[9]
Dehors je vois mon frère John,
He turns his head so slowly round
Il tourne la tête si lentement
I cry out "Help !" before he can be gone,
Je lui crie "Au secours !" avant qu'il ne s'en aille,
And he looks at me without a sound
Et il me regarde sans dire un mot
And I shout out "John please help me !"
Et je hurle "John aide-moi s'il te plaît !"
But he does not even want to try to speak
Mais il ne veut même pas esquisser la moindre parole
I'm helpless in my violent rage
Je suis désemparé, sous l'emprise d'une rage irrépressible
And a silent tear of blood dribbles down his cheek,[10]
Tandis qu'une larme de sang coule lentement sur sa joue,
And I watch him turn again and leave the cage[9]
Et que je le regarde se détourner puis quitter la cage
My little runaway ![11]
Mon p'tit fuyard !

In a trap, feel a strap
Piégé, je sens comme une sangle

Holding still, pinned for kill
Qui me retient, j'suis épinglé comme si on allait me tuer
Chances narrow that I'll make it,
Les chances de m'en sortir s'amenuisent,
In the cushioned straight-jacket
Engoncé dans la camisole rembourrée
Just like 22nd St,
Un peu comme l'autre jour sur la 22ème rue,
When they got me by my neck and feet
Quand ils m'ont attrapé par le cou et par les pieds
Pressure's building, can't take more
La pression monte, j'en peux plus
My headache's charged, earaches roar
Mal de crâne qui augmente, mes oreilles rugissent
In this pain
De cette douleur
Get me out of this pain !
Faites cesser cette douleur !

If I could change to liquid,
Si je pouvais devenir liquide,
I could fill the cracks up in the rock
Je pourrais passer par les fissures de la roche
But I know that I am solid
Mais je sais bien que je suis solide
And I am my own bad luck
Et c'est bien là mon malheur
Outside John disappears and my cage dissolves,
À l'extérieur John disparaît et ma cage se dissout,
And without any reason my body revolves
Et sans aucune raison mon corps se met à tourner

Keep on turning (5x)
Il n'arrête pas de tourner (5x)
Turning around just spinning around
Tourne et virevolte
Down, down, down...
Et tombe, tombe, tombe...

1) Image poético-ambiguë qui résume bien le sentiment ambivalent du drogué : impression de bien-être provoqué après la prise (dans le cas de l'héroïne, une sensation chaleureuse et confortable – « I've got sunshine… *» –, comme celui d'un... cocon), très vite remplacée par celle de douleur physique (et morale). Soit des maux de ventre («* …in my stomach *») et aussi ce malaise lié au manque qui revient après la descente, le tout associé à un sentiment de culpabilité. À noter que le Sunshine était déjà, en 1974, une autre appellation du LSD (California Sunshine, Yellow Sunshine, le Blue Sunshine du film éponyme de Jeff Lieberman de 1977, etc.)*
2) « Baby *», ici plutôt dans le sens de « chérie ». Quoique, on le verra par la suite – dans « Counting Out Time » –, notre héros parait novice dans le domaine de l'amour, en demande de découverte donc, bref plutôt encore en terrain... vierge. En tout cas, l'autre acception de «* baby *» – dans le sens de « bébé/petit enfant » – est elle à écarter, on ne voit en effet pas du tout l'Imperial Aerosol Kid déjà dans la peau d'un père de famille. Après tout, peut-être que Rael ne (se) berce que lui-même – d'illusions !*
3) Rael serait-il en plein rêve/cauchemar érotique ? Alors il faudrait voir les « white liquids *», comme une métaphore du... liquide séminal, lequel finirait par tourner à l'aigre(ur ?) («* turn sour *») : symptôme de dysphorie post-éjaculatoire ?* Ouch, help us *Dr. Sigmund !*
4) « Distortion *» peut être entendu dans le sens d'un simple « rictus facial » (redondance ! – NdE) ou dans celui de « déformation ». En d'autres termes, dans le deuxième cas, Rael semble conscient que ses visions relèvent autant de la prise de drogue que des fantasmes de sa psyché – laquelle révèle donc la pathologie de ses propres « obsessions ».*
5) Ou bien aussi : « Je pourrai sauver mon âme » – comme expérience mystico-religieuse mêlé à ses propres sentiments de culpabilité.
6) « Lifeboat *» : « canot de sauvetage » (on verra plus tard que Rael aura à se dépêtrer de tourbillons aquatiques dans « In the Rapids ») ou, littéralement, « Le Bateau de la vie ». En d'autres termes, dans ce deuxième cas, c'est la vie qu'a vécue Rael qui se révèle être un échec, et partant qui se trouve menacée (expérience de mort imminente ?), avec culpabilité à la clé («* my spirit just never learns *», autrement dit « mon esprit n'apprend jamais rien », ou mieux : « je n'ai rien appris de tout cela »).*
7) Ambiguïté poético-sibylline laissée à l'appréciation de l'auditeur : « Left-over room *» pour « La pièce au-dessus à gauche », ou bien alors « La pièce restante ».*
*8) Parabole/morale à base d'allitération gabrielienne (*thing/string*) : les gens ici sont prisonniers, physiquement et dans leur tête («* netted by their strings *»),*

du fait de leur lâcheté et de leurs dépendances aux bien matériels (« all tied to their things *»). Alors, ils n'ont plus que la liberté de pleurer leur... liberté perdue : «* free to flutter in memories of their wasted wings *».*
9) « Outside the cage I see my brother John (...) And I watch him turn again and leave the cage *» : John apparaît, aux yeux de Rael, en dehors de la cage – puis plus loin disparaît de celle-ci ! Incohérence du récit... Ou alors c'est Rael hors de la cage qui voit son frère prisonnier dès le départ, ce qui expliquerait que ce dernier puisse plus tard s'échapper de ladite cage. Oui, mais plus loin Rael parait lui-même déjà prisonnier d'icelle ! (« icelle », c'est pour ne pas avoir à répéter le mot « cage » et pour faire le pédant – NdA). Mouais, bon bref nous mettrons ce petit illogisme – après tout peut-être volontaire – sur le compte du chaos propre à l'action du récit.*
*10) Nouvelle référence religieuse : l'*Haemolacria *de la Vierge et du Christ dans la tradition biblico-chrétienne. John serait alors le sauveur/rédempteur de Rael puis, l'abandonnant, on assisterait alors à un* retournement *: Rael prenant à son tour une figure christique, et John celle de Judas... Ouch !*
11) « My little runaway*» : clin d'œil au n°1 de Del Shannon, « Runaway » (1961). Non retranscrit dans les* lyrics *de la pochette intérieure, on entend aussi à la fin un lointain «* Raindrops Keep Falling On My Head *». C'est une nouvelle référence musicale, à un autre hit de l'époque (la chanson éponyme de Hal David et Burt Bacharach, enregistrée en 1969 pour le film de George R. Hill,* Butch Cassidy and the Sundance Kid*)... Alors, le frérot de Rael comme vulgaire cow-boy perdu dans une dystopie imaginaire ?? (Eeeuuh sorry again, mais redondance encore là, non ? – NdE.)*

6: The Grand Parade of Lifeless Packaging *(2'45)* *(La Grande Parade de l'Emballage-Sans-Vie)*

"It's the last great adventure left to mankind"[1]
"C'est la dernière grande aventure qu'il reste au genre humain"
– Screams a drooping lady,[2]
– Crie soudain une dame qui était en train de se morfondre
Offering her dreamdolls at less than extortionate prices,[3]
Offrant ses poupées de rêve à un prix un p'tit peu moins qu'exorbitant
And as the notes and coins are taken out[4]
Et tandis que billets et pièces de monnaie sont récoltés
I'm taken in, to the factory floor[5]
J'suis amené à l'étage, là où se trouve l'usine

For the Grand Parade of Lifeless Packaging
Pour la Grande Parade de l'Emballage-Sans-Vie
– All ready to use
– Prêt à l'emploi
The Grand Parade of Lifeless Packaging
La Grande Parade de l'Emballage-Sans-Vie
– I just need a fuse
– J'ai juste besoin d'un fusible

Got people stocked in every shade,
Y'a des gens stockés dans chaque coin d'ombre,
You must be doing well with trade[6]
T'as intérêt à te montrer efficace en affaires
Stamped, addressed, in odd fatality[6]
Tamponnés, adresses renseignées, quelle étrange fatalité
That evens out their personality
Celle qui uniformise leur personnalité
With profit potential marked by a sign,[6]
Un signe différent pour chaque potentiel de vente,
I can recognize some of the production line,[6]
Je peux en reconnaître certains qui bossent à l'atelier de production,
No bite at all in labour bondage,[7]
Pas de révolte dans ce travail d'esclaves,
Just wrinkled wrappers or human bandage[7]
Juste des espèces d'emballages froissés, ou des pansements humains

Grand Parade of Lifeless Packaging
Grande Parade de l'Emballage-Sans-Vie
– All ready to use
– Prêt a l'emploi
It's the Grand Parade of Lifeless Packaging
C'est la Grande Parade de l'Emballage-Sans-Vie
– I just need a fuse
– J'ai juste besoin d'un fusible

The hall runs like clockwork[8a]
La salle entière fonctionne comme une horloge

Their hands mark out the time,[8b]
Leurs mains battent la mesure,
Empty in their fullness
Vides qu'ils sont de/dans leur trop-plein
Like a frozen pantomime
Tels des pantomimes congelées
Everyone's a sales representative[7]
Tous sont des représentants commerciaux
Wearing slogans in their shrine[7]
Brandissant des slogans depuis leur tombeau
Dishing out failsafe superlative,
Distribuant à tout va de rassurants superlatifs,
Brother John is No. 9[9]
Mon frère John est le No. 9

The Grand Parade of Lifeless Packaging
La Grande Parade de l'Emballage-Sans-Vie
– Ready to use
– Prêt a l'emploi
It's the Grand Parade of Lifeless Packaging
C'est la Grande Parade de l'Emballage-Sans-Vie
– I just need a fuse
– J'ai juste besoin d'un fusible

And the decor on the ceiling
Et le décor du plafond
Planned out their future day
A déjà programmé leurs jours à venir
I see no sign of freewill, so I guess I have to pay,
Ici aucune trace de libre arbitre, je suppose donc que je vais devoir payer
Pay my way,
Payer à mon tour,
For the Grand Parade
Pour la Grande Parade
Grand Parade
Grande Parade

Oh, the Grand Parade
Oh, la Grande Parade

Yes, the Grand Parade of Lifeless Packaging
Oui, la Grande Parade de l'Emballage-Sans-Vie
– All ready to use
– Prêt a l'emploi
The Grand Parade of Lifeless Packaging
La Grande Parade de l'Emballage-Sans-Vie
– Just need a fuse
– Juste besoin d'un fusible
Grand Parade
Grande Parade
Grand Parade…
Grande Parade…

1) « It's the last great adventure left to mankind *». La mort étant décrite par de nombreux poètes comme « la dernière aventure humaine », on notera l'ironie gabrielienne qui établit un parallèle entre celle-ci et la vie que mènent les zombies de la chanson. Celle de morts-vivants – vivant déjà leur mort à venir et morts à leur vie.*
2) « Drooping *» : « qui se languit », ou alors dans le sens « abattue/démoralisée ». Flou artistique bienvenu, la «* lady *» essayant de présenter avantageusement l'entreprise dans laquelle elle-même, peut-être, se sent prisonnière.*
3) « Dreamdoll *» : mot à mot « poupée de rêve (rêveuse ?) », peut-être une métaphore de « prostituée » – autrement dit la* factory *comme vulgaire maison de passe ?? Autre hypothèse : et pourquoi pas plutôt « poupée Barbie », allégorie tendant à souligner le côté factice de la vie des employés de l'usine (ou alors est-ce justement un des produits fabriqués/vendus par l'entreprise ? Possible aussi, en tout cas pas illogique, la* Barbie doll *ayant été créée quinze ans plus tôt, en 1959). Troisième hypothèse, assez probable : Gabriel utilise le terme sans aucun sous-entendu particulier, juste pour sa sonorité et parce qu'il lui est passé par la tête, au (bon) moment voulu.*
4) Exemple d'utilisation langagière – volontairement ? – déplacée : Genesis et Peter trébuchent sur leur héritage linguistique anglais, qu'ils essayent d'intégrer à la trame foncièrement américaine de The Lamb. *En effet, comment donc Rael, petit punk new-yorkais, pourrait-il qualifier l'argent de ce «* notes and coins *», des termes typiquement britanniques ? Rael utiliserait plutôt des mots comme dollars, billets voire même pesos (les origines hispaniques du héros).*
5) « Taken in *», c'est bien sûr « être emmené » mais aussi « être séduit/attiré naïvement dans quelque chose » ; Rael apparaissant peut-être alors comme*

une espèce de victime consentante. On notera l'astucieux jeu de mots « taken in/out *», chacun apportant une double acception (pour le «* taken out *» de la strophe précédente : « sorti » ou « récolté » – comme on récolte de l'argent).*
6) Dans Pour Comprendre les Médias *– de Marshall McLuhan – apparaît la citation suivante : "(...) un établissement où l'information est rare mais ordonnée et structurée par des modèles, des sujets et des horaires fragmentés et classifiés. C'est naturellement un environnement qui ressemble à n'importe quelle usine avec ses inventaires et ses assemblages ». Les parallèles avec ce « Grand Parade » sont donc plus qu'évidents, ceci d'autant plus que le sociologue canadien est déjà cité, un peu plus tôt dans l'histoire (voir « Broadway Melody of 1974 »).*
7) L'emballage (« bandage *») – activité à laquelle sont aussi astreints les commerciaux/*sales representatives *– est vue comme un esclavage,* via *les rapports sadomasochistes («* bondage *») patrons-employés. («* Shrine *» : « tombeau » ou « temple », les deux termes convenant bien aux lâches employés de la* factory.*)*
8) Clin d'œil hommage : a) aux Temps Modernes *de Chaplin (1936) – «* The hall runs like clockwork *» – et peut-être b) au* Safety at Last *d'Harold Lloyd (*Monte là-dessus *en français, 1923). Dans ce film, le héros se retrouve en effet suspendu aux deux aiguilles d'une horloge, indiquant ainsi lui-même l'heure (donc, autre possibilité de traduction : « leurs mains/bras marquent l'heure »). En tout cas, de fait la déshumanisante «* production line *» est ici traitée sous un mode grotesque et burlesque, à l'image du style des deux cinéastes américains.*
9) Allusion crypto-sibylline à John Lennon, héros de toujours de Peter ? Ceci d'autant plus qu'un certain « Revolution n° 9 », variation psychédélique sur le « Revolution » composé par Lennon, est bien un morceau des Beatles (on les trouve tous les deux sur le White Album *de 1968). On peut bien sûr aussi y voir un nouveau clin d'œil mystico-chrétien de la part de Gabriel : «* Brother *(frère) John » comme membre d'une quelconque congrégation religieuse. Ou alors à une « transposition » de Rael en Steve Hackett – dont le frère, musicien lui aussi dans la « vraie vie », s'appelle... John. (Mmmouais, faut voir – NdE.)*

7: Back in N.Y.C. *(5'34)*
(Retour à N.Y.C.)

I see faces and traces of home back in New York City
Perceptions et souvenirs de visages familiers, retour à New York City

So you think I'm a tough kid ? Is that what you heard ?
Alors comme ça vous pensez que j'suis un p'tit dur ? C'est bien ça c'qu'on dit ?

Well I like to see some action and it gets into my blood
Eh bien en effet, j'aime ça quand y'a d'l'action, j'ai ça dans le sang
They call me the trailblazer – Rael – electric razor[1]
On m'appelle le pionnier – Rael – rasoir électrique
I'm a pitcher in the chain gang, we don't believe in pain[2]
J'suis le lanceur de l'équipe des prisonniers, ici on n'croit pas en la souffrance
cos' we're only as strong, 'cos we're only as strong, as the weakest link in the chain[3]
Pass'que nous sommes tout aussi forts, pass'que nous sommes tout aussi forts, que le plus faible maillon de la chaîne
Let me out of Pontiac when I was just seventeen,[4]
On m'a libéré de Pontiac alors que j'avais tout juste dix-sept ans,
I had to get it out of me, if you know what I mean, what I mean[5]
Je devais faire sortir ça de moi, si vous voyez c'que j'veux dire, c'que j'veux dire

You say I must be crazy, 'cos I don't care who I hit, who I hit
Vous vous dites que j'dois être cinglé, pass'que j'me fous de tous ceux que j'cogne, que j'cogne
But I know it's me that's hittin' out, and I'm, I'm not full of shit
Mais je l'sais bien que je fais du mal, et pourtant je n'suis pas, je n'suis pas qu'une petite merde
I don't care who I hurt, I don't care who I do wrong
Je m'fous de celui que je fais souffrir, je m'fous de celui à qui je fais du mal
This is your mess I'm stuck in, I really don't belong[5]
C'est dans votre merdier que j'suis coincé, c'est votre problème
When I take out my bottle, filled up high with gasoline,[5]
Quand je me saisis de ma bouteille, remplie d'essence à ras bord,
You can tell by the night fires where Rael has been, has been [5]
Vous pouvez vous douter, d'après les incendies de la nuit, où Rael a été, a été

As I cuddled the porcupine[6]
Alors que je cajolais mon porc-épic
He said I had none to blame, but me[6]
Il me dit que je ne devais m'en prendre qu'à moi-même

Held my heart, deep in hair,[6]
Agrippa mon cœur, par les poils,
Time to shave, shave it off, it off[6]
Il est temps de le raser, de le raser entièrement, entièrement

No time for romantic escape,[6]
C'est pas le moment pour une escapade romantique,
When your fluffy heart is ready for rape, no ![6]
Quand ton cœur duveteux est prêt pour le viol, non !
No time for romantic escape,[6]
Pas le moment pour une escapade romantique,
When your fluffy heart is ready for (r)ape, no ![6]
Quand ton cœur duveteux est prêt pour le singe, non !
Off we go ![6]
Allons-y !

You're sitting in your comfort you don't believe I'm real,[7]
Vous êtes bien installés dans votre petit confort, pensant que je n'suis pas réel,
You cannot buy protection from the way that I feel[7]
Vous ne pouvez vous protéger de ce que je ressens
Your progressive hypocrites hand out their trash,[7]
Vos hypocrites progressistes distribuent leur merde,
But it was mine in the first place, so I'll burn it to ash
Mais j'étais là le premier, donc je m'en vais cramer tout ça
And I've tasted all the strongest meats,
Et j'ai goûté aux viandes les plus corsées,
And laid them down in coloured sheets
Et les ai découpées en tranches colorées
Laid them down in coloured sheets
Découpées en tranches colorées
Who needs illusion of love and affection
Qui a besoin de ces chimères que sont l'amour et l'affection
When you're out walking in the streets with your mainline connection ?[8]
Quand tu marches dans les rues avec ton pote le dealer ?
Connection
Dealer

As I cuddled the porcupine[6]
Alors que je cajolais mon porc-épic
He said I had none to blame, but me[6]
Il me dit que je ne devais m'en prendre qu'à moi-même
Held my heart, deep in hair,[6]
Agrippa mon cœur, par les poils,
Time to shave, shave it off, it off[6]
Il est temps de le raser, de le raser entièrement, entièrement

No time for romantic escape[6]
Pas le moment pour une escapade romantique,
When your fluffy heart is ready for rape, no ![6]
Quand ton cœur duveteux est prêt pour le viol, non !
... No time.[6]
... Pas le moment.

1) Une des stances les plus bizarres du chanteur : « traiblazer *», pour «* trail *» (« piste ») et «* blazer *» (« veste ») ? Soit, donc, «* trailblazer *» comme « pionnier/scout »... Rael, un scout ?? Bref, voilà une référence clairement ironique et décalée, étant donné le statut pratiquement d'asocial de notre héros. Quant à l'«* electric razor *», serait-ce une allusion au rasage auquel il va être obligé de s'adonner ici, et un peu plus tard, dans la chanson à venir ? Mystère.*
2) Allusion au base-ball (« pitcher *» : « lanceur ») et aux (anciens) prisonniers des pénitenciers américains («* chain gang *», les détenus étant attachés l'un à l'autre par une chaîne, pour prévenir les évasions). Rael se (re)présente donc ici comme le chef/*pitcher *de son gang new-yorkais, tous passés par la case prison. D'autre part – référence strictement musicale celle-là –, « Chain Gang » est un classique* soul *du chanteur américain Sam Cooke (1960), la musique noire américaine des sixties étant on le sait une des influences principales de Gabriel.*
3) Subtil jeu de mots sémantico-allusif entre le « chain link*/maillon de la chaîne » et le «* chain gang*/gang enchaîné » de la strophe précédente.*
4) « Pontiac » : voir les remarques sur cette référence légèrement inopportune *(pp. 75-76).*
*5) Alibi pseudo-artistique de tous ses tags et profanations murales, l'*Imperial Aerosol Kid *cacherait-il en fait un vulgaire délinquant pyromane au bord de l'amok ? Et qui en plus cherche des excuses à sa conduite inqualifiable («* I had to get it out of me if you know what I mean *», «* This is your mess I'm stuck in *»)... Syndrome victimaire, quel voyou irresponsable ce Rael !*

*6) Interlude – à forte connotation sexuelle – traité sous un mode dramatico-drolatique : Rael en pleine séance d'attouchements (« Comme je cajolais mon porc-épic ») est pris sur le fait – par sa propre conscience culpabilisante ? – et contraint de renoncer à ses pratiques solitaires. La punition pour ses fautes sera donc le rasage de son cœur-sexe (« *Time to shave it off ! *»), châtiment qui va dégénérer en une séance de viol (« *rape *») – et qui plus est par un singe (« *ape *» – pas littéralement retranscrit sur les paroles de la pochette, mais désolé c'est un peu ce qu'on entend dans la deuxième strophe répétée : « *When your fluffy heart is ready for rape/ape *»)... Le tout est souligné par un ambigu « Allons-y ! », qui semblerait sous-entendre, peut-être, une forme d'acquiescement de la part de Rael. (Ouh la, ben, dis-donc ! – NdE.)*
7) Rael en pleine paranoïa, révolté sardonique qui flingue à tout va : c'est la faute à la société !!! On trouve dans ce passage une nouvelle petite erreur sémantique, *de la part de Gabriel. Voyons voir, les « hypocrites progressistes » sont ces libéraux qui parlent d'aider les personnes privées de leurs droits mais qui ne soutiennent jamais leurs discours par des actions concrètes (Cf.* Radical Chic & Mau-Mauing the Flack Catchers, *l'essai de 1970 du journaliste écrivain Tom Wolfe). Or, l'utilisation du terme britannique «* progressist *», équivalent du «* liberal *» américain, est un exemple de contexte culturel typiquement anglais replacé dans une histoire new-yorkaise –* déplacé *donc, à plus forte raison quand le héros a des origines porto-ricaines... Oups, sorry, Pete !*
8) Nouvelle référence aux stupéfiants (le terme anglo-américain connection *est souvent utilisé pour désigner le revendeur habituel d'un 'consommateur').*

8: Hairless Heart (Instrumental) *(2'21)*
(Cœur Glabre)

9: Counting Out Time *(3'42)*
(Décomptant le Temps)

I'm counting out time,[1]
Je décompte le temps,
Got the whole thing down by numbers
Tout est là, expliqué et identifié
All those numbers !
Tous ces chiffres !
Give me guidance !
Guidez-moi !

O Lord I need that now
Oh ! Seigneur, j'en ai besoin maintenant
The day of judgement's come,[2]
Le jour du jugement est arrivé,
And you can bet that I've been resting, for this testing,
Et tu peux être sûr que j'me suis préparé, en vue de cette épreuve,
Digesting every word the experts say
Digérant chaque mot que disent les experts

Erogenous zones I love you
Zones érogènes je vous aime
Without you, what would a poor boy do ?[3]
Sans vous, que pourrait bien faire un pauv' p'tit gars ?

Found a girl I wanted to date,
J'ai rencontré une nana avec qui je voulais sortir,
Thought I'd better get it straight
Ai pensé qu'il valait mieux que j'assure
Went to buy a book before it's too late
Suis allé acheter un livre avant qu'il ne soit trop tard
Don't leave nothing to fate
Surtout ne rien laisser au hasard
I've studied every line, every page in the book,
J'ai étudié chaque ligne de chaque page du livre,
But now I've got the real thing here, I'm gonna take a look,
take a look[4]
Mais maintenant que j'ai c'qu'y faut, j'vais voir c'qu'il en est,
c'qu'il en est
This is it Rael !
On y est Rael !

I'm counting out time, hoping it goes like I planned it,
Je décompte le temps, espérant que tout s'passera comme
j'l'ai prévu,
'cos I understand it, look ! I've found the hotspots, Figures 1-9[5]
Pass'que j'ai pigé, regarde ! J'ai trouvé les points chauds,
Photos 1 à 9

– Still counting out time, I've got my finger on the button,[6]
– J'continue à décompter le temps, j'ai mon doigt sur le bouton,
"Don't say nuthin' – just lie there still now[6]
"N'dis rien – allonge-toi juste là
And I'll get you turned on just fine"[6]
Et tu vas voir, je saurais t'exciter comme il faut"

Erogenous zones I love you
Zones érogènes, je vous aime
Without you, what would a poor boy do ?[3]
Sans vous, que pourrait bien faire un pauv' p'tit gars ?

Touch and go with 1-6[7]
Situation critique de 1 à 6
Bit of trouble in zone No. 7
Petit problème avec la zone No. 7
Gotta remember all my tricks
Faut qu'j'me rappelle de toutes mes p'tites astuces
There's heaven ahead in No. 11 ![8]
Le paradis approche au No. 11 !
Getting crucial responses with dilation of the pupils[9]
J'obtiens des réactions cruciales, avec dilatation des pupilles
"Honey get hip ! It' s time to unzip, to unzip zip, zip-a-zip, zip-a-zip"
"Chéri, branche-toi ! C'est le moment de s'désaper, de s'désaper, désap'-désap', désap'-désaper"
Whippee !
Youpiii !

– Move over Casanova !
– Allez, bouge-toi Casanova !

I'm counting out time, reaction none too happy,[10]
Je décompte le temps, tiens voilà une réaction, mais pas vraiment de contentement,
Please don't slap me,[10]
S'il te plaît ne me gifle pas,

I'm a red-blooded male and the book said I could not fail[10]
J'suis un mâle au sang chaud et l'bouquin certifiait que je ne pouvais pas échouer
I'm counting out time, I got unexpected distress from my mistress,[10]
Je décompte le temps, détresse inattendue sur le visage de ma maîtresse,
I'll get my money back from the bookstore right away[10]
Je vais de ce pas à la librairie me faire rembourser

Erogenous zones I question you
Zones érogènes je vous le demande
Without you, what would a poor boy do ? (2X)[3]
Sans vous, que pourrait bien faire un pauv' p'tit gars ? (2X)
Without you, mankind handkinds thru' the blues.
Sans vous, l'espèce humaine ne ferait que stagner dans son spleen.

1) « Je compte » – ou mieux « je décompte » – le temps qui le (Rael) sépare de son rendez-vous amoureux.
2) Pointe eschatologico-religieuse : le sexe comme métaphore de rédemption ?
3) Clin d'œil au morceau des Rolling Stones de '68, « Street Fighting Man » : « But what a poor boy can do / Except to sing for a rock'n'roll band ». *Dans le classique de Jagger/Richards, le héros semble lui se tourner vers la musique et la révolution, plutôt que vers les zones érogènes...*
4) Ou alors : « me rincer l'œil ». Rael paraît donc prendre autant de plaisir dans la vision des photographies, que de se préparer pour l'épreuve à venir !
5) « J'ai trouvé les points chauds, Figs 1 à 9 ». Le bouquin que consulte Rael est bien évidemment un manuel d'éducation sexuelle (voir note 1, p. 82), aux illustrations autant suggestives que didactiques.
6) Double sens de « button *» comme 1) « déclencheur » (avant le décompte final pour le rendez-vous à venir... qui est en fait déjà lancé). Et 2)... « organe érectile de l'appareil génital féminin » – cf. les strophes vantardes suivantes de Rael : « N'dis rien, allonge-toi juste là / Et tu verras, j'saurais t'exciter comme il faut » (à moins que ce ne soit sa partenaire qui lui dise ça à lui, bref...).*
7) « Touch-an-go *» : expression typiquement britannique désignant une situation/évènement ardemment désiré(e), mais grandement incertain(e). Les figures 1 à 6 du manuel d'éducation sexuelle sont probablement plus que 'sophistiquées' aux yeux de l'impétrant Rael !*
8) « Le paradis approche au No. 11 » : en numérologie, le 11 est considéré comme l'un des nombres maîtres, associé à la spiritualité, la foi et l'idéalisme. Cependant, d'après l'écrivain québécois Victor-Lévy Beaulieu, c'est aussi « le

*signe de l'excès, de la démesure, du débordement et le symbole de la lutte intérieure, de l'égarement et du péché humain » (*in La Jument de la Nuit*). Ceci dit le roman date de 1995, soit plus de vingt ans après la sortie de* The Lamb, *donc on ne voit pas comment Peter et les autres auraient pu s'y référer.*
9) Encore une allusion égrillarde : « dilatation des pupilles » – comme au moment de l'abandon orgasmique ? Lequel orgasme serait donc la réponse à toutes les questions que notre héros se pose (« getting crucial responses *») ? Et, l'autre nom de la jouissance sexuelle étant la « petite mort », doit-on comprendre que la mort (la vraie) est certes la solution/réponse finale à toutes les questions, mais qu'il faut savoir se résigner à son « substitut terrestre », et partant à la vie elle-même (la mort « volontaire » étant de fait taboue et interdite) ?? Well, well, zat iz ze question.*
10) Retour à la réalité, et ce final désastreux : malgré une dernière vantardise (« J'suis un mâle au sang chaud »), Rael constate son fiasco (« Réaction mais pas de contentement », « Détresse inattendue sur le visage de ma maîtresse »), puis supplie sa partenaire (« S'il te plaît ne me gifle pas ! ») et se sauve, la... queue entre les jambes (« Le bouquin certifiait que je ne pouvais pas échouer ! », « Je vais de ce pas à la librairie me faire rembourser »). Ou The Lamb *comme chef-d'œuvre comico-picaresque...*

10: Carpet Crawl[1] *(5'14)*
(Reptation sur le Tapis)

There is lambswool under my naked feet[2]
Laine d'agneau sous mes pieds nus
The wool is soft and warm,
La laine est douce et tiède,
– gives off some kind of heat
– elle me procure une espèce de chaleur
A salamander scurries into flame to be destroyed[3]
Une salamandre se précipite d'elle-même dans les flammes,
Imaginary creatures are trapped in birth on celluloid[4]
Des créatures imaginaires sont piégées sur celluloïd dès leur naissance

The fleas cling to the golden fleece,[5]
Les puces se cramponnent à la toison dorée,
Hoping they'll find peace [5]
Espérant trouver la paix

Each thought and gesture are caught in celluloid[4]
Toutes pensées et gestes sont capturés sur celluloïd
There's no hiding in my memory
Pas moyen d'me réfugier dans mes souvenirs
There's no room to void[6]
Pas de place pour le vide

The crawlers[7] cover the floor in the red ochre corridor[8]
Les rampants recouvrent le sol de ce corridor rouge ocre
For my second sight of people, they've more lifeblood than before[8]
C'est la deuxième fois que je les vois, et ils ont l'air bien plus vivants qu'avant
They're moving in time to a heavy wooden door,
Ils avancent en rythme, en direction d'une massive porte en bois,
Where the needle's eye is winking, closing in on the poor[9]
Là où le chas de l'aiguille cligne, se refermant sur les pauvres

The carpet crawlers heed their callers : [10, 11]
Les carpettes écoutent ceux qui les appellent :
"We've got to get in to get out" (3x)[11]
"Nous devons y entrer pour pouvoir en sortir" (3x)

There's only one direction in the faces that I see ;
Les visages que je vois tendent tous vers la même direction ;
It's upward to the ceiling, where the chamber's said to be
C'est là-haut en direction du plafond, là où l'on dit que se trouve la chambre
Like the forest fight for sunlight, that takes root in every tree[12]
Comme la forêt qui se bat pour être baignée de soleil, sa lumière s'enracinant en chaque arbre
They are pulled up by the magnet, believing they're free[12]
Ils sont attirés vers le haut par l'aimant, croyant être libres

The carpet crawlers heed their callers :[10, 11]
Les carpettes écoutent ceux qui les appellent :
"We've got to get in to get out" (3x)[11]
"Nous devons y entrer pour pouvoir en sortir" (3x)

Mild mannered supermen are held in kryptonite,[13]
Des surhommes[13] aux manières suaves sont piégés dans la kryptonite,
And the wise and foolish virgins giggle with their bodies glowing bright[14]
Et les vierges – sages et folles à la fois – pouffent de rire, leurs corps étincelant
Through a door a harvest feast is lit by candlelight ;[15]
Au travers d'une porte voici une fête des vendanges, éclairée de bougies ;
It's the bottom of a staircase that spirals out of sight
Aux premières marches d'un escalier en colimaçon, qui tourne à n'en plus finir

The carpet crawlers heed their callers :[10, 11]
Les carpettes écoutent ceux qui les appellent :
"We've got to get in to get out" (3x)[11]
"Nous devons y entrer pour pouvoir en sortir" (3x)

The porcelain mannikin with shattered skin fears attack
Le mannequin de porcelaine à la peau craquelée craint une attaque
The eager pack lift up their pitchers – they carry all they lack[16]
La meute impatiente soulève ses lanceurs – ils portent sur eux tout ce qui lui/leur manque
The liquid has congealed, which has seeped out through the crack,[16]
Le liquide a congelé, après avoir suinté de la fissure,
And the tickler takes his stickleback[17]
Et le chatouilleur prend son épinoche

The carpet crawlers heed their callers : [10, 11]
Les carpettes écoutent ceux qui les appellent :
"We've got to get in to get out." (3x)[11]
"Nous devons y entrer pour pouvoir en sortir." (3x)

1) Angoissante question : pourquoi donc presque toutes les versions publiées de ce morceau ont un nom différent ? « Carpet Crawl » aux versos des LP's et CD's d'origine française, mais « The Carpet Crawlers » pour la retranscription des paroles – votre serviteur est là pour en témoigner – ; « The Carpet Crawlers » pour les LP's britannique et américain, tandis que maintes réédi-

tions mentionnent « Carpet Crawlers » ; et sur le CD américain du live de 77 Seconds Out, *on signale « The Carpet Crawl » (alors que pour celui d'origine, anglais, c'était « The Carpet Crawlers »)... Well, aucune explication n'a jamais été donnée à ce sujet – on penchera donc pour des erreurs typographiques, mais à ce point-là ça ressemble plutôt à un complot !*

2) Surgi du premier morceau, une des rares occurrences du Lamb *originel qu'on puisse retrouver dans l'album. Dans le monde chimérique qu'il s'apprête à pénétrer, le pauvre agneau sacrifié sur Broadway servirait-il donc de tapis... blanc, pour l'entrée du héros ?*

3) La salamandre dont on parle ici n'a rien à voir avec l'animal commun, un petit batracien style gecko au mucus corrosif. Celui dont parle Genesis est bien sûr la créature mythologique, mentionnée pour la première fois par Aristote, au IVème siècle avant notre ère. Son attribut principal était en fait sa capacité à se « baigner » dans le feu et l'éteindre – insensible à ses effets. Créature aux vertus/propriétés contradictoires, on la disait aussi capable d'empoisonner l'eau des puits et les fruits des arbres par son seul contact (Pline l'Ancien, Histoire Naturelle*), tout en symbolisant à un autre niveau la foi qui ne peut être détruite. Icône alchimique et héraldique des bestiaires médiévaux, Paracelse en faisait en tout cas l'esprit élémentaire du feu – sous l'apparence d'une belle jeune femme vivant dans les brasiers. Gabriel jouerait-il ici de cette nouvelle «* imaginary creature *» – d'autres sont évoquées dans la strophe suivante – en lui attribuant des propriétés contraires à la légende ? (Ici l'animal mythique se jette dans les flammes pour mourir.) Ceci dit, il se disait aussi que l'animal résistait bien au feu, mais seulement jusqu'à ce que celui-ci (le feu) s'éteigne et qu'il (l'animal) meure en/avec lui. C'est donc peut-être à cette partie de la tradition que Peter fait référence.*

4) Après le « focus *» de la chanson « The Lamb », nouvelle référence au septième art, si cher au chanteur. Matériau ancêtre du plastique découvert au XIXème siècle, le celluloïd est cette matière à base de cellulose et de camphre utilisée entre autres au cinéma, pour la pellicule filmique. Peter Gabriel joue ici sur la double acception du terme (matière plastique / pellicule) pour décrire le monde vain et déshumanisé du star-system – et des « carpet crawlers » zombifiés.*

5) « The fleas cling to the golden fleece / Hoping they'll find peace *» : dans la mythologie antique, le bélier à la Toison d'Or (Chrysomallos en grec ancien), parfois représenté ailé, est cet animal légendaire envoyé par les dieux à deux enfants, Phrixos et Hellé. Phrixos sacrifie le bélier en l'honneur de Zeus et fait cadeau de la Toison au roi Éétès, qui la fait garder par un dragon. Bref la Toison d'or («* Golden fleece *») est symbole de domination et d'autorité ; figure que l'on retrouve d'ailleurs principalement dans la légende de Jason et ses Argonautes. Ici, les « puces/*fleas *», parasites veules, lâches et faibles, s'accrochent à la Toison d'or (le pouvoir, l'autorité) – ne pensant qu'à la sécurité*

d'une paix rassurante (« Hoping they'll find peace *»)... À l'image donc de ces chenilles («* crawlers *») qui se traînent lamentablement sur le tapis/* carpet. *(Ou alors, les « puces dans la toison... » comme métaphore d'une MST, ouch !?!)*
6) Le mot « void *» est bien retranscrit dans les* lyrics *de la pochette mais, si on écoute bien la diction de Gabriel, on peut (presque) distinctement entendre «* avoid *». Alors, une manière de brouiller les pistes ? En tout cas, ceci nous amènerait alors à la traduction suivante : « Pas moyen d'(pas d'endroit pour) éviter ça » / «* There's no room to avoid *», laquelle collerait bien au contexte discursif. Au contraire du poétique mais un peu abscons « pas de place pour le vide », soit « pas moyen d'atteindre le vide » (c'est-à-dire l''éradication' de l'instance du Moi, l'Anitya bouddhiste ?)*
7) « Crawler *» désigne aussi la chenille. Mais on peut ici lui préférer le terme de « rampant », plus parlant pour illustrer le caractère excessivement humble et obéissant, voire couard, des créatures en question.*
8) Astucieux retour langagier 'coloriel', « lifeblood *» renvoyant au «* red ochre *(*corridor*) » du vers précédent –* well done *Pete.*
9) Parallèle poético-caustique : « Là où le chas de l'aiguille clignote, se refermant sur les pauvres » comme stance imagée qui s'insurge contre le biblique « Il est plus facile à un chameau de passer par le trou d'une aiguille qu'à un riche de rentrer dans le royaume de Dieu » (Matthieu, 19 :24).
10) Plusieurs traductions peuvent être possibles : « les Rampants-du-Tapis », « les chenilles sur le tapis »... Mouais, on préférera à nouveau « les carpettes », terme qui englobe à la fois le côté veule et lâche des personnages – et le revêtement sur lequel ils se traînent.
11) « Les Rampants-du-Tapis écoutent ceux qui les appellent », en d'autres termes : suivent à la lettre les exhortations de l'autorité, laquelle ne cesse de leur répéter un obscur mantra absurdo-débilitant ne menant à rien : « We've got to get in to get out */ Nous devons entrer pour sortir ». (Voir aussi l'interprétation 'sexuello-spermatique' – note 3, p. 84.)*
Peter s'est peut-être aussi inspiré du sulfureux mage occulto-sataniste britannique Aleister Crowley (1875-1947) – un des 57 personnages de la mythique pochette du Sgt. Pepper's *des Beatles – lequel 'litanise', dans son* Book Of Lies *publié en 1912* : *« Quel homme est à l'aise dans son auberge ? Sortir. / Large est le monde, et froid. Sortir. / Tu es devenu un initié. Sortir. / Mais tu ne peux pas sortir par le chemin d'où tu es venu. La sortie est LA VOIE. Sortir. / Car OUT est Amour, Sagesse et Pouvoir. Sortez. » (*In *son poème en forme de mantra,* Skidoo 23 *– deux termes qui, associés, forment une expression typiquement américaine signifiant... «* get out */ sortir, dégager ».)*
12) « Ils sont tirés vers le haut par l'aimant, croyant être libres » : dans la Kabbale, *la sphère spirituelle tire vers le haut – par l'entremise de la lumière divine en chaque personne –, aspirant ainsi à son achèvement par l'extraction de l'esprit à la matière (ici on a en retour la métaphore héliocentrique de l'arbre cherchant la lumière et se tournant vers elle, irrésistiblement attiré :*

« Like the forest fight for sunlight... »). *Alors, critique gabrielienne des systèmes religieux ? – dans le cas présent, il s'agit bien en effet d'une attirance 'maléfique', tendant à rendre les gens toujours plus amorphes, sans aucune volonté ni libre arbitre.*

13) Le surhomme nietzschéen ? Non, non, ici référence à Superman, personnage des DC Comics, *dont les pouvoirs ne peuvent être combattus que par l'acquisition de kryptonite (un matériau issu de sa planète natale, Krypton). Quant au «* mild mannered *», il fait lui allusion à l'identité secrète du héros « dans le civil », soit Clark Kent, un alter ego passe-partout aux manières « civilisés » («* mild mannered *»). On ne sait si la connexion BD est venu de Peter ou des autres, l'unique autre référence de ce type dans la discographie du groupe se trouvant être le personnage de Batman (*in *« Blood on the Rooftops », sur l'album* Wind and Wuthering, *période post-Gabriel donc).*

14) « And the wise and foolish virgins giggle... *» : « Alors le royaume des cieux sera semblable à dix vierges qui, ayant pris leurs lampes, allèrent à la rencontre de l'époux. Cinq d'entre elles étaient folles, et cinq autres sages. Les folles, en prenant leurs lampes, ne prirent point d'huile avec elles ; au contraire des sages » (*Évangile selon saint Matthieu*). Atavisme biblique culturel – Gabriel ayant été enfant de chœur dans son enfance ? Sages ou folles, le fait est que Peter semble plutôt ne pas faire de différence entre elles – et se délecter des dix. On peut aussi peut-être y voir une référence/allusion aux Houris, les 72 Vierges de l'Islam. Concept fondé sur le texte coranique, les Houris étaient censées être le repos des guerriers morts en défense du Prophète Mahomet – un mix de paradis sensuel et matérialiste à la fois.*

15) Autre biblic touch *– mâtinée de paganisme celle-là –, la «* harvest feast *» est cette fête immémoriale célébrant les moissons nouvelles et la vendange à venir (la Pentecôte de la tradition chrétienne, en tant qu'effusion du Saint-Esprit, en est directement inspirée).*

16) Dans ces strophes délicieusement abstruses – les mots et leur agencement peuvent se suffire à eux-mêmes –, s'agit-il d'un écho au « pitcher *» de « Back in NYC » et au «* liquid/crack *» d'« In the Cage » ? Peut-être. Et pour «* they carry all they lack *», autre incertitude : chacun des «* they *», se rapporte-t-il à la meute de l'«* eager pack *» ou aux «* pitchers *» ?... Ou les deux à la fois ??*

17) « And the tickler takes his stickleback *» : il semblerait que sur certaines reproductions des paroles, on trouve cet autre couplet à la place : «* And the tickler takes his tickle back */ Et le chatouilleur reprend son chatouillement »... L'auteur n'a pas pu vérifier mais dans ce cas la traduction s'avérerait moins sibylline que pour la première (le plus probable étant néanmoins qu'il s'agisse tout simplement d'une erreur typographique). Le « chatouillement » est en tout cas une* astuce *d'approche des poissons, généralement des truites, sans aucun attirail de pêche. Technique ancestrale, il s'agit de tenir sa main immergée dans la rivière, jusqu'à ce que le poisson s'habitue à votre présence. Lorsqu'il approche, on déplace alors doucement sa main sous l'animal et on commence* *à le caresser, jusqu'à l'amadouer puis l'attraper fermement. En ce qui concerne la version communément admise, le* Collins *– le dictionnaire anglais, pas Phil ! – définit une épinoche («* stickleback *») comme un petit poisson affublé de deux à quatre épines dorsales. Ici, le «* liquid *» ayant «* congealed *», le pêcheur n'a plus qu'à se saisir dudit poisson, sans l'aide d'aucun stratagème – CQFD !*

11: The Chamber of 32 Doors[1] *(5'41)* *(La Chambre aux 32 Portes)*

At the top of the stairs, there's hundreds of people,
En haut des escaliers, y'a des centaines de personnes,
Running around to all the doors
Courant de long en large, en direction de toutes ces portes
They try to find, find themselves an audience ;
Ils essayent de trouver, de se trouver un public ;
Their deductions need applause[2]
Leurs déductions mériteraient des applaudissements

The rich man stands in front of me,
Le riche se tient en face de moi,
The poor man behind my back
Le pauvre dans mon dos
They believe they can control the game,
Ils pensent tous deux pouvoir mener le jeu,
But the juggler holds another pack[3]
Mais le bateleur tient un autre paquet dans ses mains
I need someone to believe in, someone to trust (2x)
J'ai besoin de quelqu'un en qui croire, quelqu'un en qui pouvoir avoir confiance (2x)

I'd rather trust a countryman than a townman,[4]
J'accorderais plutôt ma confiance à un paysan qu'à un citadin,
You can judge by his eyes, take a look if you can,
Tu peux le voir à son regard, jette un œil si tu peux,
He'll smile through his guard,[5]
Être sur ses gardes ne l'empêchera pas de vous sourire,

Survival trains hard
Survivre, ça vous forme quelqu'un

I'd rather trust a man who works with his hands,
Je ferais plutôt confiance à un homme qui travaille de ses mains,
He looks at you once, you know he understands,
Il n'a qu'à vous regarder une seule fois, et vous vous rendez compte qu'il a tout saisi,
Don't need any shield,
Pas besoin d'un bouclier,
When you're out in the field
Quand tu t'trouves là dans le champ

But down here,
Mais ici-bas,
I'm so alone with my fear,
Je m'sens tellement seul avec ma peur,
With everything that I hear
Avec tout ce que j'entends
And every single door that I've walked through
Et chacune des portes que j'ai franchies
Brings me back, back here again,
Me renvoie ici, encore et encore,
I've got to find my own way
Il faut que je trouve mon propre chemin

The priest and the magician,
Le prêtre et le magicien,
Singing all the chants that they have ever heard ;
Déclamant tous les chants qu'ils ont entendus un jour ;
And they're all calling out my name,
Et tous m'appellent par mon nom,
Even academics, searching printed word
Même tous ces savants, à la recherche d'un quelconque mot imprimé[6]

My father to the left of me,[7]
Mon père à ma gauche,

My mother to the right,[7]
Ma mère à ma droite,
Like everyone else they're pointing, [7]
Comme tous les autres ils pointent une direction,
But nowhere feels quite right[7]
Mais nulle part où aller ne me semble convenir
And I need someone to believe in, someone to trust
Et j'ai besoin de croire en quelqu'un, quelqu'un en qui pouvoir avoir confiance
I need someone to believe in, someone to trust
J'ai besoin de quelqu'un en qui croire, quelqu'un en qui pouvoir avoir confiance

I'd rather trust a man who doesn't shout what he's found,
Ma confiance irait plutôt à celui qui ne crie pas sur les toits ce qu'il a trouvé,[8]
There's no need to sell if you're homeward bound[9]
Pas besoin de vendre quoi que ce soit quand tu retournes chez toi
If I choose a side,
Si je choisis un camp,
He won't take me for a ride
Il n'essaiera pas de m'embrouiller[9]

Back inside,
De retour dans,
This chamber of so many doors ;
Cette chambre aux multiples portes ;
I've nowhere, nowhere to hide
Je n'ai nulle part, nulle part où me cacher
I'd give you all of my dreams, if you'd help me,
Je vous donnerais tous mes rêves, si vous pouviez m'aider,
Find a door
À trouver une porte
That doesn't lead me back again
Qui ne me ramène pas encore une fois en arrière
– take me away.
– emmenez-moi loin d'ici.

1) Symboliquement, dans la Kabbale, *« l'Arbre de vie » représente les lois de l'Univers (certains auteurs le rapprochant d'ailleurs de celui mentionné dans la – tiens, tiens –* Genèse*). La mystique désigne par ailleurs son « schéma » comme formé de : 4 mondes, 10 centres énergétiques (les Sephiroth), 3 voiles d'existence négative, 3 piliers et 22 sentiers, dont l'ensemble primordial forme les – hourra ! – 32 voies de la Sagesse (les dix Sephiroth et les vingt-deux sentiers). D'autre part – hasard objectif ou pas –, on (le site d'exégèses religieuses* DailyVerses.net) *dénote trente-deux occurrences du mot « Porte » dans la Bible...*

2) Ou peut-être, au sens figuré : « ont besoin d'approbation ».

3) « Juggler *» : « jongleur » ou « tricheur », c'est selon. Dans le cas présent, on aurait plutôt affaire à un « bateleur », Gabriel ayant évoqué juste avant ces «* Rich man and poor man *» qui «* believe they can control the game… But the juggler holds another pack *». Et de fait,* game*/jeu et* pack*/paquet associés au Jongleur/Bateleur sont une référence implicite au jeu de tarot.*

Le Magicien – ou le Bateleur donc dans le Tarot de Marseille – est la première lame du jeu. Il pointe sa baguette/bâton vers le haut tandis que son autre main se dirige vers la Terre, en tenant un denier. Sa gestuelle signifie qu'il capte l'énergie de l'univers et qu'elle le traverse, pour se manifester dans le monde et dans son quotidien. Les différents potentiels sont alignés sur une table devant lui, soit le Denier, le Bâton, l'Épée et la Coupe, chacun d'eux représentant – respectivement – les quatre éléments : Terre, Feu, Air et Eau. L'arcane du bateleur symbolise le fait de commencer un projet ou une idée, quoi que ce soit qui ouvre une perspective. Il représente la jeunesse, l'énergie active, la santé et la force vitale – l'art de faire et de jouer en même temps. En évoquant le « juggler *», c'est bien entendu la face à laquelle Rael aimerait s'identifier... Oui mais voilà, dans sa face sombre, le Bateleur est aussi un indécis, un velléitaire incapable de poursuivre ce qu'il a commencé. Il est dans le peut-être qui ne se détermine jamais vraiment. Impulsif, il veut tout tout de suite et n'agit jamais avec assez de sagesse, de maturité et de recul – le chemin qu'est en train (ou continue) de prendre Rael ?*

4) Petite touche biographique ? (Peter Gabriel est originaire d'une petite ville de la campagne du Surrey, Chobham, où il est né).

5) Belle métaphore idiomatique qu'on pourrait compléter *par « ... sa méfiance initiale passée ». (Euh, une métaphore est forcément idiomatique ! – NdE.)*

6) « Academics, searching printed word *», autrement dit : les gens cultivés et les intellos en général (qui ne vivent que dans leurs livres, hors de la vie réelle) et qui eux aussi se liguent contre Rael – lui reprochant son inculture, ses origines modestes ?*

7) « Mon père à ma gauche, ma mère à ma droite » : dans la tradition hermétique kabbalistique, Chokmah (la force masculine/électrique) se tient à gauche et Binah (la force féminine/magnétique) à droite. L'un sans l'autre reste stérile car ils tirent leur force de leur union même, un peu comme le dualisme hindou-

iste, « personnifié » par les divinités Shiva et Shakti. Bon ici, c'est plutôt à un Rael version psychanalytico-œdipienne que l'on a affaire, le héros se demandant s'il ne faudrait pas plutôt se passer de ces forces – tuer le père... et la mère ! – pour pouvoir se réaliser (« Like everyone else they're pointing / But nowhere feels quite right *»).*

8) Ou, plus précisément : « ... qui ne crie pas sur les toits ce qu'il pense ».

9) C'est-à-dire : « il ne se foutra pas de moi / ne me mènera pas en bateau ». Mais « for a ride *», c'est aussi « faire un tour » (implicitement : « à cheval »)... Peter/Rael va-t-il donc prendre la décision de retourner dans sa campagne natale (dans le cas du chanteur, référence à son départ imminent du groupe) ou émigrer vers icelle (pour Rael, qui lui est un urbain d'origine). Ce qui pourrait en tout cas – en ce qui concerne Peter – expliquer la ligne précédente : « Tu n'as plus rien à vendre quand tu retournes chez toi »... Bah oui !*

12: <u>Lilywhite Lilith</u>[1] *(2'42)*
(Lilith Blanche-Comme-le-Lys)

The chamber was in confusion – all the voices shouting loud
Confusion totale dans la chambre – tout le monde hurlait
I could only just hear, a voice quite near say, "Please help me through the crowd"
Je distinguais juste une voix, plutôt proche, qui disait, "S'il vous plaît, aidez-moi à traverser cette cohue"
I said if I helped her thru' she could help me too, but I could see that she was wholly blind
Je m'suis dit que si j'l'aidais elle pourrait m'aider en retour, mais je m'aperçus qu'elle était complètement aveugle
But from her pale face and her pale skin, a moonlight shined[2]
Cependant, de son visage exsangue et de sa peau pâle émanait un clair de lune

Lilywhite Lilith,
Lilith Blanche-Comme-le-Lys,
She gonna take you thru' the tunnel of night
Elle va t'faire sortir du tunnel de la nuit
Lilywhite Lilith,
Lilith Blanche-Comme-le-Lys,
She gonna lead you right
Elle t'guidera comme il faut

When I'd led her through the people, the angry noise began to grow
Tandis que j'la guidais à travers tous ces gens, la foule en colère commença à gronder
She said, "Let me feel the way the breezes blow, and I'll show you where to go"[3]
Elle, elle me dit, "Laisse-moi sentir la caresse de la brise, et je te montrerai où aller"
So I followed her into a big round cave, she said "They're coming for you, now don't be afraid"
Je la suivis donc jusqu'à une immense grotte circulaire, où elle me dit "Ils vont venir te chercher, tu n'as plus rien à craindre maintenant"
Then she sat me down on a cold stone throne, carved in jade
Puis elle me fit asseoir sur la pierre froide d'un trône serti de jade

Lilywhite Lilith,
Lilith Blanche-Comme-le-Lys,
She gonna take you thru' the tunnel of night
Elle va t'faire sortir du tunnel de la nuit
Lilywhite Lilith,
Lilith Blanche-Comme-le-Lys,
She gonna lead you right
Elle t'guidera comme il faut

She leaves me in my darkness,[3]
Elle me laisse à mes ténèbres,
I have to face, face my fear,
Je dois faire face, face à ma peur,
And the darkness closes in on me,[3]
Et tandis que l'obscurité se referme sur moi,
I can hear a whirring sound growing near
Je peux entendre un vrombissement se rapprocher
I can see the corner of the tunnel,
J'aperçois l'entrée du tunnel,
Lit up by whatever's coming here,
Éclairée par je n'sais quoi,
Two golden globes float into the room
Deux globes dorés pénètrent alors dans la pièce, flottant dans l'air

And a blaze of white light fills the air.[4]
Et tout à coup un éclair de lumière blanche emplit l'espace.

1) Le Brewer's Dictionary of Phrase and Fable *dit de Lilith : un démon féminin, probablement d'origine babylonienne, particulièrement dangereux pour les enfants (Rael est tout juste sorti de la prime adolescence…). D'autre part, dans les écrits rabbiniques Lilith est censée avoir été la première épouse d'Adam (rejetée par lui car trop forte et indépendante) ; tandis que dans la* Vulgate *(tradition latine de la Bible), elle y est mentionnée comme une – tiens, tiens – Lamie, celles-là mêmes que Rael va rencontrer plus loin. (Infos complémentaires concernant la succube, pp. 88-89.)*
2) « Mais de son visage et de sa peau pâles émanait un clair de lune » : autre image de Lilith, en tant que force féminine obscure. En effet, outre sa connexion avec l'élément aérien (cf. note suivante), une racine sémitique de son nom signifierait « nuit » – soit le moment privilégié de ses 'activités' maléfiques.
3) « Laisse-moi sentir la caresse de la brise, et je te montrerai où aller » : dans la mythologie, Lilith est aussi assimilée à la Sibylle délivrant des oracles, voire même – ambiguïté du 'personnage' – à la Sophia grecque. Mais plus loin elle révèle à nouveau son caractère trompeur (« She leaves me in my darkness *» /* « And the darkness closes in on me *», comme nouvelles références à Lilith en tant qu'esprit malfaisant, de l'air – « la caresse de la brise » – et de la nuit).*
4) Est-ce Lilith, sylphide éthérée, qui se transformerait en une pure lumière blanche – retour à sa 'personnalité' duale, ici dans son versant bienfaisant ?

13: The Waiting Room (Instrumental)
(La Salle d'Attente) (5'25)

14: Anyway *(3'08)*
(De Toute Façon)

All the pumping's nearly over for my sweetheart,[1]
Mon p'tit cœur est sur le point de s'arrêter,
This is the one for me,
C'est maintenant mon tour,
Time to meet the chef,[2]
Il est temps de rencontrer le chef,
Oh boy ! The running man is out of death[3]
Oh mec ! L'homme qui court est ressuscité

Feel cold and old, it's getting hard to catch my breath
Je m'sens froid et vieux, j'ai du mal à respirer
It's back to ash, "Now, you've had your flash boy"
Retour à la poussière[4], *"Bon, là tu l'as eu ton flash mon gars"*[5]
The rocks, in time, compress[6]
Les rochers, à l'unisson, te compriment
Your blood to oil,
Ton sang devient pétrole,
Your flesh to coal,
Ta chair charbon,
Enrich the soil,
Enrichis donc la terre,
Not everybody's goal
Généralement c'n'est pas l'objectif qu'on souhaite

Anyway, they say she comes on a pale horse[7]
De toute façon, ils disent qu'elle arrivera sur un cheval blanc
But I'm sure I hear a train[7]
Mais j'suis sûr d'entendre un train
Oh boy, I don't even feel no pain
Oh mec, je n'ressens même pas de douleur
I guess I must be driving myself insane
Je suppose que je dois être en train de devenir fou
Damn it all
Au diable tout ça
Does earth plug a hole in heaven [8]
La Terre se brancherait-elle à un trou dans le ciel
Or heaven plug a hole in earth [8]
Ou est-ce le ciel qui creuse un trou sur Terre
How wonderful to be so profound [8]
Comme c'est merveilleux d'être aussi profond
When everything you are is dying underground [8]
Alors que tout ce que tu es se meurt sous terre

I feel the pull on the rope, let me off at the rainbow
Je sens qu'on tire la corde, laissez-moi rejoindre l'arc-en-ciel

I could have been exploding in space
J'aurais pu exploser dans l'espace
Different orbits for my bones
Différentes trajectoires pour mes ossements
Not me, just quietly buried in stones
Très peu pour moi, j'préférerais juste être enterré dignement
Keep the deadline open with my maker
Laissant l'échéance ouverte à mon créateur
See me stretch ; for God's elastic acre
Regardez-moi m'étirer ; en direction des champs élastiques de Dieu
The doorbell rings and its
Voilà qu'on sonne à la porte et que j'entends
« Good morning Rael
« Bonjour, Rael
So sorry you had to wait
Vraiment désolé que tu aies eu à attendre
It won't be long, yeah
Ce n'sera plus long, ouais
She's very rarely late. »
Elle n'est que très rarement en retard. »

1) « Sweetheart *» : dans son acception la plus courante, correspondrait à notre « chéri(e)». Quand on sait que Rael est plutôt* en recherche *dans le domaine des relations amoureuses, on en déduit qu'il – Narcisse en pleine déroute – s'applique plutôt le terme à lui-même. Il se plaint donc de ses souffrances – morales, physiques – et que, oui, c'est bien de son p'tit cœur qu'il s'agit, lequel cœur va sous peu s'arrêter de battre («* All the pumping's nearly over for my sweetheart *»).*
2) Étonnante métaphore existentialo-culinaire, le « chef » en question représentant bien évidemment Dieu, ou au moins une certaine finalité supérieure. Outre la sarcastique touche 'gastronomique' – Dieu dans sa cuisine (le Monde) –, « chef » peut aussi être pris dans le sens de « petit chef ». Aurait-on donc là affaire à une saillie moqueuse de la part de Rael, dévoilant ainsi une profession de foi... athée ?
3) « Ressuscité » ou plus simplement « a échappé à la mort » ? En tout cas, peut-être aussi une référence au Running Man, *film anglo-américain de Carol Reed, lui-même adaptation d'un roman noir à succès,* The Ballad of the Running Man *(de l'auteure britannique Shelley Smith). Rien de moins sûr, mais la date de sortie du film et du roman (1963 et 1961), et l'intrigue – un homme qui (simule sa mort pour toucher une assurance et qui) est condamné à*

fuir pour ne pas être retrouvé – pourraient peut-être plaider en sa faveur.
4) Nouveau clin d'œil à la Bible : « À la poussière tu retourneras ».
5) Référence au flash *(sensation fulgurante et intense) du drogué, en particulier au moment de l'injection (ou prise) d'héroïne, de cocaïne, de crack, etc.*
6) Réminiscence-retour aux rochers comprimant d'« In the Cage ».
7) « Anyway they say she comes on a pale horse but I'm sure I hear a train *» : la fameuse sensation de lumière « blanche » («* pale *»), poncif de l'expérience de la mort... À propos : une récente découverte tendrait à montrer que cette dernière ne serait désormais plus un mystère. En effet, selon une étude publiée en 2018 et relayée par l'AFP, ces visions étranges, dont font part en particulier certaines victimes d'arrêts cardiaques, correspondraient en fait à un regain de l'activité cérébrale, juste avant le décès, lorsque la circulation sanguine cesse dans le cerveau. Bien moins mystérieux et poétique que la femme « sur un cheval blanc » donc. On notera de fait la pointe d'humour de Peter qui pense qu'elle arrivera plutôt à bord d'un prosaïque « train » – peut-être parce les gens ayant 'vécu' une EMI (Expérience de Mort Imminente) parlent souvent d'une « vision blanche » que l'on (a)perçoit au bout d'un... tunnel.*
8) Malicieuse métaphore 'électrico-ontologique' (« to plug *» : « brancher » et «* plug *» : « prise »). On a donc affaire ici à deux strophes hautement imagées, qu'on pourrait décrypter ainsi : est-ce le Monde (l'Homme) qui a créé le (concept de) Ciel/Paradis/Dieu, ou est-ce Dieu qui a créé le Monde (l'Homme) ? En d'autres termes, plus vulgairement : qui le premier de l'œuf et de la poule ? Ce qui n'empêche pas Rael, plus loin, d'ironiser sur lui-même : «* How wonderful to be so profound *», puis de se plaindre à nouveau – cette fois de sa condition de mortel – dans la même strophe («* When everything you are is dying underground *»).*

15: Here Comes the Supernatural Anaesthetist[1] *(2'59)* *(Voilà l'Anesthésiste Surnaturel)*

Here comes the supernatural anaesthetist
Voilà l'anesthésiste surnaturel
If he wants you to snuff it[2]
S'il veut que tu casses ta pipe
All he has to do is puff it[2]
Tout c'qu'il a à faire c'est d'te souffler une bouffée au visage
– he's such a fine dancer.[3]
– c'est un danseur tellement merveilleux.

1) et 3) Brillantes métaphores poético-burlesques : la Mort comme danseuse émérite et comme... « anesthésiste suprême » ! En effet, si l'on considère que celle-ci est la fin de toutes sensations humaines et, partant, de la douleur...
2) Nouvelle cinématographic touch : *en l'occurrence celle relative aux* snuff movies, *ces films qui émergèrent dans les années 1970 et qui mettent en scène des morts réelles en direct («* to snuff out *» : « mourir, étouffer »). Jeu de mots « toxicologique » en forme de jeu de miroir particulièrement bien trouvé ; Peter remplace le verbe «* (to) sniff *» (« renifler », et par extension « priser-sniffer »), auquel on aurait pu s'attendre, par ce «* (to) snuff *» (« tirer-prendre une bouffée », dans son acception première), entretenant en même temps, ainsi, l'ambiguïté 'mortelle'. Une allitération en appelant une autre, le tout serait ainsi détourné, brillamment, en la figure de style / rime* « snuff/puff » *(« prendre-priser/souffler »). Partant, on peut alors en rajouter dans le trait d'esprit et l'allusion 'mortelle', sans que Peter y soit impliqué (il n'est pas français !), soit : « prendre/souffler » une bouffée de la « pipe »... cassée (ben oui, mourir c'est 'casser sa pipe')... Ouf ! Ceci dit, sur son « Kiss of Life » de 1984, c'est la vie qui prendra sa revanche : «* She blows hard (…) in the mouth of death *»...*

16: <u>The Lamia</u>[1] *(6'56)*
(La Lamie)

The scent grows richer, he knows he must be near,
Senteurs de plus en plus sophistiquées, il sait qu'il doit être tout près,
He finds a long passageway lit by chandelier
Il tombe sur un long passage éclairé par un chandelier
Each step he takes, the perfumes change
À chaque pas qu'il fait, les parfums se transforment
From familiar fragrance to flavours strange
De fragrances familières en saveurs plus étranges
A magnificent chamber meets his eye
Son regard tombe sur une magnifique pièce

Inside, a long rose-water pool is shrouded by fine mist
A l'intérieur, un grand bassin d'eau rosée est enveloppé d'une fine brume
Stepping in the moist silence, with a warm breeze he's gently kissed
Il se déplace dans le silence humide, tandis que souffle sur lui une brise tiède

Thinking he is quite alone
Croyant être seul
He enters the room, as if it were his own
Il pénètre dans la pièce, comme s'il la connaissait depuis toujours
But ripples on the sweet pink water
Mais des ondulations sur la délicate eau rosée
Reveal some company unthought of –[2]
Révèlent une présence insoupçonnée de –

Rael stands astonished doubting his sight,
Rael reste là, bouche bée, n'en croyant pas ses yeux,
Struck by beauty, gripped in fright ;
Frappé par tant de beauté, pris de frayeur ;
Three vermilion snakes of female face
Trois serpents vermillon à tête de femme
The smallest motion, filled with grace
Le moindre de leurs gestes est empli de grâce
Muted melodies fill the echoing hall
Mélodies feutrées qui emplissent et résonnent dans la salle
But there is no sign of warning in the sirens' call :[3]
Mais ce n'est pas un avertissement que cet appel des sirènes :
"Rael welcome, we are the Lamia of the pool
"Rael, bienvenue à toi, nous sommes les Lamies du bassin
We have been waiting for our waters to bring you cool"
Nous sommes restés là, attendant que nos eaux puissent te rafraîchir"

Putting fear beside him, he trusts in beauty blind
Laissant toute crainte derrière lui, il se fit totalement à cette beauté
He slips into the nectar, leaving his shredded clothes behind
Se glisse dans le nectar, laissant ses guenilles derrière lui
"With their tongues, they test, taste and judge all that is mine[4]
"De leurs langues, elles testent, goûtent et examinent tout de moi
They move in a series of caresses
Elles se meuvent dans une série de caresses
That glide up and down my spine
Qui glissent le long de mon échine

As they nibble the fruit of my flesh, I feel no pain,
Tandis qu'elles grignotent le fruit de ma chair, je ne ressens aucune douleur,
Only a magic that a name would stain
Juste une espèce d'ineffable magie
With the first drop of my blood in their veins
À la première goutte de mon sang dans leurs veines
Their faces are convulsed in mortal pain
Leurs visages se convulsent, comme au seuil de la mort
The fairest cries, 'We all have loved you, Rael' "
La plus belle d'entre elles s'écrie : 'Nous t'avons toutes aimé, Rael'"

Each empty snakelike body floats,
Chacun de ces corps reptiliens flotte, vidé de leur vie,
Silent sorrow in empty boats
Silencieuse tristesse en ces navires abandonnés
A sickly sourness fills the room,
Une odeur aigre et écœurante emplit la pièce
The bitter harvest of a dying bloom,
L'amère moisson d'une fleur qui se fane,
Looking for motion I know I will not find,
Cherchant un signe de vie que je ne trouverai pas, je le sais,
I stroke the curls now turning pale, in which I'd lain entwined
Je caresse les boucles qui désormais virent au pâle, et dans lesquelles j'étais étendu enveloppé
"Oh Lamia, your flesh that remains I will take as my food"
"Oh Lamies, vos restes mortels je vais m'en nourrir"
It is the scent of garlic that lingers on my chocolate fingers[5]
C'est l'odeur de l'ail qui s'attarde sur mes doigts chocolat

Looking behind me, the water turns icy blue,
Regardant derrière moi, je vois l'eau virer à un bleu glacé,
The lights are dimmed and once again the stage is set for you.[6]
Les lumières s'estompent et la scène est de nouveau prête pour vous.

*1) En zoologie, un lamie (*lamia textor, *ou lamie tisserand) est un petit coléoptère xylophage. Proliférant dans toute l'Europe, mais aussi en Sibérie et même*

au Japon, c'est un insecte totalement inoffensif pour l'homme. La lamie maraîche (ou lamna nasus*) est elle une variété de requin, pouvant mesurer huit mètres de long, de couleur bleuâtre sur sa face supérieure et blanche sur sa partie inférieure.*
Pour ce qui nous intéresse, dans la mythologie antique on sait qu'on a affaire à un être fabuleux – buste de femme sur corps de serpent – tout autant séduisant qu'effrayant... et aux tendances légèrement anthropophages ! (Cf. infos complémentaires : p. 98) Dans une version plus 'moderne', la Lamie était aussi un vampire femelle (qui séduisait et piégeait les jeunes hommes) – interprétation qui a inspiré un poème à *John Keats (*Lamia*, cf. p. 100).*
2) Devant nos yeux (et oreilles) ébahis, une brusque rupture dans le récit... Alors, incongruité ? Erreur typographique ? Manque d'inspiration de Peter ? Non, que nenni ! Sache ô lecteur que nous avons là affaire à une aposiopèse, *cette figure de style en forme d'ellipse qui traduit une volonté ou contrainte* suspensive. *Elle consiste à stopper net une phrase, traduisant ainsi une vive émotion/hésitation chez le narrateur, et laissant au lecteur/auditeur le soin de la compléter – eh oui, CQFD.*
3) « (...) in the siren's call *» – écho de la référence aux «* sirens *» de « Broadway Melody of 1974 ». Ici, la sirène à queue de serpent n'est pas là pour prévenir du danger («* sign of warning *») : elle est elle-même le danger.*
4) « Test/Taste *» (tester/goûter), subtil jeu de mots polysémique,* isn't it *?*
5) Ou peut-être : « L'odeur de l'ail qui se mêle à celle du chocolat » – comme une métaphore/allégorie de la nature duale des lamies, ces créatures pour Rael mi-attirantes (le chocolat) mi-repoussantes (l'ail). Étonnante strophe en tout cas, mystérieuse et envoûtante tout en restant cocasse – une gageure.
6) Ici, on ne sait trop si c'est un hypothétique autre conteur qui s'adresse à Rael (« ... once again the stage is set for you *» : « ... le décor est à nouveau dressé pour toi ») ; ou si c'est Rael qui prévient tout spectateur/auditeur que bientôt leur tour va venir, et qu'ils vont chacun devoir passer entre les mains des lamies («* you *» pour « vous autres »). Le truc du narrateur 'extérieur' n'étant vraiment utilisé qu'une seule fois dans l'album (sur «* The Light Dies Down... *»), on optera plutôt pour la deuxième option – ceci d'autant plus que les paroles de cette dernière sont, elles, l'œuvre du duo Rutherford/ Banks. On notera aussi l'habile utilisation du double sens du mot «* stage *», comme a) « scène/décor » de théâtre (en l'occurrence ici l'action du récit) et b) scène de concert (un concert où officierait un chanteur bien sûr)... On vous a dit que Peter avait mis beaucoup de lui-même dans cette histoire !*

17: Silent Sorrow in Empty Boats *(3'07)* (Instrumental) *(Tristesse Silencieuse en ces Navires Abandonnés)*

18: The Colony of Slippermen[1] *(8'14)*
(La Colonie des Hommes-Pantoufles)

The Arrival
(L'Arrivée)

(Rael/*Rael*)
I wandered lonely as a cloud,[2]
J'errais tel un nuage esseulé,
Till I came upon this dirty street[2]
Jusqu'à c'que je débouche sur cette rue crasseuse
I've never seen a stranger crowd ;
Jamais vu une foule aussi bizarre ;
Slubberdegullions on squeaky feet,[3]
Des loques baveuses et dégoulinantes sur leurs pieds crissant,
Continually pacing,
Faisant les cent pas,
With nonchalant embracing,
S'embrassant nonchalamment,
Each orifice disgracing
Leurs orifices tous plus immondes les uns que les autres
And one facing me moves to say "hellay"[4]
Et voilà que, face à moi, l'un d'entre eux s'avance et me dit "b'jour"

His skin's all covered in slimy lumps[5]
Sa peau n'est qu'une masse de chairs visqueuses
With lips that slide across each chin
Et ces lèvres qui glissent sur chaque menton[5]
His twisted limbs like rubber stumps[5]
Ses membres tordus, moignons caoutchouteux
Are waved in welcome say "Please join in"
Qui s'agitent, comme pour dire "S'il te plaît rejoins-nous"
My grip must be flipping,
Ma prise ne doit pas être bien ferme,

Cos' his handshake keeps slipping,
Pass'que sa poignée d'main n'arrête pas de glisser sur la mienne,
My hopes keep on dipping
Mes espoirs s'évanouissent petit à petit
And his lips keep on smiling all the time
Tandis que ses lèvres continuent de sourire sans arrêt

(Slipperman/*Homme-Pantoufle*)
"We, like you, have tasted love[6]
"Comme toi, nous avons goûté à l'amour
Don't be alarmed at what you see,[6]
Ne sois pas effrayé par c'que tu vois,
You yourself are just the same
Tu es toi-même exactement comme
As what you see in me"
Ce que tu aperçois de moi"

(Rael/*Rael*)
Me, like you ? Like that !
Moi, comme toi ? Comme ça !

(Slipperman/*Homme-Pantoufle*)
"You better watch it son, your sentence has only just begun
"Tu f'rais mieux de faire attention mon gars, ta sanction vient tout juste de tomber
You better run and join your brother John"
Tu f'rais mieux d'filer et d'rejoindre ton frère John"

A Visit to the Doktor

(Une visite chez le Dokteur)

(Slipperman/*Homme-Pantoufle*)
"You're in the colony of slippermen
"Là tu t'trouves dans la colonie des Hommes-Pantoufles
There's no who ? why ? what ? or when ?
Ici pas de qui ? pourquoi ? quoi ? ou quand ?

You can get out if you've got the gripe[7] to see Doktor Dyper, reformed sniper[8]
Tu t'en sortiras si t'as le cran d'aller voir le Dokteur Dyper, ex-sniper
– he'll whip off your windscreenwiper[9]
– il arrachera ton essuie-glace

(Rael/*Rael*)
John and I are able
John et moi sommes capables
To face the Doktor and his marble table
D'affronter le Dokteur et sa table de marbre

(The Doktor /*Le Dokteur*)
Understand Rael, that's the end of your tail[10]
Comprends-moi bien Rael, c'est la fin pour ton appendice

(Rael/*Rael*)
"Don't delay, dock the dick !"[11]
"Ne perdez pas de temps, coupez le zob !"
I watch his countdown timer tick...
Je vois son compte à rebours qui s'égrène...

The Raven
(Le Corbeau)

He places the number into a tube,
Il met le machin en question dans une éprouvette,
It's a yellow plastic shoobedoobe[12]
Un bidule en plastique jaune
It says : "Though your fingers may tickle[13]
Ça dit : "Bien que tes doigts puissent te démanger
You'll be safe in our pickle"
Tu seras en sûreté dans notre cornichon"[14]
Suddenly, a black cloud come down from the sky
Tout à coup, un nuage noir descend du ciel
It's a supersized black bird that sure can fly
C'est un gigantesque oiseau noir qui, c'est sûr, sait voler

The raven brings on darkness and night
Le corbeau amène avec lui ténèbres et nuit
He flies right down, gives me one hell of a fright
Il descend en piqué, me fout une trouille de tous les diables
He takes the tube right out of my hands
Il arrache l'éprouvette de mes mains
Man, I've got to find where that black bird lands
Mec, faut que j'trouve où file cet oiseau noir

"Look here John, I've got to run
"Écoute John, faut que j'me bouge
I need you now, you're going to come ?"
J'ai besoin de ton aide, tu viens ?"
He says to me :
Il me dit :
(John/*John*)
"Now can't you see
"Ne vois-tu pas que
Where the raven flies there's jeopardy ?[15]
Là ou va le corbeau il y a danger ?
We've been cured on the couch[16]
Nous avons été soignés sur le divan
Now you're sick with your grouch[16]
Et maintenant tu continues de râler
I'll not risk my honey pouch[16]
Je ne vais pas risquer mon sachet de miel
Which my slouch will wear slung very low"[16]
Qu'avachi je vais porter, bien bas, comme une bandoulière"

(Rael/*Rael*)
He walks away and leaves me once again
Il part et me laisse tout seul une fois de plus[17]
Even though I never learn,
Et même si j'sais bien que je n'retiens jamais rien,
I'd hoped he'd show just some concern
J'espérais bien qu'il me montre un peu de compassion

I'm in the agony of Slipperpain
J'agonise, Pantouflard en pleine souffrance
I pray my undercarriage will sustain[18]
Je prie pour que mon châssis tienne le coup
The chase is on, the pace is hot
La chasse est ouverte, la poursuite effrénée
But I'm running so very hard with everything that I've got[19]
Mais j'ai tellement de mal à courir avec tout ce que je dois porter
He[20] leads me down an underpass
Il me conduit à un passage souterrain
Though it narrows, he still flies very fast
Bien que de plus en plus étroit, il vole toujours aussi vite[21]
When the tunnel stops
Juste à l'endroit où le tunnel finit
Catch sight of the tube, just as it drops
J'repère l'éprouvette, pile au moment où elle tombe

I'm on top of a bank too steep to climb[22]
J'suis tout en haut d'un talus sur la rive, trop abrupt pour pouvoir y grimper
I see it hit the water just in time
Je la[23] *vois tomber dans l'eau, juste à temps*
To watch it float away, watch it float away, watch it float away...
Pour pouvoir la regarder flotter au loin, flotter au loin, flotter au loin...

1) « Slippermen *», soit : « Hommes-Pantoufles » (*slipper/*pantoufle). « Pantouflards » pourrait aussi convenir mais il y manque la notion appuyée de veulerie et de lâcheté propre aux personnages. De même, on pourrait bien sûr opter pour « Hommes-Rampants » (*to slip *: glisser)... Mouais. Sinon, autre manière d'interprétation : «* slip *» pour «* underpants *», soit une nouvelle allusion comico-grivoise – et donc, « Hommes-Slips » !?!*
2) Référence littéraire au « I Wandered Lonely as a Cloud *», de William Wordsworth. Les strophes du poète britannique se lisent comme suit : « J'ai erré seul comme un nuage / Qui flotte au-dessus des vallées et des collines / Quand tout à coup j'aperçus une foule / Une foule de jonquilles dorées / Au bord du lac, sous les arbres / Volant et dansant dans la brise ». Comme indiqué, la première ligne du couplet gabrielien est empruntée directement à Wordsworth. La seconde, toute en causticité, nous informe elle que les sentiments de haut vol et*

la poésie sophistiquée ne sont pas faites pour Rael, ce petit punk des rues mal dégrossi (« till I came upon this dirty street »*). Quant à la foule de bucoliques jonquilles, elle va rapidement être remplacée par un autre genre de meute...*

3) « Slubberdegullions » : *ce que l'on aurait pu prendre pour une sorte de barbarisme 'volontaire' de Gabriel est bien, quoique clairement archaïque, issu d'un mot de la langue anglaise. D'après l'emblématique dictionnaire* Collins, *il correspondrait à* « a slovenly or worthless person »*, c'est-à-dire « un moins-que-rien à l'aspect négligé ». Le site web* OnlineEtymologyDictionnary *nous en apprend un peu plus : « un individu baveux ou sale, un fainéant sans valeur ». Le terme daterait de 1610, une variation de* « slubber » *(« barbouiller, salir, se comporter de manière négligente ou imprudente »), mot probablement d'origine néerlandaise ou bas-allemande.* « Degullion » *semble être lui une tentative d'imiter l'ancien français* « goalon » *(« fainéant »), tandis qu'une autre 'piste sémantique' nous informe qu'il serait une abréviation de* « cullion » *(«individu malhonnête ») – lequel terme viendrait du français « couillon » et de l'ancien français* « coillon »*, eux-mêmes désignant bien sûr à l'origine le testicule !*

4) « Hellay »*, variation drolatique sur le « bonjour » (*« hello »*) et l'apostrophe* « hey »*, typiques de la langue anglaise. Et peut-être aussi une référence à l'acronyme L.A. – soit Los Angeles la mégapole californienne, symbole de la vie moderne américaine dans toute son artificialité.*

5) Incohérence involontaire, ou alors les slippermen *sont tellement monstrueux qu'ils ont chacun plusieurs mentons (ce qui ne semble pas être le cas au vu du costume de scène arboré par Peter, je sais je viens de vérifier – NdA) !! Ou alors Peter parle d'un* slipperman *(strophe* « His skin's all covered in slimy lumps »*) puis de tous dans leur ensemble (*« With lips that slide across each chin »*), pour revenir au premier (*« His twisted limbs like rubber stumps »*)... Histoire d'accentuer le côté échevelé de la narration et du récit ?*

6) Il semble que les slippermen *aient eux aussi succombé aux charmes des Lamies (*« we, like you, have tasted love »*). Leur apparence serait alors le reflet révélé de leur âme corrompue – hommage référence au* Portrait de Dorian Gray *d'Oscar Wilde ? –, mais aussi peut-être une conséquence de leurs ébats aquatiques (les effets d'une fatale MST ?).*

7) « Gripe » *: terme qui peut à la fois signifier « courage » ou « trac », mais aussi... « colique ». Rael devra donc oser affronter l'inquiétant Doktor... ou simplement aller le consulter pour soigner ses problèmes intestinaux !*

8) « Doktor Dyper »*, soit... « Dokteur Couche-Culottes » ! C'est un jeu de mots sur* « diaper » *– « couches (de bébé) » –, ce qui d'ailleurs plaiderait en faveur du « colique » ci-dessus... De fait, Dyper est/était une marque américaine de couches pour nourrissons, style Pampers, sans parler du fait que le verbe* « to wipe » *– le* « windscreenwiper » *de la note 9,* infra *– signifie aussi « essuyer » et par extension... « torcher » ! On notera également le germanico-grotesque « k » et le saugrenu* « reformed sniper » *– « ex-/ancien/repenti (les trois peu-*

vent convenir) sniper/tireur d'élite » –, pour en rajouter dans l'horrifique, l'inquiétant et l'absurde.

9) Métaphore 'automobilo-sexuelle' alambiquée (« windscreenwiper *», autrement dit « essuie-glace » pour « appareil génital » ?) et occasion d'une assonance un peu poussive («* sniper *»/«* windscreenwiper *»). Peut-être aussi une allusion, en écho, au pare-brise de « Fly on a... », deuxième titre de l'album. Ou alors un 'signe avant-coureur' de* Car, *premier disque solo de Peter (le recto de la pochette) ? (NB : à noter, pas de guillemets 'de fermeture' dans la retranscription des paroles du* slipperman, *erreur typographique sûrement.)*

10) « Understand Rael, that's the end of your tail *». Gabriel joue sur l'homophonie de deux termes : a) «* tail *» : « queue », et par extension « pénis », et b) «* tale *» : « conte, histoire ». Soit : a) « c'est la fin pour ta queue » ou b) un Dyper moins drôle, déclamant* ex cathedra *– « c'est ta fin (la fin de ton histoire) ».*

11) « Dock/dick *» : nouvelle malicieuse allitération, peut-être volontairement ambiguë : le verbe «* to dock *» pouvant signifier « couper-castrer », ou simplement « accoster » (est-ce à dire, dans ce cas, pour Rael : assumer/commencer sa sexualité ?). «* Dick *» lui est de fait tout à fait clair : c'est bien l''organe sexuel masculin' – dans sa version argotico-triviale.*

12) « Shoobedoobe *» : onomatopée surréalistico-enfantine intraduisible – on la rencontre souvent dans les chansons pop américaines fifties. Particulièrement incongrue, la saillie est la bienvenue dans cette scène qui pourtant ne déparerait pas un film de David Cronenberg (la monstrueuse et grotesque séance d'expérimentation scientifique 'émasculatoire' de l'horrifique Dokteur).*

13) « It *» : est-ce le Doktor Dyper* chosifié *qui parle ? Ou alors le mystérieux « it », celui du titre clôturant l'album, qui s'adresse à notre héros Rael ? Ou s'agit-il de l'objet lui-même, le «* plastic tube *», sur lequel se trouve une simple inscription («* Though your fingers may... *») ? Et donc, «* It says *», pourrait peut-être plutôt se traduire par « Il y est inscrit » – ou alors c'est encore le tube qui parle vraiment !?!... Well, au choix, c'est vous qui voyez !*

14) Absurdité langagière : le 'truc' étant enfermé dans un bocal (le « plastic tube *»), il devrait plutôt l'être « comme un » que « dans un cornichon » («* in our pickle *»), non ? Ou alors, c'est le tube qui est en forme de cornichon ?? (Ceci dit, «* pickle *» c'est aussi « marinade » ou « pétrin », donc à voir...)*

15) Selon la tradition, les corbeaux surgissent après les batailles, pour se repaître des morts (en l'occurrence, ici les organes prélevés des pauvres Rael et John !). Ils ont aussi – d'après une autre légende – la capacité d'apprendre à parler, oracles lugubres annonçant un danger diffus (« jeopardy *»), mais inévitable. En la circonstance, de fait le danger c'est le corbeau lui-même – lequel s'envole avec les 'bijoux de famille'.*

16) « Nous avons été guéris sur le canapé » – sous-entendu, du Doktor Dyper. « Couch cure *» (traduction littérale : « guérison du divan » – c.-à-d. « ... par le divan ») est un terme d'argot pour l'analyse psychanalytique, laquelle mène à la théorie freudienne, qui elle-même tourne autour du sexe (Freud ayant pris*

temporairement la place du bon Dokteur). On notera donc l'effet volontairement grotesque et les allusions égrillardes, manière à un flot de rimes et assonances surréalistico-comiques : « couch/*canapé,* grouch/*râler-grogner,* pouch/ *poche (mais aussi... bourse),* slouch/*affalé ».*
17) Allusion au fait que John l'a déjà laissé tomber plusieurs fois dans le récit.
18) Ou « train d'atterrissage » – Rael volerait-il donc littéralement, à la poursuite du corbeau ? Oui, mais alors pourquoi court-il deux strophes plus loin (« but I'm running so very hard… *») ?? Manière d'accentuer la confusion et la frénésie du récit, sûrement.*
19) Ou, peut-être, plutôt : « with everything that I've got *» pour « après tout ce que j'ai enduré jusqu'ici ».*
20) « He *» : le corbeau !*
21) C'est le tunnel qui rétrécit – pas le corbeau qui, lui, vole... Ben, oui !
22) Bizarrerie idiomatique : « top *» (« sommet ») / «* climb *» (« gravir, grimper sur »). Pourquoi donc vouloir grimper au sommet d'un talus alors qu'on y est déjà ?!? Ou alors, c'est Rael qui ne comprend pas comment il a pu arriver là tout en haut, alors qu'il n'a rien fait pour – mystère...*
23) Aaargh, la susdite éprouvette bien sûr, pas la rive !!

19: Ravine[1] *(2'04)* (Instrumental) *(Ravin)*

*1) Rime riche et subtile (si, si !) : le « corbeau/*raven *» du morceau précédent a mené Rael à un « ravin/*ravine *».*

20: The Light Dies Down on Broadway[1] *(3'33)* *(La Lumière S'Éteint sur Broadway)*

As he walks along the gorge's edge,
Alors qu'il marche le long du précipice,
He meets a sense of yesteryear
Quelque chose lui revient d'un lointain passé
A window in the bank above his head
À travers une fenêtre, sur la berge au-dessus
Reveals his home amidst the streets
Apparaît sa maison et les rues alentour

Subway sounds, the sounds of complaint
Sons venus du métro, bruits de plainte
The smell of acid on his gun of paint[2]
Les senteurs d'acide de sa bombe aérosol
As he carves out anger in a blood-red band,[3]
Tandis qu'il exprime sa colère, d'une trace rouge sang sur le mur,
Destroyed tomorrow by an unknown hand ;
Qui demain sera effacée par une main inconnue ;
– My home
– Là d'où je viens

Is this the way out from the endless scene ?[4]
Est-ce le moyen d'échapper à cette scène sans fin ?
Or just an entrance to another dream ?
Ou juste une porte d'entrée vers un autre rêve ?
And the light dies down on Broadway
Et les lumières s'éteignent sur Broadway

But as the skylight beckons him to leave,
Mais tandis que la lumière céleste lui fait signe de s'enfuir,
He hears a scream from far below
Il entend un hurlement venu de tout en bas
Within the raging water, writhes the form
Dans les eaux en furie, se débat la silhouette
Of brother John, he cries for help
De son frère John, qui crie à l'aide

The gate is fading now, but open wide
La porte disparaît petit à petit, mais reste quand même grande ouverte
But John is drowning, I must decide
Mais John est en train de se noyer, je dois faire un choix
Between the freedom I had in the rat race,[5]
Entre la liberté que j'avais dans cette course du rat,
Or to stay forever in this forsaken place :
Ou rester à jamais ici dans cet endroit abandonné :
Hey John !
Hé John !

He makes for the river and the gate is gone,
Il se dirige vers la rivière tandis que la porte a maintenant disparu,
Back to the void where it came from[5]
Retournée vers le vide d'où elle était venue
And the light dies down on Broadway.
Et les lumières s'éteignent sur Broadway.

1) Au contraire de tout le reste de l'album, les paroles de « The Light Dies Down on Broadway » sont de T. Banks et M. Rutherford (aidés, de-ci de-là, par Peter). Elles mêlent narration 'extérieure' et réflexions de Rael lui-même.
*2) Les particules propres aux aérosols permettent une nouvelle allusion aux drogues, ici toutes les variétés d'acides – et en particulier celle du célèbre LSD-25 (*LysergSäureDiethylamid, *littéralement « acide lysergique diéthylamide »). D'autre part, les bombes de peinture elles-mêmes sont connues comme pouvant faire office de moyen de 'défonce'... Les effluves qu'elles dégagent sont l'occasion de sniffer pour les drogués particulièrement en manque, et ceci à moindre coût (les aérosols étant en vente libre dans le commerce).*
3) « Band *» pour « bande » (de peinture) mais aussi peut-être pour « groupe » (dans le sens de « formation musicale »). Auquel cas, pour cette dernière option, une allusion concernant, si ce n'est les cinq membres de Genesis, tout au moins son chanteur : on connaît en effet une des motivations/implications premières des musiciens de la génération 60-70's comme acte de rébellion adolescente (sans parler de l'identification personnelle de Peter à son héros).*
4) Écho au « once again the stage is set for you *» de « Lamia » – soit le retour sans fin des mêmes évènements, image de la fatalité et d'un destin inéluctable.*
5) Expression de la langue anglaise qui correspond à un mix entre nos « foire d'empoigne » et « fuite en avant ». Elle est basée sur l'image du rat de laboratoire tournant dans sa roue, métaphore d'un labyrinthe absurde et d'une course effrénée à la compétition et à la réussite (cf. la BD de Gérard Lauzier – La Course du Rat *justement, de 1978 – et le film qui en fut tiré en 1981,* Je vais craquer*). Cette course, c'est bien sûr celle de l'homme moderne tentant de combler un vide existentiel («* the void where it came from *»), la porte («* the gate *») de la strophe précédente symbolisant l'option/piège offert au kid Rael : abandonner sa quête et revenir à sa vie antérieure, dépourvue de sens.*

21: Riding the Scree *(3'56)*
(Gravissant l'Éboulis)

Struggling down the slope,
Dévalant la pente tant bien que mal,

There's not much hope
Y'a plus d'raison d'espérer quoi qu'ce soit
I begin to try to ride the scree[1]
Je tente de gravir l'éboulis
The rocks are tumbling all around me
Les rochers tombent tout autour de moi

If I want John alive,
Si je veux revoir John vivant
I've got to ditch my fear – take a dive
Je dois mettre ma peur de côté – et plonger
While I've still got my drive to survive
Tant que j'ai encore l'instinct de survie

Evel Knievel you got nothing on me, here I go ![2]
Evel Knievel t'es pas meilleur que moi, j'y vais !

1) Nouvelle incohérence langagière : « ride *» c'est « grimper, franchir », en l'occurrence ici l'éboulis («* scree *») qui apparaît dans le récit, 'au même moment' que la pente («* slope *»). L'éboulis et la pente semblent donc ne faire qu'un (?!?)... Rael ne peut pas la dévaler (la pente) et le gravir (l'éboulis) en même temps ! Ou bien alors, c'est un éboulis qui se trouve au bout de la pente, qu'il faudrait gravir (l'éboulis, pas la pente) et qui mène – l'éboulis – à la rivière, laquelle rivière se trouverait donc un peu en hauteur (de l'éboulis et, partant, de la pente) –* uh, see what I mean *?!? Aaaargh,* help *!*
2) *Voir note 3, p. 118.* *Le cascadeur américain Evel Knievel serait-il la personnification d'un danger, et partant d'un mal («* Evil », Evil/*Evel –* capito *?) à venir, si Rael tentait de l'imiter en plongeant ? Quoi qu'il en soit, longtemps indécis, notre héros décide finalement de se jeter à l'eau – au sens propre (il plonge dans la rivière en contrebas) comme figuré (il prend sa décision malgré le risque encouru).*

22: In the Rapids *(2'24)*
(Au Milieu des Rapides)

Moving down the water
Pris dans le courant
John is drifting out of sight,
John dérive hors de portée,

It's only at the turning point
C'est toujours au dernier moment[1]
That you find out how you fight
Que l'on comprend ce qu'il faut faire pour s'en sortir[1]

In the cold, feel the cold
Ce froid glacial, que j'ressens
All around
Tout autour de moi
And the rush of crashing water
Et l'eau bouillonnante, déchaînée
Surrounds me with its sound
Qui m'enserre dans son vacarme

Striking out to reach you
Me frayant un passage pour t'atteindre
I can't get through to the other side,
Je n'arrive pas à passer de l'autre côté,
When you're racing in the rapids [2]
Quand tu es entraîné dans les rapides
There's only one way, that's to ride[2]
Y'a qu'une solution, c'est d'se laisser porter

Taken down, taken down
Emporté, emporté
By the undertow
Par le reflux
I'm spiralled down the river bed,
Je suis aspiré vers le fond de la rivière,
My fire is burning low
Mon feu vital s'amenuise peu à peu
Catching hold of a rock that's firm,
Prenant prise sur un rocher ferme,[3]
I'm waiting for John to be carried past
J'attends que John passe à ma portée
We hold together, hold together and shoot the rapids fast
Nous nous agrippons l'un à l'autre, l'un à l'autre et, d'un coup, parvenons à échapper aux rapides

And when the waters slow down
Et quand l'eau se calme enfin
The dark and the deep have no one, no one left to keep[4]
De ces sombres profondeurs personne, personne ne peut en sortir vivant
Hang on John ! We're out of this at last
Tiens bon John ! On s'en est presque sortis
Something's changed, that's not your face, it's mine ! it's mine ![5]
Mais quelque chose a changé, c'n'est pas ton visage, c'est l'mien ! c'est l'mien !

1) Autrement dit : « c'est quand on est dos au mur que l'on peut enfin affronter et surmonter les obstacles ». Ou alors, simple description du récit, Rael se trouvant « at the turning point *», c.-à-d. dans une « boucle de la rivière » ?*
2) Ambiguïté du « ride *». Soit il faut a) « chevaucher » les flots, en d'autres termes « tenter à tout prix de leur échapper », soit b) « se laisser porter » par eux. On aurait alors là affaire à une métaphore philosophique sur fond de stoïcisme mâtiné de sagesse quiétiste : dans la vie rien ne sert de se débattre dans les difficultés, parfois il faut savoir se laisser 'faire' par elles, les ignorer en quelque sorte (ni renoncement, ni acceptation), jusqu'à ce que – peut-être, (souvent...) – elles s'évanouissent d'elles-mêmes.*
3) « Prenant prise sur » : barbarisme redondant pour scène chaotique – qu' on pourrait remplacer par un plus classique « m'agrippant à ».
4) Ou alors, version 'optimiste' : « les sombres profondeurs » n'ont pas réussi à les entraîner et à les garder (« keep *»), lui (Rael) et John.*
5) Rael réalise qu'en secourant son frère, c'est lui-même qu'il sauve. Attitude toute chrétienne, altruisme, identification à l'autre – voilà pour l'interprétation 'positive'. Ou bien alors : n'est-il pas en fait ramené à son propre narcissisme – l'égo comptant avant tout –, ceci expliquant que c'est son propre visage qu'il voit ?... Well, c'est toute l'ambiguïté du personnage – et de la strophe.

23: it *(4'17)*
(ça)

When *it*'s cold, *it* comes slow[1]
Quand c'est froid, ça *vient lentement*
it is warm, just watch *it* grow[1]
C'est chaud, regarde ça *grandir*

– all around me
– tout autour de moi

it is here, *it* is now
c*'est ici,* c*'est maintenant*

Just a l*it*tle b*it* of *it* can bring you up or down
*Un tout pet*it *peu de* ça *peut t'élever ou te faire tomber*[2]
Like the supper[3] *it* is cooking in your hometown
Comme le souper qui se prépare dans la ville d'où tu viens
it is chicken, *it* is eggs,[4]
c*'est du poulet,* c*'est des oeufs,*
it is in between your legs[4]
c*'est là entre tes jambes*
it is walking on the moon,[5]
ça *marche sur la lune,*
Leaving your cocoon[5]
*Qu*it*tant ton cocon*

it is the jigsaw, *it* is purple haze[6]
c*'est le puzzle,* c*'est la brume pourpre*
it never stays in one place, but *it*'s not a passing phase
ça *reste jamais en place, mais* ça *ne fa*it *pas juste que passer*
it is in the singles bar, in the distance of the face[7]
c*'est dans les bars à drague, dans la distance qui sépare d'un visage*
it is in between the cages, *it* is always in a space
c*'est là entre les cages,* c*'est toujours là, quelque part*
it is here, *it* is now
c*'est ici,* c*'est maintenant*

Any rock can be made to roll[8]
Chaque rocher peut se mettre à rouler
If you've enough of *it* to pay the toll[8]
Si t'as assez de ça *pour payer le péage*
it has no home in words or goal[8]
ça *ne peut se résumer à de simples mots, ou à un quelconque but*
Not even in your favour*it*e hole [8, 9]
Pas même dans ton trou favori

it is hope for the dope [10]
c*'est l'espoir en la drogue*
When you ride the horse w*it*hout a hoof [11]
Quand tu chevauches le cheval sans sabots
it is shaken not stirred ;[10]
c*'est secoué, mais pas remué ;*
Cocktails on the roof[9, 11]
*Cocktails sur le to*it

When you eat right thru' *it* you see everything alive[12]
Dès qu'tu l*'ingurgites, tu vois les choses telles qu'elles sont vraiment*
it is inside the spir*it*, w*it*h enough gr*it* to survive
c*'est la force de l'espr*it*, quand on a suffisamment de détermination pour survivre*
If you think that *it*'s pretentious, you've been taken for a ride[13]
Si tu penses que tout cela *est prétentieux, c'est qu'tu t'es fa*it *mener en bateau*[14]
Look across[15] the mirror sonny, before you choose, decide
Regarde de l'autre côté du miroir fiston, avant de choisir, décide pour de bon
it is here, *it* is now
c*'est ici,* c*'est maintenant*
it is Real, *it* is Rael [16]
c*'est Réel,* c*'est Rael*

'Cos *it*'s only knock and knowall, but I like *it* [17]
Pass'que c*'est juste cogner-et/pour-tout-connaître, mais j'aime* ça
Yes *it*'s only knock and knowall, but I like *it*
Oui c*'est juste cogner-et/pour-tout-connaître, mais j'aime* ça
Yes *it*'s only knock and knowall, but I like *it* like *it* like *it*...
Oui c*'est juste cogner-et/pour-tout-connaître, mais j'aime* ça *j'aime* ça *j'aime* ça...

1) Métaphores – hum – 'érectiles' évidentes, isn't… « it » *?*
2) « (Just a little bit of it) can bring you up or down *», traduction alternative : « (Un tout petit peu de ça) peut te remonter le moral ou te le foutre en l'air » –*

soit dans les deux cas une allusion à une éventuelle prise de drogue (dans ses effets 'positifs' : expérimentation et extension du champ de conscience, ou 'négatifs' : bad trip *et dépendance).*
3) Réminiscence du classique « Supper's Ready » de 1972 ? Lequel classique citait déjà lui aussi – mise en abyme de l'œuvre genesisienne – un morceau antérieur du groupe (« The Musical Box »), in *la séquence « Willow Farm ».*
4) Nouvelle allégorie coquine (« c'est des œufs, (...) là entre tes jambes »), l'imagerie ovoïde *étant une référence récurrente dans le Genesis de la période Gabriel : «* the egg was a bird *» et la section « As Sure as Eggs is Eggs » de « Supper's Ready » ; «* it's scrambled eggs *»* in *« Aisle of Plenty », etc.*
*5) Clin d'œil à la conquête spatiale américaine de juillet 1969 et résurgence du quatrième titre de l'album (« Cuckoo Cocoon »)... ou recherche d'une simple rime (*moon/cocoon*), sans signification ni référence particulière !*
6) Hommage au classique psyché éponyme de Hendrix, à haute teneur lysergique. Pour ce qui est du jigsaw/*puzzle : flou artistique et, sûrement, de la part de Peter, volonté d'opacité quant à la signification réelle du «* it *» en question.*
7) « (...) in the distance of the face *». Autre possibilité de traduction : « (...) dans tout visage », sous-entendu, 'inatteignable' – en d'autres termes : « dans l'incommunicabilité inéluctable entre les êtres » ?*
8) Jeu de mots évident sur le rock'n'roll, la musique, et le « rocher » (« rock *») que l'on peut faire « rouler » («* roll *») ; le tout agrémenté de rimes 'onomatopéiques' burlesques : «* roll/toll/goal/hole *» (« rouler/péage/but/trou »).*
9) « Not even in your favourite hole *» ; «* Cocktails on the roof *» : crypto-références poétiques pour les deux – et/ou vulgairement salace (pour la première) ? Ou bien alors : simple recherche d'assonances (le «* hoof *», deux strophes plus haut, pour «* roof *» ; et «* hole *», cf. note précédente).*
10) « C'est secoué pas remué » : vers obscur, d'ailleurs le seul dans la strophe – hormis le très clair « it is hope for the dope *» – qui ne renvoie pas à une autre rime d'une autre ligne de la susdite strophe. (Euh, c'est clair là ? – NdA.)*
11) On sait que le « cheval » (« horse *») est un terme argotique pour désigner l'héroïne. «* The horse without a hoof *» serait donc une métaphore de la drogue qui ne peut mener à rien – littéralement, comme un « cheval sans sabots ». L'hypothèse semblerait d'ailleurs être confirmée un peu plus haut : «* it is hope for the dope *»... Quant aux cocktails qu'on sirote sur un toit («* cocktails on the roof *»), finalement n'aurait-on pas là affaire à l'évocation d'une vie de luxe et de richesse matérielle ? – autrement dit Peter en Janus bifrons malicieux et cynique, dynamitant un discours/conte prétendument 'idéaliste'.*
12) À nouveau une référence à la drogue, ici s'ingurgitant par voie buccale (« eat *») : acide, buvard, peyotl, etc. Dans la doxa hippie des 60-70's, celle-ci permettait d'élargir le champ de conscience et de percevoir la 'vraie réalité' du monde («* you see everything alive *»).*
13), 14) « Pretentious *» : « prétentieux », dans le sens de « pédant/vaniteux », mais aussi de simple « prétention/volonté » de recherche d'une quelconque*

explication. En d'autres termes, dans ce cas, Gabriel renverrait l'auditeur/lecteur à lui-même, si celui-ci cherche des réponses à quoi que ce soit... Peut-être aussi – qui sait ? – une allusion au rock progressif de l'époque, dont Genesis était un des fleurons, et à ses détracteurs, lesquels réduisaient le genre à une musique pompeuse et grandiloquente (« prétentieuse »). D'autre part, on a ici un renvoi au « horse *» du couplet précédent : «* you've been taken for a ride *» pour « on t'a mené en bateau » (c.-à-d. « on s'est foutu de toi »), mais aussi « on t'a amené faire une balade » (équestre !, cf. «* horse*/cheval »)... CQFD.*

15) Référence chrétienne cachée ? (Voir p. 121.)

16) Hormis le plus qu'évident jeu de mots Rael/Real *(Rael/Réel), la juxtaposition de «* Is *» (« Est ») et « Rael » est intéressante, puisqu'elle forme « Israël » – les trémas en moins certes, mais à la toute fin de l'album, c'est-à-dire au point culminant du récit. Intentionnel, donc ? Il semblerait ; mais faut-il vraiment y voir là un quelconque message (politique ou autre), en fait on ne sait trop (cf. p. 124). Ceci dit, le mot hébreu «* Yisrael *» signifie « lutter avec Dieu », ce qui est plus ou moins le cas de Rael, en pleine recherche existentielle. Autre remarque – qui vaut ce qu'elle vaut – : Rael est le parfait palindrome de Lear. S'agit-il donc là d'une référence implicite au roi torturé et devenu fou à force de questions ontologiques, celui du drame de Shakespeare ?*

17) « It's only knock and knowall but I like it *», avec «* knowall *» pour « tout connaître/expérimenter » (cf. l''exégèse' complémentaire, p. 124). En tout cas, nous avons bien là affaire à un nouveau clin d'œil – hybride, à base de contrepèterie et de calembour –, en référence au morceau des Rolling Stones : « It's Only Rock and Roll (But I Like It) » (*hit single *paru le 26 juillet 1974, soit au tout début de la conception de* The Lamb... *et le jour de naissance du premier enfant de Peter ! – voir p. 26). Peut-être aussi une nouvelle et dernière allusion 'musicale' – plus sibylline et moins évidente celle-là –, en l'occurence,* via *le «* knock *», à la chanson de Bob Dylan : « Knockin' on Heaven's Door » (bande-son du film* Pat Garrett & Billy the Kid *sorti en 1973).*

5

Even academics searching printed words

Texte de la pochette intérieure

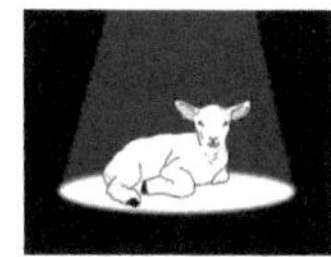

{**PG** : quelques commentaires de P. Gabriel en concert...}

Keep your fingers out of my eye[1]. While I write I like to glance at the butterflies in glass that are all around the walls. The people in memory are pinned to events. I can't recall too well, but I'm putting one down to watch him break up, decompose and feed another sort of life. The one in question is all fully biodegradable material and categorised as 'Rael'. Rael hates me, I like Rael, – yes, even ostriches have feelings –, but our relationship is something both of us are learning to live with. Rael likes a good time, I like a good rhyme, but you won't see me directly anymore – he hates my being around. So if his story doesn't stand, I might lend a hand, understand ? (i.e. : the rhyme is planned, dummies).[2]

Ôtez donc vos doigts de mes yeux. Pendant que j'écris j'aime jeter un coup d'œil sur les papillons de verre qui volettent autour des murs. Les personnes (que j'ai) en mémoire sont comme épinglés aux événements (passés). Je ne me souviens pas très bien, mais il me semble que je jette l'un d'eux par terre, pour le voir se briser, se décomposer et alimenter/générer une autre espèce de vie. La personne en question est d'un matériau entièrement biodégradable et classée dans la catégorie 'Rael'. Rael me déteste, j'aime Rael – oui, même les autruches ont des sentiments –, mais notre relation est telle que nous apprenons tous les deux à vivre avec. Rael aime passer du bon temps, j'aime les rimes riches, mais vous ne me verrez plus directement – il déteste ma présence. Donc si son histoire ne tient pas debout, je pourrais toujours donner un coup de main, pigé ? (c.-à-d. : la rime est voulue, bande de nuls).

(The Lamb Lies Down On Broadway)

The flickering needle jumps into red. New York crawls out of its bed. The un-paid extras disturb the Sleeping Broadway. WALK to the left DON'T WALK to the right[3] : on Broadway, directions don't look so bright. Autoghosts[4] keep the pace for the cabman's early mobile race.
L'aiguille vacillante passe au rouge. New York rampe hors de son lit. Les extras non payés perturbent Broadway-l'Endormie. MARCHEZ à gauche ATTENDEZ à droite : à Broadway, les directions à prendre ne semblent pas aussi claires que ça. Les Auto-fantômes gardent le rythme, en vue de la première course du chauffeur de taxi.
Enough of this – our hero is moving up the subway stairs into daylight. Beneath his leather jacket he holds a spray gun which has left the message R-A-E-L in big letters on the wall leading underground. It may not mean much to you but to Rael it is part of the process going towards 'making a name for yourself.' When you're not even a pure-bred Puerto-Rican the going gets tough and the tough gets going.[5]
Mais assez avec ça – notre héros gravit les escaliers du métro, et sort à la lumière du jour. Sous sa veste de cuir il tient une bombe aérosol, laquelle a laissé le message R-A-E-L, inscrit en grosses lettres sur le mur menant au souterrain. Cela ne signifie peut-être pas grand-chose pour vous, mais pour Rael ça fait partie du processus visant à « se faire un nom ». Quand vous n'êtes même pas un Portoricain pur jus, la vie est dure et il faut faire face.
With casual sideways glances along the wet street, he checks the motion in the steam to look for potential obstruction. Seeing none, he strides along the sidewalk, past the drugstore with iron guard being removed to reveal the smile of the toothpaste girl, past the nightladies and past Patrolman Frank Leonowich (48, married, two kids) who

stands in the doorway of the wig-store. Patrolman Leonowich looks at Rael in much the same way that other Patrolmen look at him, and Rael only just hides that he is hiding something. Meanwhile from out of the steam a lamb lies down. This lamb has nothing whatsoever to do with Rael, or any other lamb – it just lies down on Broadway.
Regards obliques répétés vers la rue humide, il scrute un éventuel mouvement à travers la vapeur, afin de voir si un obstacle potentiel se présente. N'en apercevant aucun, il marche le long du trottoir, passe devant la pharmacie dont le store métallique relevé révèle la fille au sourire dentifrice, passe ensuite devant les dames de la nuit et devant le patrouilleur Frank Leonowich (48 ans, marié, deux enfants) qui se tient dans l'embrasure du magasin de perruques. Le patrouilleur Leonowich regarde Rael de la même manière que tout autre patrouilleur pourrait le regarder, tandis que Rael essaie de cacher qu'il cache quelque chose. Pendant ce temps, au milieu de la vapeur, on aperçoit un agneau étendu sur le sol. Cet agneau n'a absolument rien à voir avec Rael, ou avec n'importe quel autre agneau d'ailleurs – il est simplement étendu là, sur Broadway.

(Fly On A Windshield)

The sky is overcast and as Rael looks back a dark cloud is descending like a balloon into Times Square. It rests on the ground and shapes itself into a hard edged flat surface, which solidifies and extends itself all the way East and West along 47th Street and reaching up to the dark sky. As the wall takes up its tension it becomes a screen showing what had existed in three dimensions, on the other side just a moment before. The image flickers and then cracks like painted clay and the wall silently moves forward, absorbing everything in its path.
Le ciel est couvert et alors que Rael regarde derrière lui, un nuage sombre descend, tel un ballon, sur Times Square. Il repose un instant sur le sol puis se transforme en une espèce de surface plane aux rebords durs, laquelle devient solide et s'étend peu à peu tout au long des 47ème rue Est et Ouest, jusqu'à atteindre le ciel noir. Au fur et à mesure que le mur se solidifie, il se transforme en un écran, derrière lui[6a], montrant tout ce qui a jamais existé depuis toujours[6b], en trois dimensions. L'image vacille puis se fissure comme de l'argile peinte et le mur avance silencieusement, absorbant tout sur son passage.

{ **PG** : “So I was just walking along the street when this big cloud comes down. It becomes solid, like a screen showing up pictures of what existed around it before on the back side of it.”
“Et donc j'étais juste en train de marcher dans la rue quand ce gros nuage est tombé. Il devient solide, un écran derrière lui projetant des images, des images de tout ce qui a jamais existé avant autour de lui.” }

The unsuspecting New Yorkers are apparently blind to what is going on. Rael starts to run away towards Columbus Circle. Each time he dares to take a look, the wall has moved another block. At the moment when he thinks he's maintaining his distance from the wall, the wind blows hard and cold slowing down his speed. The wind increases, dries the wet street and picks up the dust off the surface, throwing it into Rael's face.
Les New-Yorkais, peu méfiants, ne réalisent apparemment pas ce qui se passe. Rael commence à courir vers Columbus Circle. Chaque fois qu'il ose jeter un coup d'œil, le mur a atteint un nouveau bloc d'immeubles. Au moment où il pense avoir maintenu une certaine distance, le vent se met à souffler, fort et froid, ralentissant ainsi sa course. Le vent souffle plus fort, sèche la rue humide et soulève la poussière du sol, la projetant sur le visage de Rael.

{ **PG** : “And I was walking along seeing this wall closing up on me behind me, me on the wall.”
“Et je marchais en voyant ce mur se refermer sur moi derrière moi, moi contre le mur.” }[6c]

More and more dirt is blown up and it begins to settle on Rael's skin and clothes, making a solid layered coat that brings him gradually to a terrified stillness. A sitting duck.[7]
De plus en plus de saleté se trouve projetée en l'air, et elle commence à se déposer sur la peau et les vêtements de Rael, les couches successives se transformant en un manteau solide qui le laisse progressivement tétanisé par la terreur. Un lapin pris dans les phares.

(Broadway Melody Of 1974)

The moment of impact bursts through the silence and in a roar of sound, the final second is prolonged in a world of echoes as if the concrete and clay of Broadway itself was reliving its memories. The last great march past. Newsman stands limp as a whimper as audience and event are locked as one. Bing Crosby[8] coos "You don't have to feel pain to sing the blues, you don't have to holla – you don't feel a thing in your dollar collar." Martin Luther King[9] cries "Everybody Sing !" and rings the grand old liberty bell. Leary[10], weary of his prison cell, walks on heaven, talks on hell. J.F.K.[11] gives the O.K. to shoot us, sipping Orange Julius and Lemon Brutus[12]. Bare breasted cowboy double decks the triple champion.[13] Who needs Medicare and the 35c flat rate fare, when Fred Astaire and Ginger Rogers[14] are dancing through the air ? From Broadway Melody stereotypes the band returns to 'Stars and Stripes'[15] bringing a tear to the moonshiner, who's been pouring out his spirit from the illegal still[16]. The pawn broker clears the noisy till and clutches his lucky dollar bill. Then the blackout.

Dans un mugissement sonore, le moment de l'impact éclate dans le silence, la dernière seconde se prolongeant dans un monde d'échos, comme si le béton et l'argile de Broadway revivaient leurs souvenirs. Le dernier grand défilé. Le journaliste reste là, aussi amorphe qu'un gémissement, alors que le public et l'événement ne font qu'un. Bing Crosby roucoule "Vous n'avez pas besoin de ressentir de la douleur pour chanter le blues, vous n'avez pas besoin de dire quoi que ce soit – vous ne ressentez rien affublé de votre collier de dollars." Martin Luther King crie "Allez, tout le monde chante !" et fait sonner la bonne vieille grand cloche de la liberté. Leary, fatigué de sa cellule de prison, marche au paradis, parle de l'enfer. J.F.K. donne son accord pour qu'on nous tire dessus, tout en sirotant un Orange Julius et un Lemon Brutus. Le cow-boy à la poitrine nue bureaux doubles le triple champion. Qui donc a besoin d'assurance maladie et du tarif forfaitaire à 35 cents, quand Fred Astaire et Ginger Rogers dansent dans les airs ? Laissant là les typiques mélodies de Broadway, le groupe revient à "Stars and Stripes", faisant ainsi verser une larme au distillateur, lequel a déversé son esprit spiritueux de l'illégal alambic. Le prêteur sur gages fait taire sa caisse enregistreuse et, chanceux, saisit son billet d'un dollar. Et tout à coup le black-out.

(Cuckoo Cocoon)

Rael regains consciousness in some musky half-light. He is warmly wrapped in some sort of cocoon. The only sound he can hear is dripping water which appears to be the source of a pale flickering light. He guesses he must be in some sort of cave – or kooky tomb, or catacomb, or eggshell waiting to drop from the bone of the womb. Resigning himself to the unknown he drifts off into sleep.
Rael reprend connaissance dans une espèce de semi-pénombre musquée. Il est chaudement enveloppé dans une sorte de cocon. Le seul son qu'il puisse entendre est celui de gouttes d'eau, lesquelles semblent être la source d'une pâle lumière vacillante. Il suppose qu'il se trouve dans une espèce de grotte – ou de tombeau bizarre, ou de catacombe, ou de coquille d'œuf attendant d'être expulsée de l'os utérin. Se résignant lui-même à l'inconnu, il dérive dans le sommeil.

{ **PG** : "And I wake up in a little while, laid down underground."
"Et je me réveille peu de temps après, allongé sous terre." }

(In The Cage)

He wakes in a cold sweat with a strong urge to vomit. There's no sign of the cocoon and he can see more of the cave about him. There is much more of the glowing water dripping from the roof and stalactites and stalagmites are forming and decomposing at an alarming rate all around him. As fear and shock register, he assures himself that self-control will provide some security, but this thought is abandoned as the stalactites and stalagmites lock into a fixed position, forming a cage whose bars are moving in towards him. At one moment there is a flash of light and he sees an infinite network of cages all strung together by a ropelike material. As the rocky bars press in on Rael's body, he sees his brother John outside, looking in. John's face is motionless despite screams for help, but in his vacant expression a tear of blood forms and trickles down his cheek. Then he calmly walks away leaving Rael to face the pains which are beginning to sweep

through his body. However, just as John walks out of sight, the cage dissolves and Rael is left spinning like a top.
Il se réveille – sueurs froides – avec une forte envie de vomir. Plus de cocon, et maintenant il peut voir plus profondément dans la grotte. Il y a bien plus d'eau brillante qui goutte du toit, et des stalactites et stalagmites se forment et se décomposent à une vitesse inquiétante, tout autour de lui. Encaissant le choc et la peur, il se rassure en se disant que la maîtrise de soi apportera une certaine sécurité, mais cette pensée est vite abandonnée quand stalactites et stalagmites se verrouillent en position fixe, formant une cage dont les barreaux se déplacent vers lui. À un moment donné, il y a comme un éclair de lumière et il voit un réseau infini de cages toutes reliées entre elles par une espèce de système de cordages. Alors que les barreaux rocheux se pressent contre le corps de Rael, celui-ci voit son frère John dehors, qui l'observe. Le visage de John reste sans expression, malgré les appels au secours, mais dans son œil vide une larme de sang se forme puis coule le long de sa joue. Ensuite il s'éloigne calmement, laissant Rael seul face à la douleur qui commence à suinter dans tout son corps. Quoiqu'il en soit, juste au moment où John disparaît au loin, la cage se dissout, et Rael se met à tournoyer comme une toupie.

(The Grand Parade Of Lifeless Packaging)

When all this revolution is over, he sits down on a highly polished floor while his dizziness fades away. It is an empty modern hallway and the dreamdoll saleslady[17] sits at the reception desk. Without prompting she goes into her rap[18] : "This is the Grand Parade of Lifeless Packaging, those you are about to see are all in for servicing[19], except for a small quantity of our new product, in the second gallery. It is all the stock required to cover the existing arrangements of the enterprise.
Dès que toutes ces rotations se sont arrêtées, il s'assoit sur un sol brillant de cire, tandis que ses sensations de vertige s'estompent. C'est un couloir vide, style moderne, et la vendeuse (une poupée de rêve)[17] est assise à la réception. Sans y être invitée, elle lance son baratin : "C'est la Grande Parade des Emballages-Sans-Vie, tous ceux que vous allez voir sont là pour l'entretien, à l'exception de quelques exemplai-

res de notre nouveau produit, qui se trouvent dans la deuxième galerie. Tout cela constitue le stock dont l'entreprise a besoin pour pouvoir faire face aux offres proposées.

Different batches are distributed to area operators, and there are plenty of opportunities for the large investor.[20] They stretch from the costly care-conditioned to the most reasonable mal-nutritioned. We find here that everyone's looks become them. Except for the low market mal-nutritioned, each is provided with a guarantee for a successful birth and trouble free infancy. There is however only a small amount of variable choice potential – not too far from the mean differential. You see, the roof has predetermined the limits of action of any group of packages, but individuals may move off the path if their diversions are counter-balanced by others."

Différents lots sont distribués aux opérateurs de la zone, et il y a de nombreuses opportunités pour celui qui compte vraiment (s')investir. Elles vont de soins conditionnés très coûteux jusqu'à ce qui est prodigué à ceux qu'on peut laisser raisonnablement dénutris. On constate ici que l'apparence de chacun devient ce qu'il est réellement. À l'exception de ceux qui sont dénutris, sans rentabilité aucune, on procure à chacun la garantie d'une naissance réussie et d'une enfance sans problème. Il n'y a cependant qu'une petite quantité de choix potentiel qui puisse varier – pas trop éloigné du différentiel moyen. Vous voyez, le toit détermine les limites de mouvement de chaque (groupe d'individus préposés aux ?) colis, mais chacun peut s'écarter du chemin s'il est remplacé par un autre."

As he wanders along the line of packages, Rael notices a familiarity in some of their faces. He finally comes upon some of the members of his old gang and worries about his own safety. Running out through the factory floor, he catches sight of his brother John with a number 9 stamped on his forehead[21].

Alors qu'il se balade autour des (préposés aux) colis, Rael remarque un semblant d'air de famille sur certains (de leurs) visages. Il tombe finalement sur quelques membres de son ancien gang et s'inquiète pour sa propre sécurité. Courant à travers (le sol de) l'usine, il aperçoit son frère John affublé d'un numéro 9 collé sur son front.

(Back in N. Y. C.)

No-one seems to take up the chase, and with the familiar faces fresh in his mind he moves into a reconstruction of his old life, above ground[22] – Too much time was one thing he didn't need, so he used to cut through it with a little speed[23]. He was better off dead, than slow in the head[24]. His momma and poppa had taken a ride on his back[25], so he left very quickly to join The Pack.
Personne ne semble le prendre en chasse, et avec ces visages familiers ravivés dans son esprit, il essaie de se remémorer son ancienne vie, là au-dessus du sol – Trop de temps à rien faire était une chose dont il n'avait pas besoin, alors il décida assez vite de laisser ça de côté. Il valait mieux qu'il soit mort, plutôt qu'une espèce de légume. Sa mô-man et son pôpa ayant fait un tour sur son dos, très vite il partit re-joindre La Bande.

{ **PG** : "We're presently right in the middle of the story of Rael, and he's at present underground moving through an almost perfect reconstruction of the streets of New York City. And it's just like it was above ground. I mean the streets of New York had been built again, a few years earlier."
"*Nous sommes maintenant entrés de plain-pied dans l'histoire de Rael, et en ce moment il se trouve sous terre, en train de se déplacer dans une reconstruction quasi parfaite des rues de New York. Et c'est exactement comme ce qui était au-dessus, dehors. Je veux dire : les rues de New York auraient été reconstruites là à l'identique, quelques années plus tôt.*" }

Only after a spell in Pontiac reformatory was he given any respect in the gang. Now, walking back home after a raid, he was cuddling a sleeping porcupine.
Ce n'est qu'après un p'tit séjour à la maison de correction de Pontiac qu'il fut (admis et) respecté dans le gang. Là, rentrant chez lui après un mauvais coup, il câlinait un porc-épic endormi.

(Hairless Heart – *instrumental*) & (Counting Out Time)

That night he pictured the removal of his hairy heart and to the accompaniment of very romantic music he watched it being shaved smooth by an anonymous stainless steel razor. The palpitating cherry-red organ was returned to its rightful place and began to beat faster as it led our hero, counting out time, through his first romantic encounter. *Cette nuit-là, il imagina qu'on lui retirait son cœur velu et, au son d'une musique hyper romantique, il l'observait se faire tondre, par un anonyme rasoir en acier inoxydable. L'organe palpitant, de couleur rouge cerise, fut remis à sa place et commença à battre de plus en plus vite, tandis qu'il guidait notre héros – lequel égrenait le compte à rebours avant son premier rendez-vous amoureux.*

{ **PG** : "Which brings him to the memory chambers of his first romantic adventures : exciting subject. This particular hero, Rael, had purchased a book entitled 'Erogenous Zones and Difficulties in Overcoming Finding Them'. After many months of serious study, the moment of realization came; and he found himself an opposite number[26] and completed his entire numerical motions in a mere 78 seconds.[27] This magnificent piece of masculine performance left his opposite number[26] a little less than titillated – I'll rephrase that – a little less than extremely excited..."
Variante :
"And one of the faces I see wandering down the streets is a face that has been haunting me for a long time : the face of my first romantic adventure. I bought this book called 'Erogenous Zones and Difficulties in Overcoming Finding Them'. It's a book I studied for many months – devoted study – until I could move from page one to page one hundred with tremendous sophistication and skill. Finally, the moment of realization came. My opposite number[26] arrived in the flesh[28], and I went through the entire number sequence in 78 seconds.[27] This left my opposite number not even mildly titillated."
"Ce qui l'amène aux chambres mémorielles de ses premières aventures amoureuses : sujet passionnant. Ce héros bien particulier, Rael, avait fait l'acquisition d'un livre intitulé

'Zones érogènes et difficultés à surmonter pour les trouver'. Après plusieurs mois d'études appliquées, le moment fut venu ; alors il se trouva une partenaire et accomplit l'ensemble de ses mouvements numérotés en tout juste 78 secondes. Ce magnifique exemple de performance masculine laissa sa partenaire un peu moins que titillée – je vais reformuler ça – un peu moins qu'extrêmement excitée..."
Variante :
"Et un des visages que je vois errer dans les rues se trouve précisément être l'un de ceux qui me hantent depuis bien longtemps : le visage de ma première aventure amoureuse. J'avais acheté ce livre, 'Zones érogènes et difficultés à surmonter pour les trouver'. C'est un livre que j'avais étudié pendant de nombreux mois – étude assidue – jusqu'à ce que je puisse assimiler le tout, de la page une à la page cent, avec adresse et une compétence extraordinaires. Enfin, le moment de passer à l'action arriva. Ma partenaire arriva toute chair dehors, et je parvins à parcourir toutes ces séquences numérotées en soixante-dix-huit secondes. Tout cela laissa ma partenaire même pas un tant soit peu titillée." }

(The Carpet Crawlers)

He returns from his mixed-up memories to the passage he was previously stuck in. This time he discovers a long carpeted corridor.
Il laisse là ses souvenirs confus et revient au passage où il était auparavant coincé. Cette fois, il découvre un long couloir recouvert de moquette.

{ **PG** : "And he/I was left cuddling a/this gigantic prickly porcupine on a soft thick carpeted corridor – 'Carpeted by Cyril Lord[29] at Prices You Can Afford.' "
"Et il s'est (je me suis) retrouvé à câliner un (ce) porc-épic recouvert d'épines géantes, là sur la douce et épaisse moquette d'un couloir – 'Tapissée par Cyril Lord"[29], à des prix que vous pouvez aisément vous permettre.' " }

The walls are painted in red ochre and are marked by strange insignia, some looking like a bulls-eye, others of birds and boats. Further down the corridor, he can see some people ; all kneeling. With broken sighs and murmurs they struggle, in their slow motion to move towards a wooden door at the end. Having seen only the inanimate bodies in the Grand Parade of Lifeless Packaging, Rael rushes to talk to them.
Les murs sont peints en rouge ocre et parsemés d'étranges signes, certains ressemblant à un œil de bœuf, d'autres à des oiseaux et à des bateaux. Plus loin dans le couloir, il aperçoit des gens ; tous à genoux. Force murmures et soupirs brisés, ils luttent contre leur propre lenteur, se dirigeant vers une porte en bois tout au fond. N'ayant vu jusqu'à présent que les corps inanimés de la Grande Parade des Emballages-Sans-Vie, Rael se précipite vers eux pour leur parler.
"What's going on?" he cries to a muttering monk, who conceals a yawn and replies "It's a long time yet before the dawn." A sphinx-like crawler calls his name saying "Don't ask him, the monk is drunk.[30] Each one of us is trying to reach the top of the stairs, a way out will await us there." Not asking how he can move freely, our hero goes boldly through the door. Behind a table loaded with food, is a spiral staircase going up into the ceiling.
"Qu'est-ce qui s'passe ?" crie-t-il à un moine marmonnant, lequel dissimule un bâillement et répond : "Il y a encore loin avant que l'aube ne pointe". Une chenille ressemblant à un sphinx l'appelle par son nom et lui dit "Ne lui demandez rien, le moine est ivre. Nous essayons tous d'atteindre le haut de ces escaliers, là-haut une issue nous y attend." Ne cherchant pas à savoir comment il pourrait s'échapper de tout cela, notre héros franchit hardiment la porte. Derrière une table chargée de nourriture se trouve un escalier en colimaçon, montant vers le plafond.

{ **PG** : “And it all led up to a spiral staircase which in turn led into a chamber with 32 doors, none of which went anywhere but back in the chamber.”
“Et tout cela menait à un escalier en colimaçon qui à son tour menait à une chambre avec 32 portes, dont aucune ne débouchait ailleurs que dans cette même chambre.” }

(The Chamber of 32 Doors)

At the top of the stairs he finds a chamber. It is almost a hemisphere with a great many doors all the way round its circumference. There is a large crowd, huddled in various groups. From the shouting, Rael learns that there are 32 doors, but only one that leads out. Their voices get louder and louder until Rael screams "Shut up!" There is a momentary silence and then Rael finds himself the focus as they direct their advice and commands to their new found recruit. Bred on trash, fed on ash the jigsaw master has got to move faster.[31] Rael sees a quiet corner and rushes to it.
En haut des escaliers, il trouve une chambre. C'est une espèce de pièce de forme hémisphérique, toute sa circonférence étant parsemée d'un nombre incroyable de portes. S'y trouve une grande foule, rassemblée en divers groupes. Des hurlements qu'il peut entendre, Rael comprend qu'il y a là 32 portes, mais qu'une seule mène vers la sortie. Les cris deviennent de plus en plus stridents jusqu'à ce que Rael hurle "Taisez-vous!" Un moment de silence, et Rael se retrouve au centre de l'attention, tandis que tous prodiguent conseils et ordres à leur nouvelle recrue. Élevé sur des ordures, nourri de cendres, le maître du puzzle doit se déplacer plus rapidement. Rael aperçoit un coin tranquille et s'y précipite.

(Lilywhite Lilith)

He stands by a middle-aged woman, with a very pale skin who is quietly talking to herself. He discovers she is blind and asking for a guide.
Il se tient près d'une femme d'âge moyen et à la peau très pâle, qui doucement se parle à elle-même. Il se rend compte qu'elle est aveugle et qu'elle demande à être guidée.

{ **PG** : "I'm in this chamber with 32 doors, – no, no 'Knives'[32] – and there's this woman, a blind woman. Lilywhite Lilith is actually her proper name, and she says to me, she says 'Can you help me ?"

"Je me trouve dans cette chambre aux 32 portes, – non, pas de 'Couteaux' – et y'a cette dame, une dame aveugle. Lilith Blanche-Comme-le-Lys est en fait son nom exact, et elle me dit, elle dit 'Pouvez-vous m'aider ?' " }

"What's the use of a guide if you got nowhere to go" asks Rael. "I've got somewhere to go," she replies, "If you take me through the noise, I'll show you. I'm a creature of the caves and I follow the way the breezes blow."[33] He leads her across the room and they leave the crowd, who dismiss their departure as certain to fail.
"À quoi ça sert d'avoir un guide si vous n'avez nulle part où aller ?" demande Rael. "J'ai quelque part où aller," répond-elle, "Si tu me diriges à travers tout ce bruit, je te montrerai. Je suis une créature des grottes et je vais dans la direction où souffle la brise." Il la mène à travers la pièce et ils laissent là la foule – laquelle estime que leur départ les conduira à un échec certain.

{ **PG** : "How could I resist a proposition like that? So we held clammy hands, and I took her through all the people in the room; and she took me through one of the doors into a passageway I hadn't seen before."
"Comment aurais-je pu résister à une telle proposition ? Nous nous sommes donc pris par la main – nos mains moites –, et je l'ai menée à travers toutes les personnes présentes dans la pièce; et elle m'a fait franchir une des portes, vers un passage que je n'avais pas remarqué avant. " }

When through the door, the woman leads Rael down the tunnel. The light of the chamber soon fades and despite her confident step Rael often stumbles in the darkness. After a long walk they arrive in what Rael judges to be a big round cave, and she speaks a second time asking him to sit down. It feels like a cold stone throne. "Rael, sit here. They will come for you soon. Don't be afraid." And failing to explain any more she walks off.
Une fois la porte franchie, la femme conduit Rael à travers le tunnel. La lumière de la chambre s'estompe vite, et malgré sa démarche assurée[34], Rael se met à trébucher de plus en plus dans l'obscurité. Après une longue marche, ils débouchent dans ce que Rael devine être

un grand caveau de forme circulaire, et elle s'adresse à lui une deuxième fois, lui demandant de s'asseoir. Sur ce qui semble être un trône de pierre froide. "Rael, assieds-toi ici. Ils vont bientôt venir te chercher. N'aie pas peur." Et sans plus d'explication, elle s'en va.

{ **PG** : "This went down a series of tunnels into a very large round dark cave. She left me on my own. I was sitting on this wet stone throne."
"Une série de tunnels jusqu'à une immense grotte sombre de forme circulaire. Elle m'y laissa tout seul. J'étais assis sur cet humide trône de pierre." }

He faces his fear once again. A tunnel is lit up to the left of him, and he begins to shake. As it grows brighter, he hears a non-metallic whirring sound. The light is getting painfully bright, reflecting as white off the walls until his vision is lost in a sort of snow blindness.
Il affronte sa peur à nouveau. Un tunnel éclairé se trouve sur sa gauche, et il[35] se met à trembler. Au fur et à mesure qu'il[36] devient plus brillant, il[37] entend un vrombissement n'ayant rien de métallique. La lumière devient brillante au point de faire mal puis, se reflétant sur les murs, blanche – jusqu'à ce qu'elle finisse par échapper à sa vision, dans une espèce de vapeur neigeuse.

{ **PG** : "And I heard these strange noises coming into the room on my left : a whirring sound. Two golden globes began to hover into the cave filling it with an incredibly white bright light – 'I was amazed at the whiteness !' : Mrs. Janet H. of Bournemouth –"
"Et j'entendis ces bruits étranges venant de la pièce sur ma gauche : un vrombissement. Deux globes dorés commencèrent à planer dans la grotte, l'inondant d'une lumière incroyablement blanche – 'J'étais totalement abasourdie par cette blancheur !' : Mme Janet H. de Bournemouth – " }

(The Waiting Room – *instrumental*) & (Anyway)

He panics, feels around for a stone and hurls it at the brightest point. The sound of breaking glass echoes around the cave. As his vision is

restored he catches sight of two golden globes about one foot in diameter hovering away down the tunnel. When they disappear a resounding crack sears across the roof, and it collapses all around him. Our hero is trapped once again.
Il se met à paniquer, cherche une pierre et la lance en direction du point le plus brillant. Le bruit du verre brisé résonne dans toute la caverne. Comme il voit net à nouveau, il aperçoit deux globes dorés d'environ 30 centimètres de diamètre, flottant dans l'air au fond du tunnel. Alors qu'ils s'évanouissent, une fissure traverse le toit dans un bruit retentissant, et le plafond s'effondre tout autour de lui. Notre héros est à nouveau pris au piège.
"This is it" he thinks, failing to move any of the fallen rocks. There's not much spectacle for an underground creole as he walks through the gates of Sheol.[38] "I would have preferred to have been jettisoned into a thousand pieces in space, or filled with helium and floated above a mausoleum. This is no way to pay my last subterranean homesick dues.[39] Anyway I'm out of the hands of any pervert embalmer doing his interpretation of what I should look like, stuffing his cotton wool in my cheeks."
"Ça y'est" pense-t-il, incapable de faire bouger le moindre des rochers tombés. Pas grand chose à voir pour un créole qui se retrouve sous terre, franchissant les portes du Shéol. "J'aurais préféré être largué, explosé en mille morceaux dans l'espace, ou bourré d'hélium et flotter au-dessus d'un mausolée. C'est pas une façon de payer mes dernières cotisations rapport au mal-du-pays-souterrain.[39] En tout cas, au moins je ne suis pas entre les mains d'un quelconque embaumeur pervers estimant ce à quoi je devrais ressembler, et fourrant son coton dans mes joues."

(Here Comes the Supernatural Anaesthetist)

Exhausted by all this conjecture, our hero gets the chance in a lifetime to meet his hero: Death. Death is wearing a light disguise, he made the outfit himself. He calls it the "Supernatural Anaesthetist." Death likes meeting people and wants to travel. Death approaches Rael with his special cannister, releases a puff, and appears to walk away content into the wall.

Épuisé par tous ces évènements, notre héros a la chance de sa vie de rencontrer son héros : la Mort. La Mort porte un semblant de déguisement, qu'elle a elle-même confectionné. Il/Elle[40] l'appelle "L'Anesthésiste Surnaturel". La Mort aime rencontrer des gens et veut voyager. Munie de sa cartouche spéciale, la Mort s'approche de Rael, libère un jet, puis asperge tout le contenu sur le mur.

{ **PG** : "He's wearing one of his delightful costumes – he's all the same wonderfully himself – such a lovely man. This one he calls his 'snuff' outfit. With a tiny little puff you snuff it.[41] Get it? I did.[42] He's a nice guy."
"Il porte un de ses superbes costumes sophistiqués – tout en restant néanmoins l'être merveilleux qu'il est – c'est un homme tellement charmant. Celui-là, il l'appelle sa tenue 'à priser'. Avec une toute petite bouffée vous pouvez l'étouffez. Pigé ? J'ai compris. C'est un type sympa." }

(The Lamia)

Rael touches his face to confirm that he is still alive. He writes Death off as an illusion, but notices a thick musky scent hanging in the air. He moves to the corner where the scent is stronger, discovering a crack in the rubble through which it is entering. He tries to shift the stones and eventually clears a hole large enough to crawl out of. The perfume is even stronger on the other side and he sets off to find its source, with a new-found energy.
Rael se touche le visage pour s'assurer qu'il est toujours en vie. Il considère alors la Mort comme une illusion, mais néanmoins sent une forte odeur musquée flottant dans l'air. Il se dirige vers l'angle de la pièce, là où l'odeur est encore plus forte, et aperçoit une fissure dans les décombres, par laquelle celle-ci pénètre. Il essaie de déplacer les pierres et finit par creuser un trou, assez large pour s'y engouffrer en rampant. Le parfum est encore plus fort de l'autre côté et il part à la recherche de sa source, rempli d'une énergie nouvelle.
He finally reaches a very ornate pink-water pool. It is lavishly decorated with gold fittings. The walls around the pool are covered with a maroon velvet up which honeysuckle is growing. From out of the mist on the water comes a series of ripples. Three snakelike

creatures are swimming towards Rael. Each reptilian creature has the diminutive head and breasts of a beautiful woman. His horror gives way to infatuation as their soft green eyes show their welcome. The Lamia invite him to taste the sweet water and he is quick to enter the pool. As soon as he swallows some liquid, a pale blue luminescence drips off from his skin. The Lamia lick the liquid; very gently as they begin, with each new touch, he feels the need to give more and more.
Il arrive finalement près d'une piscine, richement ornée et emplie d'eau rosée. Elle est décorée de somptueuses ferrures dorées. Les murs autour de la piscine sont recouverts de velours bordeaux sur lequel pousse du chèvrefeuille. À travers la brume qui l'enveloppe, l'eau se met alors à onduler. Trois créatures genre serpent nagent en direction de Rael. Chacune de ces créatures reptiliennes a le visage et les seins – en plus petits –, ceux d'une femme de grande beauté. Son sentiment d'horreur cède la place à la fascination, tandis que leurs langoureux yeux verts lui montrent qu'il est le bienvenu. Les Lamies l'invitent à goûter à cette eau délicieuse et il s'empresse d'entrer dans la piscine. Dès qu'il avale un peu de ce liquide, une luminescence bleu pâle s'écoule de sa peau. Les Lamies lèchent ce qui coule ; au début tout doucement, et à chacun de leur contact il éprouve le besoin de leur en donner plus, encore et encore.

{ **PG** : "Then I need to be sensually and erotically escorted[43] by three half-woman half-snake creatures, who are going to be slid all over me with their long velvety tongues licking the strange blue liquid which is coming out of my body."
"J'éprouve alors le besoin d'être sensuellement et érotiquement escorté, par trois créatures mi-femme mi-serpent, qui vont se glisser sur moi, leurs longues langues veloutées léchant l'étrange liquide bleu qui sort de mon corps." }

They knead his flesh until his bones appear to melt, and at a point at which he feels he cannot go beyond, they nibble at his body. Taking in the first drops of his blood, their eyes blacken and their bodies are shaken. Distraught with helpless passion he watches as his lovers die. In a desperate attempt to bring what is left of them into his being, he takes and eats their bodies, and struggles to leave his lovers' nest.

Elles pétrissent sa chair jusqu'à ce que ses os paraissent se mettre à fondre, et au moment où il sent qu'il ne va pas pouvoir tenir plus longtemps, elles se mettent à mordiller son corps. Aspirant les premières gouttes de son sang, leurs yeux s'assombrissent et leurs corps sont secoués de soubresauts. Éperdu de passion, il regarde ses amantes mourir. Dans une tentative désespérée de se fondre en ce qui reste d'elles, il se saisit des corps et se met à les manger, puis lutte pour quitter ce lieu, le nid de ses amoureuses.

{ **PG** : "This gave them indigestion. But I heard this huge roar on my left and a huge express train hurtled into the cave with a giant packet of R-E-double N-I-E-S[44] on it. So I entwined a huge pearl[45] off and broke it under with a pick axe, stuffed the little bits down their throats ; and they shriveled up and died. I then ate what was left of their bodies."
"Tout c'la leur fila une indigestion. Mais tout à coup j'entendis cet énorme rugissement sur ma gauche et un gigantesque train express se précipita dans la cave, transportant un paquet géant de R-E-double N-I-E-S. Alors, j'enlaçai et m'emparai d'une énorme perle, la brisai d'un coup de pioche, puis enfonçai les petits morceaux dans leurs gorges ; et alors elles se ratatinèrent et moururent. Ensuite je me mis à manger ce qui restait de leurs corps." }

(Silent Sorrow in Empty Boats – *instrumental*)

(The Colony Of Slippermen)

(Arrival)
Leaving by the same door from which he had come in[46], he finds some sort of freaks ghetto on the other side. When they catch sight of him, the entire street of distorted figures burst into laughter. One of the colony approaches him. He is grotesque in every feature, a mixture of ugly lumps and stumps. His lips slip across his chin as he smiles in welcome and offers his slippery handshake. Rael is a little disillusioned, when the Slipperman reveals that the entire colony have one-by-one been through the same glorious romantic tragedy with the

same three Lamia, who regenerate themselves every time, and that now Rael shares their physical appearance and shadowy fate.
Sortant par la même porte que celle par laquelle il était entré, il se retrouve de l'autre côté, dans une espèce de ghetto plein de types bizarroïdes. La rue est envahie de silhouettes difformes, qui éclatent de rire dès qu'ils l'aperçoivent. Un membre de cette colonie s'approche de lui. Ses traits sont en tout grotesques, un mix de bosses immondes et de moignons grumeleux. Ses lèvres glissent sur son menton tandis qu'il sourit en signe de bienvenue, et lui tend une poignée de main gluante. Rael est un peu déçu quand l'Homme-Pantoufle lui apprend que toute la colonie a vécu la même glorieuse romantico-tragédie que lui, avec les trois mêmes Lamies, lesquelles se régénèrent à chaque fois ; et que maintenant Rael partage leur terrible destin, tout comme leur apparence physique.

{ **PG** : "And this turned me into a horrible lumpy humpy bumpy species of a man not altogether different than the way you see Michael Rutherford."[47]
"Et tout ça m'a transformé en une espèce d'horrible créature cahotante et pleine de bosses grumeleuses, en fait pas trop différente de ce que vous pouvez voir en Michael Rutherford." }

Amongst the contorted faces of the Slippermen, Rael recognises what is left of his brother John. They hug each other.
Parmi les visages contorsionnés des Hommes-Pantoufles, Rael reconnaît celui de son frère John, ou ce qu'il en reste. Ils se prennent dans les bras l'un l'autre.

(A Visit to the Doktor)
John bitterly explains that the entire life of the Slipperman is devoted to satisfying the never-ending hunger of the senses, which has been inherited from the Lamia. There is only one escape route; a dreaded visit to the notorious Doktor Dyper who will remove the source of the problems, or to put it less politely, castrate. They discuss the deceptively-named escape for a long time and decide to go together to visit the Doktor.
Amer, John explique que désormais la vie d'un Homme-Pantoufle se doit d'être consacrée à satisfaire ses sens, encore et toujours, un legs

que leur ont laissé les Lamies. Il n'y a qu'une solution pour échapper à ça ; une visite, qui s'annonce terrible, au célèbre Dokteur Kouche-Kulottes[48]*, lequel résoudra le problème, ou pour le dire plus crûment, le castrera. Ils discutent longuement de cette quelque peu déplaisante opportunité et décident d'aller ensemble rendre visite au Dokteur.*

{ **PG** : "The only way of getting rid of all those horrible lumps of ours, fellow Slippermen – and Michael Rutherford [47] – was the cutting off of the sexual organ."
"Le seul moyen de se débarrasser de tous ces horribles morceaux de chair qui sont (aussi) les nôtres, camarades Hommes-Pantoufles – et Michael Rutherford – c'était l'ablation de l'organe sexuel."

(The Raven)
They survive the ordeal and are presented with the offensive weapons[49] in sterile yellow plastic tubes, with gold chains. "People usually wear them around their necks," said the Doktor handing them over. "The operation does not necessarily exclude use of the facility again, for short periods, but of course when you want it you must provide us with considerable advance warning."
Ayant survécu à l'épreuve, on leur présente les 'armes offensives' dans des tubes stérilisés de plastique jaune, ornés de chaînes en or. "On les porte généralement autour du cou," déclara le Dokteur, en les leur remettant. "Il n'est pas exclu qu'il faille refaire le processus à nouveau, pour des opérations de courte durée, mais bien évidemment quand vous le souhaiterez, vous devrez nous prévenir suffisamment à l'avance."

{ **PG** : "So you see, my sexual organ and my brother John's were placed into fully sterilized yellow plastic tubes by the notorious Doktor Dyper, reformed sniper, with a decent fee and guaranteed to remove our very own windscreen wipers[50]."
"Bon, imaginez, mon organe sexuel et celui de mon frère John furent placés dans des tubes en plastique jaune entièrement stérilisés, par le célèbre Dokteur Kouche-Kulottes[48]*, un tireur d'élite réformé – moyennant un coût pas trop élevé et l'assurance que nos propres essuie-glaces seraient supprimés."* }

As the brothers talk themselves through their new predicament, a big black raven flies into the cave, swoops down, grabs Rael's tube right out of his hands and carries it up into the air in his beak.
Alors que les frères s'entretiennent de leur nouvelle délicate situation, un énorme corbeau noir pénètre dans la grotte, descend en piqué, attrape par le bec le tube de Rael, directement dans ses mains, puis l'emporte dans les airs.

{ **PG** : "And I heard a flutter in the winds of the wings because a huge black bird called 'Raven' swooped down, – swoop swoop – grabbed the yellow plastic tube in its beak and hurtled off, flying away with the yellow plastic tube. Christ !"
*"Et j'entendis un battement d'ailes dans les airs (*traduction littérale : *'une pulsation dans le souffle des ailes'* – NdA*), car un énorme oiseau noir nommé 'Corbeau' venait de fondre en piqué – vraaaaoouum –, il attrapa le tube en plastique jaune dans son bec puis s'envola, l'emportant avec lui. Bon sang !"* }

Rael calls for John to go with him. And he replies "I will not chase a black raven. Down here you must read and obey the omens. There's disaster where the raven flies."[51] So once more John deserts his brother. The bird leads Rael down a narrow tunnel, he seems to be allowing him to keep at a closed distance. But as Rael thinks he might almost catch hold of the bird, the tunnel opens and finishes at an enormous subterranean ravine. Casually, the raven drops his precious load into the rushing waters at the bottom. It's enough to drive a poor boy ravin'[52] mad. Seeing the dangers of the steep cliff, our courageous hero stands impotent[53] and glowers.
Rael demande à John de venir avec lui. Et celui-ci répond "Je ne vais pas me mettre à poursuivre un corbeau noir. Ici-bas, il faut lire puis se conformer aux présages. On court au désastre si on suit le corbeau." Et donc, une fois de plus, John laisse là son frère. L'oiseau conduit Rael à l'intérieur d'un étroit tunnel, on dirait qu'il le laisse se tenir là, pas trop loin de lui. Mais alors que Rael pense qu'il pourrait presque attraper l'oiseau, d'un coup le tunnel s'ouvre béant et se jette dans un énorme ravin souterrain. Comme si de rien n'était, le corbeau laisse alors tomber sa précieuse charge tout en bas, dans les eaux

tumultueuses. C'est bien assez pour rendre complètement dingo un pauvre gars. Conscient du danger couru sur cette falaise à pic, notre courageux héros se tient là impuissant, le regard sombre.

{ **PG** : “So I went off in hot pursuit, – hot pursuit hot pursuit – and just as I was about to catch on to the tail of the bloody[54] bird, he dropped it – it with *It* in it[55] – into a huge area of gushing water[56] with R-A-V-I-N-E written in blue watery letters. ‘It’s going to the ravine’ I thought.”
“Alors je suis parti dans une poursuite effrénée, – effrénée effrénée – et juste au moment où j'étais sur le point d'attraper la queue du satané oiseau, il laissa tomber ça – ça avec Ça dedans – en plein milieu d’une immense cascade avec R-A-V-I-N inscrit en lettres bleues aqueuses. ‘Ça va droit dans le ravin’, pensais-je.” }

He follows a small path running along the top, and watches the tube bobbing up and down in the water as the fast current carries it away. However, as he walks around a corner[57] Rael sees a sky-light[58] above him, apparently built into the bank.
Il suit un petit chemin qui longe le sommet et regarde le tube aller et venir dans l'eau, alors qu'un fort courant l'emporte au loin. Finalement, débouchant d'une sinuosité du sentier, Rael aperçoit une lucarne au-dessus de lui, apparemment intégrée à la berge.

(Ravine – *instrumental*)

(The Light Dies Down On Broadway)

Through it he can see the green grass of home[59] well not exactly; he can see Broadway. His heart, now a little bristly, is shaken by a surge of joy and he starts to run, arms wide open, to the way out. At this precise point in time his ears pick up a voice screaming for help. Someone is struggling in the rapids below. It's John.
A travers elle, il peut apercevoir l'herbe verte du bercail, enfin non en fait il peut voir Broadway. Son cœur, maintenant légèrement hérissé, est secoué d'un élan de joie et il[60] se met à courir, bras grands ouverts, vers la sortie. À ce moment précis, ses oreilles captent une voix

qui crie à l'aide. Quelqu'un se débat dans les rapides en contrebas. C'est John.

{ **PG** : "And that isn't all, 'cause in the ravine, I see a huge plastic bubble saying 'Your brother is drowning here.' Oh dear !"
"Et c'est pas tout, pass'que dans le ravin, j'aperçois une énorme bulle de plastique qui dit 'Ton frère est en train de se noyer, ici.' Oh, mon Dieu !" }

He pauses for a moment remembering how his brother had abandoned him. Then the window begins to fade – it's time for action. He rushes to the cliff and scrambles down the rocks. It takes him a long time to get down to the water, trying to keep up with the current at the same time. As he nears the water's edge he sees John losing strength.
*Il s'arrête un instant, se rappelant comment son frère l'avait abandonné. Alors la fenêtre commence à disparaître – c'est l'moment d'agir. Il se précipite vers la falaise et dévale les rochers. Il lui faut beaucoup de temps pour atteindre la berge, ceci d'autant plus qu'il doit continuer de suivre le courant (*lequel emporte John, pigé ?? – NdA*). Alors qu'il s'approche du bord de l'eau, il aperçoit John qui perd ses forces.*

(Riding the Scree)

He dives down into the cold water. At first he is thrown onto the rocks, and pulled under the water by a fast moving channel, which takes him right past John, down river.
Il plonge dans l'eau froide. Au début il est projeté sur les rochers puis entraîné sous l'eau par un remous, lequel l'amène juste au niveau de John, en aval de la rivière.

(In The Rapids)

Rael manages to grab a rock, pull himself to the surface and catch his breath. As John is carried past, Rael throws himself in again and catches hold of his arm. He knocks[61] John unconscious and then locking themselves together, he rides the rapids into the slow running water, where he can swim to safety. But as he hauls his brother's limp body onto the bank he lies him out and looks hopefully into his eyes

for a sign of life. He staggers back in recoil, for staring at him with eyes wide open is not John's face – but his own.
Rael parvient à s'accrocher à un rocher, à remonter à la surface et à reprendre son souffle. Alors que John est emporté à nouveau par le courant, Rael se jette encore une fois à l'eau et réussit à attraper son bras. Il percute John inconscient puis, arrimé à lui, chevauche les rapides vers là où l'eau semble se calmer, pour ensuite nager jusqu'à un endroit sûr. Cependant, tandis qu'il transporte le corps inerte de son frère sur la berge, il l'allonge et cherche dans ses yeux, plein d'espoir, un signe de vie. Il recule en titubant, car ce qu'il voit avec ses yeux à lui, grands ouverts, ce n'est pas le visage de John – mais le sien.

(*it*)

Rael cannot look away from those eyes, mesmerized by his own image. In a quick movement, his consciousness darts from one face to the other, then back again, until his presence is no longer solidly contained in one or the other. In this fluid state he observes both bodies outlined in yellow and the surrounding scenery melting into a purple haze[62]. With a sudden rush of energy up both spinal columns, their bodies, as well[63], finally dissolve into the haze. All this takes place without a single sunset, without a single bell ringing and without a single blossom falling from the sky. Yet *it* fills everything with its mysterious intoxicating[64] presence. *It's* over to you[65].
Rael ne peut détourner son regard de ces yeux, hypnotisé par sa propre image. En un mouvement rapide, sa conscience file d'un visage à l'autre, puis revient et repart, jusqu'à ce qu'elle ne se sente réellement là dans aucun des deux. De cet état mouvant dans lequel il se trouve, il observe les deux corps comme entourés de jaune, surlignés, et le paysage environnant se fondre dans une brume mauve. Une soudaine poussée d'énergie le long de leurs colonnes vertébrales, et leurs deux corps finissent par se dissoudre de la même manière, dans la brume. Tout cela se passe sans que le soleil ne se soit couché une seule fois, sans que la moindre cloche n'ait retenti et sans qu'une seule fleur ne soit tombée du ciel. Pourtant, ça *emplit tout de sa mystérieuse et enivrante présence.* C'est *sur toi* / C'est *à toi de jouer.*

Copyright Peter Gabriel 1974

1) Déroutante introduction... Mais examinons donc la pochette du disque : lorsqu'on l'ouvre, les doigts se trouvent presque nécessairement au niveau des yeux de l'un des personnages – au verso, ceux de Rael « sans bouche », le pauvre lui qui déjà ne peut pas parler... (Ok, je sais, je sais, explication quelque peu tirée par les cheveux mais sorry, j'ai trouvé cette tentative d'explication sur un forum de fans !) Bon, pas forcément probable, mais possible après tout.
2) Qui est-ce qui parle ? Un narrateur anonyme ? Rael en pleine crise de schizophrénie et qui se nomme à la troisième personne ? Est-ce son âme ? Ou... Dieu !? (« Rael me déteste, j'aime Rael » pourrait dans ce cas avoir un sens.) Peut-être est-ce aussi Peter analysant ses rapports (« our relationship *») avec son double, puis se moquant gentiment de ses lecteurs/auditeurs avec son triptyque rimatoire* stand/hand/understand *(«* The rhyme is planned, dummies *»).*
3) Les feux de signalisation piétonniers américains marqu(ai)ent Walk/Don't Walk, *l'équivalent de notre bonhomme vert/rouge.*
4) « Autoghosts *» : les automobilistes du petit matin, fantômes n'ayant pas complètement émergé des limbes de leurs rêves. Ou alors, tout droit sortie d'un cauchemar burroughsien, est-ce une allusion sibylline à la drogue ? – l'*'Auto' Ghost *étant une (obscure) variété de lignée de cannabis. Well, pourquoi pas...*
5) « When the going gets tough, the tough gets going *», soit variante : « Quand ça devient aussi dur, c'est qu'il est temps de réagir ».*
6) a) « On the other side *» : 'de l'autre côté' (sens figuré : ce qui existe dans la vie réelle) ou bien, sens propre, 'de l'autre côté' du mur ? b) Possible allusion au « Tout ce qui fut, ce qui est et qui sera » du philosophe Plutarque c) «* Me on the wall *» : Rael se voit-il sur le mur-écran ou se trouve-t-il juste dos à lui ?*
7) « Un canard assis » – transcription littérale de « a sitting duck *»... Soit, dans une traduction tout aussi* animalière *– mais sûrement plus parlante pour le Français moyen : « (comme) une poule devant un couteau » ou «(comme) un lapin pris dans les phares ».*
8), 9), 10), 11), 12), 14), 15) Compléments *au défilé d'icônes culturelles US de « Broadway Melody of 1974 ».*
*8) Harry Crosby (1903-1977), dit Bing Crosby, figure majeure du cinéma et de la chanson américaine des années 30 à 70 (« White Christmas » d'Irving Berlin, oscar du meilleur acteur en 1944). Il est principalement associé au courant du jazz vocal, de l'*easy listening *et du* crooning, *un genre dont il est un peu considéré comme le parangon. «* You don't have to feel the pain *» serait peut-être une référence cryptée au «* Anytime you feel the pain *» des Beatles de « Hey Jude » – « Hey Jude » qui fut repris en 1969 par... Bing Crosby.*
9) Martin Luther King Jr. (1929-1968), célèbre pasteur baptiste américain et figure de la lutte pour les droits civiques. Militant de la non-violence, il meurt à Memphis assassiné dans des circonstances dramatiques – ironique « everybody Sing ! *» – et encore, en 1974 comme en 2024, restées mystérieuses. Son*

assassin pourrait bien n'être qu'un bouc émissaire et une implication des sphères gouvernementales continue d'être évoquée.

10) Timothy Leary (1920-1996), écrivain américain, psychologue et militant de l'utilisation scientifique *des drogues. Il a, pendant les années 1960, inventé et popularisé le slogan «* Turn on, tune in, drop out *», symbole libertaire de contestation sociale anti-autorité. Ses recherches sur les effets de la psilocybine et du LSD – et ses efforts pour les* populariser *– lui vaudront d'être condamné et incarcéré pendant plusieurs années,... puis soupçonné d'avoir collaboré avec le FBI pour alléger ses condamnations (d'où, peut-être, le «* weary of his prison cells » : *« fatigué de ses (séjours en) cellules » en quelque sorte).*

11) J.F.K., c'est bien sûr John Fitzgerald Kennedy (1917-1963), 35ème président des États-Unis. Entré en fonction le 20 janvier 1961, il fut à 43 ans le plus jeune président démocrate, et le plus jeune à être assassiné (22 /11/1963 à Dallas, Texas), abattu – « sho(o)t *» – de trois balles.*

12) Orange Julius : célèbre boisson américaine à base de jus d'orange commercialisée en 1926, par un certain Julius Freed. La légende veut que le nom vienne des premiers clients demandant à Freed : « Give me an orange, Julius ». Peter l'associe à un imaginaire Lemon Brutus, son pendant au citron en quelque sorte. Il joue ainsi sur l'homonymie avec César et Brutus, le célèbre assassin dudit Jules (Julius) Caesar... Jules César qui 2007 ans plus tôt avait subi le même sort que le JFK ci-dessus – lequel JFK sirote (« sipping *») les boissons en question, ouf !*

*13) Ligne absconse, à la signification particulièrement mystérieuse. Ou a-t-on juste là affaire, de la part de Peter, à un essai d'*écriture automatique, *au service de la simple sonorité et de l'agencement de termes énumérés* au hasard *– hein je vous l'demande ?*

14) Frederick Austerlitz, dit Fred Astaire (1899-1987), et Virginia – dite Ginger – Rogers (1911-1995). À partir de 1933, ils formèrent l'un des plus fameux dancing couples *de la comédie musicale américaine (73 films en 40 ans de carrière) – au style très* aérien *(«* dancing through the air *»).*

15) Stars and Stripes *: 'petit nom' du drapeau US. Il est composé de 13 bandes (*stripes*) – les 13 États fondateurs – et de 50 étoiles (*stars*), leur nombre actuel.*

16) « Moonshiner *» : autre nom donné aux* bootleggers, *ces contrebandiers d'alcool des années 1920-30. Peter lance peut-être ici une allusion-pique au président américain évoqué plus haut, dont la fortune familiale reposait en grande partie sur le trafic d'alcool pendant la période de la prohibition.*

17) Ou : une « vendeuse de poupées de rêve » ?... *Voir note 3, p.149.*

18) « Rap *» : « parler rapidement » (sous-entendu, « baratin »). On peut aussi imaginer la «* saleslady *» entonner son speech en chantant, auquel cas « rap » comme style de musique ? Probablement pas, car le morceau qui lança vraiment le genre (« Rapper's Delight » du Sugarhill Gang) date de 1979. Donc bien après l'album de Genesis, eh oui... (Quoique, écoutez donc le « Preacher and the Bear » du Golden Gate Quartet, datant de 1937 ! – NdA.)*

19) Strophe pas très claire : « those *», sont-ce les zombies de la « Grand Parade... » qui sont là pour l'entretien («* servicing *»), ou les produits proposés/servis («* for servicing *») par la* factory *?*
20) Signification – volontairement ? – aléatoire : « investir » (pour les potentiels acheteurs de produits) ou « s'investir » (pour les employés de l'usine).
21) Pour le sens de ce mystérieux 9, voir p. 70. Quant au choix du prénom John, certains y ont vu une nouvelle référence biblique (l'apôtre Jean, « celui que Jésus aimait » selon la tradition chrétienne)... ou bien le frère de Steve Hackett (qui se prénomme ainsi) – auquel cas Rael serait alors une personnification du guitariste de Genesis ! Ben, voyons... Plus sûrement, on optera plutôt pour John Lennon, un des héros de Peter – ou pour un simple choix au feeling, *sans signification particulière.*
22) « Above ground */ Au-dessus du sol ». Énigmatique expression, Rael aurait-il eu sa vision sur le «* wall of death *» de « Fly on a Windshield », ou alors ce même Rael... planerait-il ?? – auquel cas on aurait peut-être là affaire à une nouvelle allusion à la drogue (ce qui pourrait* coller *avec la note suivante).*
23) « So he used to cut through it with a little speed *». Au choix : « Alors il décida assez vite de laisser ça de côté » (Rael n'aime pas trop se remémorer son passé) ou « Alors il prit l'habitude de couper ça avec un peu de speed » : Rael décide d'échapper à ses souvenirs en se réfugiant dans la drogue (le speed, que l'on coupe – «* cut *» – serait alors une nouvelle référence à la toxicomanie supposée de Rael).*
24) L'antonyme « slow *», en opposition au «* speed *» de la phrase précédente. Le speed (ou amphétamine) est cette drogue permettant l'amélioration des performances sportives, ou à simple à usage récréatif (euphorisant, voire même aphrodisiaque). Rael préférerait alors son usage à une déprime sournoise qui le laisserait comme un légume («* slow in the head *»).*
25) « Had taken a ride on his back *» : littéralement « avaient fait un tour sur son dos » (« profitaient de lui / le menaient en bateau » ?) ou, peut-être plus probablement, encore au figuré : « lui faisaient constamment la leçon ».*
26) « An opposite number *» : « une partenaire » pour notre héros. Astuce linguistique : on sait que le manuel d'éducation sexuelle que consulte Rael est parsemé de chapitres et de schémas tous plus numérotés les uns que les autres, et auxquels il faut constamment se référer.*
*27) Effet drolatique aux dépens du héros, victime malheureuse d'*ejaculatio praecox *(voilà ce qui arrive quand on est trop excité et trop peu sûr de soi).*
28) « In the flesh *», comme synonyme de «* in real life *», soit « pour de vrai » (Rael doit laisser son bouquin et affronter la réalité). Mais aussi, «* the flesh *» pour « la chair », autrement dit «* in the flesh *» : il est temps pour Rael de* faire ses preuves *avec sa partenaire qui se trouve là, nue (« en... chair ») devant lui.*
29) Cyril Lord (1911-1984) : chef d'entreprise britannique spécialisé dans la vente/création de moquettes – l'équivalent de notre St-Maclou national. Ironie gabrielienne, une prosaïque moquette vs le poétique « carpeted corridor »...

30) « Il y a encore loin avant que ne pointe l'aube » : référence plus ou moins explicite à la Golden Dawn (l'Aube Dorée), cette société secrète britannique s'inscrivant dans la mouvance occultiste de la fin du XIXème siècle – et à ce dicton/mantra souvent prononcé dans ses rituels. La confrérie en question se consacrait à l'étude des sciences occultes, à l'ésotérisme et à la gnose en général – on le sait une marotte/passion de Peter à l'époque. Peter qui, soit dit en passant, sait être critique et se montrer moqueur – cf. le moine saoul (« the monk is drunk *»). En ce qui concerne le «* sphinx-like crawler *», ce pourrait être une allusion à une branche particulière de l'ordre sus-cité, dont le* caté-chisme *spécifique flirtait avec les mystères de l'Égypte ancienne (le sphinx comme avatar de l'ange gardien).*
31) Clin d'œil au biblique « He feeds on ashes (…) and he cannot deliver himself or say 'Is not this thing in my right hand a lie ?' *» (Isaïe 44:20), comme morale visant un énigmatique « maître du puzzle ». Ce même «* jigsaw master *» évoqué/invoqué qui « doit se déplacer plus rapidement » / «* has got to move faster. *» (!?!? Mouais, pas sûr, faut voir... – NdE.)*
32) Référence très probable au morceau « The Knife » (album Trespass*)... Ici, comme souvent à l'époque, le public semble demander au groupe de jouer ce titre emblématique de leurs débuts, longtemps leur cheval de bataille live.*
33) Citation voilée du « Blowing in the Wind » de Bob Dylan (« the answer my friend is blowing in the wind *»), la brise faisant office de vent pour la pythie – réduite ici à une vulgaire girouette ? (Ouais, ouais, si on veut – re-NdE.)*
*34) « Sa/*Her *démarche assurée » – celle de Lilith, pas de Rael...*
35) Rael, pas le tunnel !
36) Le tunnel, pas Rael !!
37) Cf. note 35 !!!
38) Sheol : dans les Écritures, terme qui désigne le séjour des morts, le pays de l'oubli d'où personne ne revient. Le Nouveau Testament se réfère lui plutôt à l'Hadès de la mythologie grecque, soit simplement la « place des morts ». Shéol/Hadès deviendra petit à petit un lieu de silence et de ténèbres, dans lequel Dieu est néanmoins présent (Psaume 138). Soit : le Purgatoire. De fait, dans le Symbole des Apôtres, c'est au Shéol et non à l'enfer dont il est fait mention. Quand Jésus « descendit aux enfers », ce n'était pas pour visiter les damnés mais pour aller chercher tous les morts de toutes les époques et les amener au jugement et à la résurrection (Matthieu, 27:52).
On notera le jeu de mots sur « underground */ souterrain » et «* underground */ clandestin, illégal », les deux termes pouvant s'appliquer à Rael, ce dernier se retrouvant dans le monde 'souterrain' du Shéol tout en restant à la fois un petit délinquant – comme 'clandestin' à la société.*
39) Variante : « Ceci n'est pas une façon de payer mes dernières cotisations, sous terre, rapport au mal du pays » : hommage alambiqué mais référence, claire cette fois – voir note 33 supra *–, à un autre morceau dylanien, « Subterranean Homesick Blues »,* via *la rime* dues /blues. *On notera aussi, au tout dé-*

but de cet autre classique de Bob Dylan, la présence d'un certain... John(ny), lequel se trouve dans un sous-sol (« basement *»), pratiquement donc dans une cave (celle d'« In the Cage » ?, la « Waiting Room »?). Bon, ici sûrement pure coïncidence, mais quand même...*

40) « He calls it the "Supernatural Anaesthetist" *». Est-ce Death qui décrit ainsi son déguisement ou Rael qui surnomme Death de cette manière ?? Ambiguïté entretenue puisque les deux (Death et Rael) peuvent être considérés de* genre masculin *(«* he *»), tout comme Death et le costume peuvent l'être du 'genre neutre' («* it *») – hum, vous suivez ??*

41) « Snuff *» : « priser » ou « éteindre » (c.-à-d. « tuer »). Pour plus d'explications, voir p. 95 et note 2, p. 174.*

42) « Get it *?* I did *» pour « Pigé ? Je l'ai fait » (sous-entendu, ce que Death a expliqué à Rael, c'est-à-dire «* snuff it with a little puff *»). Ou « Pigé ? Moi, c'est le cas » (Rael a compris ce que lui a expliqué Death, mais ne l'a pas forcément fait). Euh... pigé ?*

43) On connaît l'autre acception du mot « escort *», celle désignant un service d'*accompagnement*, généralement associé à des faveurs sexuelles, et qui de nos jours se* négocient *par téléphone ou par Internet. Alors, les Lamies, en plus d'êtres sournoises et malfaisantes, seraient en fait de simples prostituées, call-girls à la sauce mythologique ?!? Gosh, on tombe de haut !*

44) Rennie : marque de médicaments qu'on prescrit dans les cas de problèmes gastriques. On a là une improvisation de Peter qui transforme un destin dramatico-épique – celui des Lamies, lesquelles se tordent de douleur – en une anecdote prosaïquement scatologique.

45) La terre-à-terre pilule médicale est maintenant, ironiquement, comparée à une perle (« pearl *») – histoire aussi, peut-être, de se remettre raccord avec l'évocation de créatures mythologiques.*

*46) « ...*by the same door he had come in *» : la même porte, donc, par laquelle il serait rentré dans la pièce où se trouve la piscine/*pool. *Or, plus haut dans le texte correspondant à la séquence « The Lamia » – il n'est fait aucune mention d'une quelconque porte par laquelle Rael serait rentré («* he finally reaches a very ornate pink-water pool *»)... Confirmation de l'incohérence quand on se reporte à nouveau aux paroles du morceau en question : «* he enters the room as if it were his own *». Et CQFD !*

47) En d'autres occasions, c'était Phil Collins qui faisait les frais de la blague de Peter, prenant ainsi la place de Mike en tant que spécimen *de Slipperman.*

48) Voir note 8, pp. 183-184. « Kouches-Kulottes » : proposition de traduction de votre serviteur, avec deux 'k' pour en rajouter dans le lugubre et le cocasse.

49) Métaphore à double sens (« offensive » : « *répugnant » ou « offensif ») désignant les organes sexuels – qui, soit dit en passant, après la séquence de castration, ne peuvent plus vraiment être vus comme des « armes offensives »...*

50) « Remove our very own windscreen wipers *» : nouvelle allégorie à caractère sexuel évoquant, sous forme très imagée, la castration. Comme si ce bon*

Doktor Dyper *préconisait régression et infantilisation comme modes de guérison, soit l'éradication de tout désir sexuel (considéré comme cause du mal) et le retour à la (toute) petite enfance (cf. aussi :* Dyper *homophone de «* Diaper *», c'est-à-dire « Couche-culottes »).*
51) Progressivement diabolisé, au fil des temps le corbeau a acquis une mauvaise réputation, en partie à cause de son plumage noir et de son cri rauque. Sa renommée devient vite celle d'un « oiseau de mauvais augure » et, partant, l'oracle ultime. Comme les corbeaux sont aussi des charognards consommant, entre autres, les cadavres humains, ils ont souvent été associés aux défunts et aux âmes perdues. Ainsi dans la mythologie nordique, ils représentent les fantômes des personnes assassinées ou les âmes des damnés. Dans la Bible, le corbeau joue parfois un rôle bénéfique – ainsi que dans la mythologie amérindienne où le Grand Corbeau est à l'origine de la création du monde et le protecteur des humains – mais en fait, en Occident c'est bien un symbole de danger ou de cataclysmes. Son image négative est prégnante dans la culture occidentale (cf. les peintures flamandes et italiennes du XVIème *siècle ; les poèmes éponymes d'Edgar Poe,* Le Corbeau, *et de Rimbaud,* Les Corbeaux *; le tableau de Van Gogh* Champ de Blé aux Corbeaux *; le film d'Alfred Hitchcock* Les Oiseaux ; The Raven, *disques de Lou Reed – 2003 –, et des Stranglers – 1979 – ; etc., etc.) En France, le corbeau est même un surnom employé – dans le jargon judiciaire et médiatique – pour désigner l'auteur d'une lettre anonyme et malveillante. Well, il fallait bien ce petit explicatif pour comprendre la présence ici du ténébreux volatile, non ?*
52) Subtil jeu de mots à base d'homophonies croisées : le « ravin' *» (« dingue, délirant ») présent, le «* raven *» (« corbeau ») de la chanson en cours, et le «* ravine *» (« ravin ») de la suivante.*
53) « Conscient du danger couru sur cette falaise à-pic, notre courageux héros se tient là, impuissant... ». Peter joue bien évidemment sur le double sens du mot « impotent *» : Rael est impuissant devant le péril encouru. Mais aussi (devenu) impuissant, sexuellement parlant (cf. son échec amoureux de « Counting Out Time » ; et, à plus forte raison maintenant, son organe sexuel / essuie-glace lui ayant depuis été retiré).*
54) Gabriel s'amuse encore avec la sémantique, en l'occurrence ici celle de « bloody *», et ses deux différents sens. Soit « satané » et « sanglant » – qualificatifs applicables au «* raven*/corbeau » dans les deux cas. De fait, c'est un satané/détestable oiseau qui transporte un bien sanguinolent fardeau (les organes des deux frères – vous suivez ?).*
55) Imbrication saugrenue (« it with *It* in it *»), le terme '*it*' désignant tour à tour l'objet («* it with... *» pour le «* yellow plastic tube *», soit le contenant), le mystérieux 'ça' de la chanson finale (« ...*with *It... ») ici assimilé aux organes sexuels castrés, puis le retour au contenant* via *l'adverbe de lieu « dedans » (« ...*in it *»). Soit une astucieuse figure de style* tarabiscotée *pour décrire la situation alambiquée dans laquelle se trouvent les deux frères.*

56) « Gushing water *», littéralement « eau jaillissante ». Au vu des photos de la pochette intérieure, on privilégiera plutôt la cascade au geyser...*
57) « Il marche dans un coin », soit : « le long d'une boucle de la rivière ».
58) On notera l'habile clin d'œil linguistique : « sky-light *» étant le terme anglais pour « lucarne » (nouvelle allusion* cinématographique *?)... Mais c'est aussi une lumière («* light *») dans le ciel («* sky *») – en d'autres termes, peut-être, la référence à une révélation si ce n'est religieuse tout au moins mystique, comme si Rael avait eu une vision d'ordre spirituel.*
59) « Home *» : « maison, foyer ». On préférera ici le terme « bercail » – voire « pénates » –, afin de privilégier une ambiance drolatique plutôt que pathétique. Ceci dit, la chanson auquel le texte se réfère est « The Light Dies... », la seule dont les paroles ne sont pas de Peter ; et on sait que le côté humoristique de* The Lamb *vient surtout de lui (cf. ses commentaires en concert – les passages {PG} du chapitre, ci-dessus)... Bon bref, c'est vous qui voyez, cher lecteur.*
60) Rael ou le cœur, faut voir (plutôt Rael puisque « he *» et non «* it *» – NdA ; sans parler des plus qu'*illogiques *« bras grands ouverts » d'un cœur ! – NdE).*
61) « Knock *», littéralement « percuter », ou « frapper ». En effet, on pourrait peut-être aussi supposer que Rael frappe John plutôt qu'il ne le heurte involontairement – se vengeant ainsi, suite au ressentiment qu'il a longtemps eu à son égard. Auquel cas on traduirait «* he knocks John unconscious *» par « il assomme John et le laisse inconscient ». Une autre possibilité d'interprétation serait que Rael assomme volontairement son frère – mais pour que celui-ci arrête de se débattre et qu'il puisse le ramener plus facilement vers la berge... Bah oui, pourquoi pas après tout ?*
62) « ... into a purple haze » : référence musicale et allusion au classique du même nom de Jimi Hendrix (« Purple Haze », 1967). Hendrix y évoquait une envahissante « brume mauve » (« 'Scuse while I kiss the sky, purple haze is all around me *»), métaphore mystico-toxique en phase avec la trame du récit.*
63) « As well *» : « tout comme ». Donc tout comme le paysage environnant («* surrounding scenery *») de la ligne précédente, qui se fondait dans la brume.*
64) « Intoxicating *» (« enivrant, entêtant ») : ambivalence du terme, qui peut tout aussi bien se comprendre comme une nouvelle allusion à la drogue.*
65) « C'est à toi de jouer » : Rael est renvoyé à sa propre capacité de liberté individuelle. Final optimiste donc, en référence au « it is here, it is now (...) with enough grit to survive *» du morceau « it » lui-même, via le* détournement *implicite de «* it's up to you *» (« ça ne dépend que de toi ») en «* it's over to you *»... Néanmoins, ambiguïté sémiologique : «* It's over to you *» en tant que « Ça t'imprègne totalement », renvoyant à la ligne précédente («* It fills everything with its mysterious and... *»), ou alors – dans son versant pessimiste – « C'est la fin pour/de toi ». Auquel cas, peut-être aussi une ultime référence musicale, au « This is the end » des Doors (de leur classique de 1967, « The End »). (Bon, là rien de moins sûr, mais de fait le groupe de L.A. était une des influences majeures de Peter au tournant des 70's.)*

Michael; Bass and Twelve String Guitar. Phil; Percussion, Vibing and Voicing. Steve; Guitars. Tony; Keyboards. Peter; Voices and Flute. With variations on the above and Experiments with Foreign Sounds.

Production; John Burns and genesis. Engineer; David Hutchins. Enossification; Eno courtesy of Island Records. Recorded in Wales with the Island Mobile Studio and Mixed at Island Studios. Thanks to Nick Blyth, Smith and Alex of Mole Valley, Graham Bell for Choral Contribution, Peter the Beard, John the Drum, Ray the Truck, Philostratus and Keats.

Sleeve Design and All Photography by Hipgnosis. Thanks to Omar for playing Rael. Retouching by Richard Manning. Picture of Vaults taken at the Roundhouse.

Graphics by George Hardie N.T.A. Marketed by B and C Records Limited, 37 Soho Square, London W1. Printed and Made by Bruin B. V. Zaandam/Holland.

Stereo. The stereo record can be played on mono reproducers provided either a compatible or stereo cartridge wired for mono is fitted. Recent equipment may already be fitted with a suitable cartridge. If in doubt consult your dealer.

Michael; Basse et Guitare Douze Cordes. Phil; Percussion, Bonnes Vibrations[1] *et Chœurs. Steve; Guitares. Tony; Claviers. Peter; Vocaux et Flûte. Avec des Petites Nuances (concernant) ci-dessus et Quelques Expérimentations (faites) aux Foreign Sounds.*[2]

Production; John Burns[3] *et genesis*[4]*. Ingénieur (du son); David Hutchins*[5]*. Enossification; Eno*[6] *avec l'aimable autorisation d'Island Records. Enregistré au Pays de Galles à l'aide du Mobile Studio d'Island et Mixé aux Island Studios*[5]*. Merci à Nick Blyth*[7]*, Smith et Alex de la Mole Valley*[8]*, Graham Bell*[9] *pour les Contributions aux Chœurs, Peter the Beard*[10]*, John the Drum*[11]*, Ray the Truck*[12]*, Philostrate*[13] *et Keats*[14]*.*

Design de la Pochette et Toutes Photographies par Hipgnosis[15]*. Merci à Omar*[16] *pour avoir incarné Rael. Retouches de Richard Manning*[17]*. Photos des Caveaux prises à la Roundhouse*[18]*.*

Graphisme par George Hardie[19] *N.T.A. Commercialisé par B and C Records*[20] *Limited, 37 Soho Square, London W1. Réalisé et Publié par Bruin B. V.*[21] *Zaandam/Pays-Bas.*

Stéréo. L'enregistrement stéréo peut très bien être reproduit sur un appareil mono s'il est équipé d'une cartouche, que celle-ci soit stéréo ou (simplement) compatible. Des appareils plus récents peuvent déjà être équipés avec une cartouche adaptée. Au moindre doute consultez votre dealer[22].

[23a]Keep your fingers out of my eye. While I write I like to glance at the butterflies in glass that are all around the walls. The people in memory are pinned to events. I can't recall too well, but I'm putting one down to watch him break up, decompose and feed another sort of life. The one in question is all fully biodegradable material and categorised as 'Rael'. Rael hates me, I like Rael, – yes, even ostriches have feelings –, but our relationship is something both of us are learning to live with. Rael likes a good time, I like a good rhyme, but you won't see me directly anymore – he hates my being around. So if his story doesn't stand, I might lend a hand, you understand ? (i.e. : the rhyme is planned, dummies).
The flickering needle jumps into red. New York crawls out of its bed. The un-paid extras disturb the Sleeping Broadway. WALK to the left DON'T WALK to the right : on Broadway, directions don't look so bright. Autoghosts keep the pace for the cabman's early mobile race.
Enough of this – our hero is moving up the subway stairs into daylight. Beneath his leather jacket he holds a spray gun which has left the message R-A-E-L in big letters on the wall leading underground. It may not mean much to you but to Rael it is part of the process going towards 'making a name for yourself.' When you're not even a pure-bred Puerto-Rican the going gets tough and the tough gets going.
With casual sideways glances along the wet street, he checks the[23b]

(Fin des notes de la pochette intérieure – NdA.)

1) Allusion au caractère conciliant de Phil ? On sait en tout cas qu'il était (avec Mike) l'élément modérateur et « calmant » du groupe, quand les tensions se faisaient un peu trop sentir.
2) Le Foreign Sounds est-il réellement un studio d'enregistrement ? Rien n'est moins sûr... Auquel cas, traduction alternative : ''Expérimentations à l'aide de sons étrangers/extérieurs'' (autrement dit 'de la vie de tous les jours').

3) John Burns est un producteur britannique connu pour son travail avec maints groupes notables des 70's : Jethro Tull (albums *Stand Up, Benefit, Aqualung)*, John Martyn (*Solid Air*), Blind Faith, Humble Pie, Spooky Tooth, Ten Years After, David Bowie, King Crimson, Donovan, Traffic, Mott the Hoople, Fairport Convention, Free, Curved Air, Deep Purple, T. Rex, Jeff Beck, Alexis Korner... ; et reggae (Jimmy Cliff, Burning Spear, Delroy Washington, Toots & The Maytals). En 1970, il travailla aussi comme ingénieur du son, sur des performances live de Jimi Hendrix, des Who, de Johnny Winter et, un an auparavant, au mythique festival de l'île de Wight. En 1972, Burns commença une collaboration avec Genesis – album *Foxtrot* – qu'il poursuivit sur les suivants : *Selling England by the Pound* et *Genesis Live* (1973), puis le double album qu'on connaît. Il œuvra ensuite à Lagos pour le chanteur nigérian Fela Ransome-Kuti, puis produisit – retour à un domaine plus rock – Eric Clapton, Ginger Baker et... le premier album de Motörhead ! Il est aussi crédité sur les *remasterisations* de l'album *Exile* de Gary Numan (1998).
4) « genesis » : sans majuscule – petite crise/leçon d'humilité ?
5) D. Hutchins : ingénieur du son anglais de la première moitié des années 70. En 1977, sur les conseils de Brian Eno, il quitta l'Angleterre pour travailler en Allemagne, pendant dix ans, aux Conny Plank's Studios de Cologne (musiques *indies*, électroniques, expérimentales et groupes krautrock...). Il collabora ensuite sur divers projets, en *freelance*, à Berlin et à Los Angeles. Island Studios : créés par Chris Blackwell en 1969, jusqu'en 1982 ils accueillirent – entre autres – B. Marley, Dire Straits, Led Zeppelin, P. McCartney, S. Stills, etc., etc.
6) Cf. p. 71 et pp. 111-112.
7) Roadie en chef des tournées de Genesis durant les années 70.
8) Des connaissances de la Mole Valley ? (Région du Surrey portant le nom de la Mole, un affluent de la Tamise – et d'où sont originaires 3 des 5 de Genesis.)
9) Graham Bell, le chanteur d'un obscur groupe des *early seventies* nommé Arc & Bell (où joua un temps le batteur de Yes, Alan White), crédité peut-être pour ses contributions vocales (les chœurs ?). Ou alors, est-ce une espèce de gag-hommage à Alexander Graham Bell (1847-1922), l'inventeur du téléphone (en tant que voie royale menant à l'enregistrement musical) ?
10), 11) et 12) Pierre la Barbe, Jean la Batterie et Raymond le Camion... On suppose, sans être sûr : des membres et/ou amis de l'équipe gravitant autour du groupe, *circa* 1974.
13) Cf. *in* « The Lamia » : p. 98 et note 4, p. 102.
14) Influencé par la mythologie grecque et les classiques contemporains anglais (Byron, Wordsworth, Coleridge), leur compatriote John Keats écrivit de longs poèmes narratifs, des odes et des sonnets où le lyrisme se mêle à une vision extatique de la beauté immortalisée par le souvenir – ouch ! Type même du poète maudit romantique – après T. Chatterton mais bien avant Baudelaire, Nerval, Poe ou Rimbaud –, il meurt de tuberculose en 1821, à l'âge de 25 ans.
15) Hipgnosis – astucieux jeu de mots sur *hypnosis* (hypnose) et *hip gnosis*

(gnose branchée) – était un collectif de graphistes britanniques formé en 1968 et travaillant dans le domaine du design (photos, illustrations…) La bande a rapidement acquis une notoriété internationale, grâce à la création de pochettes d'albums novatrices (en particulier pour les groupes de rock progressif des années 70). En effet, pendant quinze ans, de *A Saucerful of Secrets* (Pink Floyd, 1968) au *Coda* de Led Zeppelin (1982), on ne compte plus les groupes qui firent appel aux services du collectif (Storm Thorgerson, Aubrey Powell et Peter Christopherson, associés à une équipe de designers *freelance*).
16) Étrange le mystère qui entoure le dénommé Omar, ce jeune homme qui a prêté son physique pour incarner Rael… Qui est-il, qu'est-il devenu ? On n'en sait trop rien, au contraire de certains *personnages* de disques célèbres : le bébé du *Nevermind* de Nirvana, sur lequel on a pu enfin mettre un nom après des années d'investigations ; la GTO Christine Frka sur le *Hot Rats* de Frank Zappa ; l'égérie Sally Grossman sur le *Bringing It All Back Home* de Bob Dylan ; le vieillard au fagot du quatrième album de Led Zeppelin, *IV* ou *Zoso* (depuis une récente découverte, un chaumier anglais *ancestral* du Wiltshire, nommé Lot Long !). Pour Omar, le flou demeure, encore et toujours, à l'instar des nombreux inconnu(e)s célèbres d'autres pochettes iconiques : le groupe de forains sur le *Strange Days* des Doors, le quatuor attablé du *Presence* de Led Zeppelin, les dames dénudées d'*Electric Ladyland* (Jimi Hendrix), le zombie à la machette sur le *Fire of Love* du Gun Club, la silhouette furtive au verso de *Abbey Road* (Beatles), le jeune mod du *Quadrophenia* des Who, la danseuse affalée du *A Passion Play* de Jethro Tull, etc., etc. – fin de la digression.
17) Illustrateur et retoucheur photo *freelance*, Richard Manning a travaillé pour l'agence Hipgnosis, sur de nombreux projets de pochettes de disques : Led Zeppelin (*In Through the Outdoor*), Pretty Things (*Silk Torpedo*), Wishbone Ash (*There's the Rub*), Pink Floyd (*Wish You Were Here*, *Animals*), Wings (*Over America*), Peter Gabriel (*PG II*), Brand X (*Do They Hurt ?*), Genesis (la compilation *1970-1975*)... Il a aussi illustré de nombreux livres pour l'éditeur Dorling & Kindersley, et d'autres sur l'art de l'aérographie – *Richard Imperial Airbrush Man* ?!? Voici quelques-uns de ses souvenirs de méthodes de travail pour *The Lamb* : « (…) J'ai monté à sec un morceau de papier photographique double grammage de 20 x 30 pouces, fait une trace de position et l'ai scotché sur le papier photographique, en travaillant chaque impression avant de les monter sur le grand tirage. Les visages en arrière-plan ont tous été découpés et les bords poncés jusqu'à l'émulsion afin qu'ils soient assombris (papier photographique noir à grammage unique et une légère pulvérisation de noir de lampe). (…) Pour la photo principale de Rael, j'ai blanchi les parties les plus sombres de sa bouche, puis avec un pinceau de martre et du colorant photo, j'ai retouché le ton et le grain d'impression afin qu'il corresponde au reste de son visage. (…) En ce qui concerne le plan de Rael dans l'eau, j'ai blanchi l'arrière de sa tête et redessiné le mur pour donner l'impression que sa tête s'y enfonce. (…) Le bras et la main de l'homme en bas à gauche du troisième plan sont

montés sur le deuxième, de manière à donner l'impression qu'il tient l'espace entre les deux photos. (...) Toutes les lignes de montage qui auraient pu être détectées lors de la copie ont été retouchées avec de la teinture photo et un pinceau Sable. » *Well, well done indeed* Richard !

18) La Roundhouse : institution dédiée aux spectacles musicaux et aux arts de la scène située dans l'ancien dépôt de locomotives de Chalk Farm, à Londres. Celui-ci, construit en 1847, n'a été utilisé à des fins *ferroviaires* que pendant une dizaine d'années. Tombé ensuite en désuétude, il fut classé Monument historique en 1954 et rouvrit ses portes dix ans plus tard, lorsque Arnold Wesker y fonda la compagnie théâtrale Centre 42. Cette grande structure circulaire – une rotonde en quelque sorte – a accueilli divers événements tels que le lancement de la revue underground *International Times* (en 1966) ; une des deux seules apparitions des Doors avec Jim Morrison au Royaume-Uni (l'une d'elles fut d'ailleurs filmée, *Doors are Open*, en 1968, pour Granada TV) ; et le Greasy Truckers Party (1972). Racheté par un homme d'affaires en 1996, la Roundhouse a présenté depuis toutes sortes de spectacles (*BBC Radio 2 Electric Proms*, *iTunes Festivals*, *Vodafone Live Music Awards*), sans parler de nombreux autres concerts : Patti Smith en 2007, Dylan en 2009, etc., etc.

19) George Hardie est un graphiste et designer anglais né en 1944. Étudiant au Royal College of Art jusqu'en 1970, il commence à travailler comme chef du département aux Nicholas Thirkell Associates Studios. Pour eux et en collaboration avec l'agence Hipgnosis, il va concevoir de nombreuses pochettes de disques. Dès 1969, il crée celle du premier album de Led Zeppelin puis, entre 1973 et 1976, on note à son actif : le célèbre prisme pour l'album de Pink Floyd *The Dark Side of the Moon*, régulièrement classé parmi les dix plus emblématiques *cover sleeves* d'albums, *Wish You Were Here* (Pink Floyd encore), *How Dare You ?* (10cc), *Technical Ecstasy* (Black Sabbath) et, à nouveau, Led Zeppelin (*Presence*, en 1976). Un autre pan de son travail a également connu une large diffusion : la conception de timbres, en particulier au moment de la construction du tunnel sous la Manche (*Royal Mail*).

20) B&C Records était un label discographique britannique, actif surtout au tournant des années 1960-70. L'entreprise originelle, Beat & Commercial Records Ltd., avait été fondée en 1963, par Lee Gopthal, un Britannique d'origine jamaïcaine. En 1969, en partenariat avec Tony Stratton-Smith (boss de Charisma Records), les deux labels partagent le même système de numérotation pour leurs sorties respectives. Les toutes premières parutions de B&C sont des singles d'artistes soul américains comme James Carr ou Bob & Earl, mais au cours de son existence, le label publia également des groupes de rock progressif (Atomic Rooster, Genesis donc), de folk-rock (Steeleye Span) et de hard-rock (Nazareth)... Ces artistes seront ensuite *transférés* à un nouveau label (Pegasus Records), en 1971, puis à Mooncrest Records l'année suivante. Après sa mise sous séquestre, B&C cessa toute activité, étant tout de même ressuscité, jusqu'à la fin des années 70, pour quelques parutions d'une autre maison de

disques, Saga Records. (Source : Wikipédia, merci Wikipédia ! – NdA.)

21) Ancienne maison d'imprimerie et de design hollandaise qui proposait aussi... des services de placage et « autres types de traitement » (?!? – *dixit* une note publicitaire de l'époque). Elle exerça ses services *musicaux* pour, entre autres, des albums d'Ike & Tina Turner, Black Sabbath, Cat Stevens, Gloria Gaynor, Gladys Knight & the Pips, ainsi que pour des artistes néerlandais moins connus et pour des compilations de musique classique. Et même pour l'enregistrement d'un show des Monty Python (*Live at Drury Lane*) sorti en 1974 (la même année que *The Lamb*) ! En 1973, son adresse était : Aris van Broekweg 10, Zaandam (Pays-Bas).

22) Dernier retour au récit raelien, en forme de petit clin d'œil *toxicologique* – et avec en prime un double sens détourné : « *dealer* » pour simple « vendeur » (d'appareils hi-fi donc), mais aussi pour « revendeur »... d'*autres choses*.

23) (a) Flashback sur le début du texte de la pochette intérieure. (b)... *stoppé* net, comme la bobine d'un film qui aurait sauté dans le projecteur. Soit : un astucieux gimmick, et une dernière *cinematographic touch*.

6

And once again the stage is set for you

Les concerts de la tournée

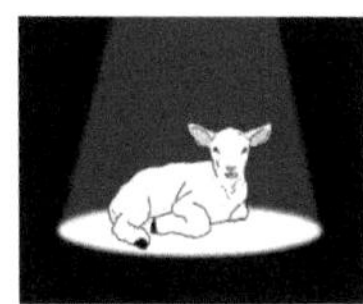

(Barrés : annulés pour cause de problèmes de programmation et/ou techniques ; blessure de S. Hackett – du 29/10 au 12/11 –, défaut de… spectateurs – 29/1, 27/5 –, etc.)

29/10/74	~~**Newcastle** - City Hall (Angleterre)~~
30/10/74	~~**Newcastle** - City Hall (Angleterre)~~
01/11/74	~~**Manchester** - Palace Theatre (Angleterre)~~
02/11/74	~~**Manchester** - Palace Theatre (Angleterre)~~
04/11/74	~~**Londres** - Wembley Empire Pool (Angleterre)~~
06/11/74	~~**Édimbourg** - Usher Hall (Écosse)~~
07/11/74	~~**Édimbourg** - Usher Hall (Écosse)~~
08/11/74	~~**Bristol** - Hippodrome (Angleterre)~~
09/11/74	~~**Bristol** - Hippodrome (Angleterre)~~
11/11/74	~~**Birmingham** - Hippodrome (Angleterre)~~
12/11/74	~~**Birmingham** - Hippodrome (Angleterre)~~
20/11/74	**Chicago, IL** - Auditorium Theatre (Usa)
21/11/74	**Chicago, IL** - Auditorium Theatre (Usa)
22/11/74	**Indianapolis, IN** - Convention Centre (Usa)
23/11/74	**Saint-Louis, MO** - Ambassador Theatre (Usa)

25/11/74 **Cleveland, OH** - Music Hall (Usa)

26/11/74 **Cleveland, OH** - Music Hall (Usa)

27/11/74 **Columbus, OH** - Veterans Memorial Coliseum (Usa)

28/11/74 **Detroit, MI** - Masonic Temple Auditorium (Usa)

29/11/74 **Fort Wayne, IN** - National Guard Armory (Usa)

30/11/74 **Pittsburgh, PA** - Syria Mosque (Usa)

01/12/74 **Baltimore, MD** - Lyric Theatre (Usa)

02/12/74 **Washington, DC** - Warner Theatre (Usa)

04/12/74 **Richmond, VA** – Mosque (Usa)

05/12/74 **Philadelphie, PA** - Civic Centre (Usa)

06/12/74 **New York, NY** - Academy Of Music (Usa)

07/12/74 **New York, NY** - Academy Of Music (Usa)

08/12/74 **Providence, RI** - Palace Concert Theatre (Usa)

09/12/74 **Boston, MA** - Music Hall (Usa)

10/12/74 ~~**Providence, RI** - Palace Concert Theatre (Usa)~~

11/12/74 **Albany, CT** - Palace Theatre (Usa)

12/12/74 **Waterbury, NJ** - Palace Theatre (Usa)

13/12/74 **Passaic, NJ** - Capitol Theatre (Usa)

14/12/74 ~~**Indianapolis, IN** - Market Square Arena (Usa)~~

15/12/74 **Montréal, QC** – Forum (Canada)

16/12/74 **Toronto, ON** - Maple Leaf Gardens (Canada)

17/12/74 **Rochester, NY** - Auditorium Theatre (Usa)

18/12/74 **Buffalo, NY** - Century Theatre (Usa)

10/01/75 **West Palm Beach, FL** – Auditorium (Usa)

11/01/75 **Lakeland, FL** - Civic Centre (Usa)

13/01/75 **Atlanta, GA** - Municipal Auditorium (Usa)

15/01/75 **La Nouvelle-Orléans, LA** - Civic Auditorium (Usa)

17/01/75 **Houston, TX** - Music Hall (Usa)

18/01/75 ~~**Dallas, TX** - McFarlin Memorial Auditorium (Usa)~~

19/01/75 **Oklahoma City, OK** - Civic Centre (Usa)

21/01/75 **Boulder, CO** - Macky Auditorium (Usa)

22/01/75 **Berkeley, CA** - Community Theatre (Usa)

24/01/75 **Los Angeles, CA** - Shrine Auditorium (Usa)

25/01/75 **San Diego, CA** - Civic Centre (Usa)

28/01/75 **Phoenix, AZ** - Civic Plaza (Usa)

29/01/75 ~~**Berkeley, CA** - Community Theatre (Usa)~~

01/02/75 **Kansas City, MO** - Memorial Hall (Usa)

02/02/75 ~~**Vancouver, BC** - Queen Elisabeth Hall (Canada)~~

02/02/75 **Allendale, MI** - Fieldhouse, Gd Valley State College (Usa)

03/02/75 **Fort Wayne, IN** - Memorial Coliseum (Usa)

04/02/75 **Chicago, IL** - Arie Crown Theatre (Usa)

19/02/75 **Oslo** - Ekeberghallen (Norvège)

21/02/75 **Copenhague** - Falkoner Teatret (Danemark)

22/02/75 **Hanovre** - Niedersachsenhalle (Allemagne)

23/02/75 **Berlin** – Eissporthalle (Allemagne)

24/02/75 **Amsterdam** - Theatre Carré (Hollande)

26/02/75 **Cambrai** - Palais des Grottes (France)

28/02/75 **Colmar** - Parc des Expositions (France)

01/03/75 **Dijon** - Palais des Sports (France)

02/03/75 **Saint-Étienne** - Palais des Sports (France)

03/03/75 **Paris** - Palais des Sports (France)

06/03/75 **Cascais** - Pavilhao dos Desportos (Portugal)

07/03/75 **Cascais** - Pavilhao dos Desportos (Portugal)

09/03/75 **Badalona** - Nuevo Pabellon (Espagne)

10/03/75 **Badalona** - Nuevo Pabellon (Espagne)

11/03/75 **Madrid** - Pabellon Deportivo (Espagne)

17/03/75 **Paris** - Palais des Sports (France)

22/03/75 **Annecy** - Salle d'Expositions (France)

24/03/75 **Turin** - Palasport, Parco Ruffio (Italie)

26/03/75 **Offenburg** - Ortenauhalle (Allemagne)

27/03/75 **Nuremberg** - Messezentrum Halle A (Allemagne)

29/03/75 **Berne** - Festhalle (Suise)

30/03/75 **Sarrebruck** - Saarlandhalle (Allemagne)

01/04/75 **Ludwigshafen** - Friedrich-Ebert-Halle (Allemagne)

02/04/75 **Stuttgart** - Killesberg Halle 14 (Allemagne)

03/04/75 **Francfort** - Jahrhunderthalle (Allemagne)

04/04/75 **Munich** - Rudi-Sedlmayer-Halle (Allemagne)

05/04/75 **Heidelberg** - Stadthalle (Allemagne)

06/04/75 **Düsseldorf** - Philipshalle (Allemagne)

07/04/75 **Dortmund** - Westfalenhalle 3 (Allemagne)

08/04/75 **Hambourg** - Congress Centrum (Allemagne)

10/04/75 **Groningue** - Martinihal-Centrum (Hollande)

11/04/75 **Rotterdam** - Sportpaleis Ahoj (Hollande)

12/04/75 **Bruxelles** - Vorst Nationaal (Belgique)

14/04/75 **Londres** - Empire Pool, Wembley (Angleterre)

15/04/75 **Londres** - Empire Pool, Wembley (Angleterre)

16/04/75 **Southampton** - Gaumont Theatre (Angleterre)

18/04/75 **Liverpool** - Empire Theatre (Angleterre)

19/04/75 **Liverpool** - Empire Theatre (Angleterre)

20/04/75 **Liverpool** - Empire Theatre (Angleterre)

22/04/75 **Edimbourg** - Usher Hall (Écosse)

23/04/75 **Edimbourg** - Usher Hall (Écosse)

24/04/75 **Newcastle** - City Hall (Angleterre)

25/04/75 **Newcastle** - City Hall (Angleterre)

27/04/75 **Manchester** - Palace Theatre (Angleterre)

28/04/75 **Manchester** - Palace Theatre (Angleterre)

29/04/75 **Bristol** - Colston Hall (Angleterre)

30/04/75 **Bristol** - Colston Hall (Angleterre)

01/05/75 **Birmingham** - Hippodrome (Angleterre)

02/05/75 **Birmingham** - Hippodrome (Angleterre)

08/05/75 **Anvers** - Sports Palace (Belgique)

09/05/75 **Brême** - Stadthalle (Allemagne)

10/05/75 **Kiel** – Ostseehalle (Allemagne)

11/05/75 **Essen** - Grugahalle (Allemagne)

13/05/75 **Münster** - Halle Münsterland (Allemagne)

14/05/75 **Wiesbaden** - Rhein-Main-Halle (Allemagne)

15/05/75 **Reims** - Patinoire (France)

16/05/75 **Reims** - Patinoire (France)

18/05/75 **Saint-Sébastien** - Velodromo Anoeta (Espagne)

20/05/75 **Paris** - Palais des Sports (France)

21/05/75 **Cambrai** - Palais des Grottes (France)

22/05/75 **Besançon** - Palais des Sports (France)

25/05/75 ~~**Poitiers** - Palais des Sports (France)~~

26/05/75 ~~**Saint-Etienne** - Palais des Sports (France)~~

27/05/75 ~~**Toulouse** - Palais des Sports (France)~~

7

(Knock and) knowall

Annexes

Annexe 1 : Le concept de… *concept album*

Apparu à la fin des années 1960, le principe du *concept album* a donné naissance à un nouveau format basé sur la narration. C'est donc une œuvre musicale où tous les morceaux sont liés à un même thème ou idée directrice (contrairement aux albums habituels sans lien apparent entre chaque titre), voire même – pour ce qui nous intéresse ici – à une forme de récit.[1] D'après le musicologue Christophe Pirenne, le tout premier de l'histoire du rock – et en même temps la première apparition d'un orchestre symphonique utilisé tout au long d'un disque –, est le *Days of Future Passed* des Anglais de Moody Blues (novembre 1967). Soit la narration d'une journée de la vie d'un homme quelconque, du lever au coucher... Le groupe se fera d'ailleurs une spécialité du genre durant les trois années suivantes (*In Search of the Lost Chord* en 1968 et les deux disques suivants en 1969).

Mais remettons-nous un instant dans le contexte de l'époque : à partir de 1965, la scène pop est devenue le théâtre d'une concurrence acharnée. Pléthore de groupes se sont engouffrés dans le boulevard du diptyque novateur des Beatles (*Rubber Soul* / *Revolver*) : le train psychédélique est en marche et il s'agit de ne pas rater le wagon, sous peine d'être définitivement largué. Tous les groupes phares de la scène britannique et américaine – les Fab Four en tête donc, avec leur chapelle sixties pop *Sgt. Pepper's...* ; Pink Floyd ; les Who ; Jimi Hendrix en exil forcé à Londres ; les combos angelenos Doors et Love ; Frank Zappa et ses Mothers of Invention ; et même les Rolling Stones avec leur *Their Satanic Majesties Request* – se lancent alors dans l'expérimentation. Parmi ce flot de créativité, une nouvelle idée est dans l'air du temps : considérer le disque *Long Play* (LP ou album 33 tours) non plus comme un simple catalogue de chansons indépendantes les unes des autres, pas même seulement comme un moyen d'expérimenter musicalement, mais comme un tout où les morceaux seraient liés par un thème commun. Mieux encore : mis bout à bout, ils pourraient développer une *histoire*. C'est donc le fameux (fumeux diront les contempteurs du genre) *concept album*, un genre où – pour paraphraser ironiquement Marshall McLuhan – le medium n'est plus le message... mais où l'on aurait affaire à tout autre chose : un medium ET un message. Au final, l'album concept est cet objet d'étude qui illustre bien les contradictions inhérentes au rock des sixties finissantes, manière de nouvelle querelle des Anciens et des Modernes... Une période assimilable à une crise de croissance, durant laquelle un genre musical tente de s'imposer face aux courants musicaux *établis* (le rock *originel* pour faire court). L'idée d'album concept constitue dès lors l'un des avatars de cette recherche de reconnaissance artistique, ce qui ne manquera pas de soulever une interrogation : le rock se doit-il justement d'être *artistiquement crédible* ? Canular pseudo-artistique censé amadouer l'establishment et/ou les représentants des classes supérieures selon certains pontes de la *rock critic*[2], ou tentative sincère de renouvellement, *via* d'autres types de musique (classique, jazz, avant-garde…) ? L'indice de l'ambition artistique légitime d'un style à bout de souffle ou le règne de la prétention et de la pompe souvent décrié dans le genre *progressif* 70's (justement celui de l'âge d'or du concept album) ? À chacun de voir, mais il est vrai que certaines z'œuvres de Yes[3], d'Emerson, Lake & Palmer ou d'autres pouvaient/peuvent toujours prêter à sourire… voire même à raillerie ! Alors qu'il devait juste s'agir de ne pas se prendre au sérieux et « de se fondre dans la durée en absorbant le plus d'influences possibles, de tester sa capacité à étendre les principes de son esthétique sans – trop (NdA) – se dénaturer » (P. Bouchey *in Guide du Rock*).

Dans les années 70, Pink Floyd s'est particulièrement illustré dans le domaine du concept album, depuis leur emblématique *Dark Side Of*

The Moon de 1973 (méditation sur les pressions de la vie moderne – de la simple aliénation à la folie –, son principe d'unité est notablement renforcé par le fait que tous les titres s'enchaînent les uns aux autres, sans interruption), mais aussi leur trop méconnu *Animals* de 1977[4] ou le surestimé *The Wall* (voir 'Introduction', *supra*). D'autres exemples : *Village Green Preservation Society* et *Arthur or The Decline and Fall of the British Empire* des Kinks de 1968-69 – réflexions nostalgiques et désabusées sur la modernité d'un monde dans lequel le leader du groupe (Ray Davies) ne se reconnaît plus – ; le sarcastique *Joe's Garage* en trois actes de Frank Zappa (1979) ; ou, plus près de nos contrées, l'inspiré et fantasmatique *Histoire de Melody Nelson* de Serge Gainsbourg (il récidivera cinq ans plus tard avec *L'Homme à la Tête de Chou*) ; *La Mort d'Orion* de Gérard Manset (précurseur du genre datant de 1970, un conte S.-F. macabre tournant autour de la disparition d'une planète) ; ou les deux albums narcissico-dandies du Christophe *mid-seventies* (*Les Paradis Perdus* et *Le Beau Bizarre*).

Autre pierre de touche du genre, *Tommy*, le célébrissime opéra-rock des Who de 1969 (quête existentielle, parcours initiatique et critique sociale, critique déjà ébauchée deux ans auparavant sur leur décalé *Sell Out*, parsemé de jingles publicitaires) ; *Ziggy Stardust* (charge ironique et fascinée du star-system musical) et *Diamond Dogs* (description d'un futur dystopique orwellien à la *1984*) de David Bowie ; *Thick as a Brick* de Jethro Tull (un seul morceau – 43'42 réparti sur deux faces ! – et fable hautement caustique puisqu'elle se moque en filigrane du concept de... *concept album*). Quoi d'autre ? Du *Genesis français*, Ange, *Au-delà du Délire* (1974) – un conte médiéval inspiré des *Très Riches Heures du Duc de Berry* – et *Émile Jacotey* (1975), une évocation et transmission d'un monde traditionnel qui se meurt ; *Misplaced Childhood* de Marillion (1985) et le *SF Sorrow* des Anglais de Pretty Things (un des tous premiers, puisqu'il date de 1968). On pourrait aussi citer le *Berlin* de Lou Reed (1973, l'histoire des déboires d'un couple et d'une mère junkie à qui on veut retirer son enfant), *Crime of the Century* de Supertramp (1974, influencé par le *Dark Side of the Moon* floydien de l'année précédente), *Mellon Collie & The Infinite Sadness* des Smashing Pumpkins (1995), *American Idiot* de Green Day (charge-diatribe de 2004 contre l'*american way of life*), etc., etc... Dans le domaine du jazz *A Love Supreme* (John Coltrane, 1964), *Watertown* (Frank Sinatra, 1970), bien avant encore *Porgy and*

Bess (reprise de l'opéra de G. Gerschwin par M. Davis) et, du même Miles Davis, *Ascenseur pour l'Échafaud* (1958)[5], peuvent eux être considérés comme des précurseurs du genre... De fait, un genre qui en réalité fit surtout florès dans le monde du rock et de la pop.

1) Plus globalement la notion d'album unifié autour d'un *conte* bien précis peut aussi être élargi à celui d'un concept où le fil directeur pourrait être purement musical (une *couleur*, une ambiance particulières, certains types d'instruments privilégiés), *compositionnel* (un style musical bien précis), voire même strictement thématique (par exemple les albums de Kraftwerk *Radio-Activity* et *The Man-Machine* qui abandonnent l'idée de trame narrative au profit d'une unicité idéelle : les sujets évoqués et résumés par le titre même). (La liste en annexe 2 correspond à cette définition étoffée : concept partiel, de style, sur un sujet particulier – cf. le *Treasure* de Cocteau Twins tournant autour de figures de la mythologie antique –, voire historique – ainsi, le *Villers-aux-Vents* des Français de Collection d'Arnell-Andréa, qui évoque le sujet de la guerre 14-18 –, proprement narratif – celui qui nous préoccupe ici, soit une histoire racontée de long en large et de bout en bout –, etc.)
2) Citons L. Bangs aux Usa, N. Cohn et N. Kent en Angleterre, ou P. Eudeline par chez nous : tous grandes plumes *rock* mais – paradoxe de l'arroseur arrosé ? – tenants aussi (parfois) d'une pseudo-élite journalistique un peu snob...
3) Nonobstant leur épitomé prog' de 1972 (*Close to the Edge*) et un pur joyau en forme de chef-d'œuvre (*Relayer*, 1974).
4) Inspiré d'une dystopie littéraire de George Orwell, *La Ferme des Animaux*, on notera le parallèle entre *Animals* et *The Lamb Lies Down On Broadway.* Une même volonté de briser l'image et l'univers du groupe jusque-là (Gabriel dans le cas de Genesis et Roger Waters pour Pink Floyd)... Tout comme la volonté d'un renouvellement musical : soit pour le Floyd, mise de côté des ambiances éthérées et planantes des albums précédents (en particulier celles du tout dernier, *Wish You Were Here*) et métamorphose des deux forces musicales du groupe – la guitare de David Gilmour (toujours aussi lyrique mais, ici, extraordinaire de puissance et d'agressivité) et les claviers de Rick Wright (surprenantes parties, dans un style jazzy lugubre faussement languide).
5) Dans le même style d'albums/musiques *issus* d'œuvres parallèles (ici filmiques), on peut aussi citer le trop méconnu *Anna* de S. Gainsbourg (1967). Ou, de Richard O'Brien, la bande-son de l'horrifico-humoristique *The Rocky Horror Picture Show*, film culte de 1976 tiré de la comédie musicale du (presque) même nom. Et bien sûr aussi, le *West Side Story* de L. Bernstein, même s'il ne fut édité que rétrospectivement (en 1961, comme le film éponyme de Robert Wise, soit quatre ans après la comédie musicale originelle et son lancement à... Broadway).

Annexe 2 : quelques-uns des principaux *concept albums*

1958 *Ascenseur pour l'Échafaud* de Miles Davis
1959 *Porgy and Bess* de Miles Davis
1961 *West Side Story* de Leonard Bernstein
1965 *A Love Supreme* de John Coltrane
Rubber Soul des Beatles
1966 *Freak Out !* de Frank Zappa & The Mothers of Invention
Revolver des Beatles
A Quick One des Who
Pet Sounds des Beach Boys
Smile des Beach Boys (album jamais sorti)
1967 *Days of Future Passed* des Moody Blues
Sgt. Pepper's Lonely Hearts Club Band des Beatles
The Story of Simon Simopath de Nirvana (… groupe anglais !)
The Who Sell Out des Who
Anna de Serge Gainsbourg
Volume One de Soft Machine
1968 *In Search of the Lost Chord* des Moody Blues
Are the Village Green Preservation Society des Kinks
Tutti morimmo a stento de Fabrizio De André
We're Only in It for the Money des Mothers of Invention
Ogden's Nut Gone Flake des Small Faces
S.F. Sorrow des Pretty Things
Score des Brecker Brothers
1969 *Ark 2* de Flaming Youth
Arthur or the Decline and Fall of the British Empire des Kinks
From Genesis to Revelation de Genesis
In the Court of the Crimson King de King Crimson
Odessa des Bee Gees
The Band du Band
Hot Rats de Frank Zappa
Tommy des Who
On the Threshold of a Dream des Moody Blues
To Our Children's Chidren's Children des Moody Blues
1970 *Blows Against The Empire* de Paul Kantner
Lola Vs Powerman and the Moneygoround Part 1 des Kinks
Five Bridges de The Nice
La Mort d'Orion de Gérard Manset
Watertown de Frank Sinatra
1971 *Babbacombe Lee* de Fairport Convention

1971 *Histoire de Melody Nelson* de Serge Gainsbourg
Tarkus d'Emerson, Lake & Palmer
There's a Riot Goin' On de Sly & the Family Stone
What's Going On de Marvin Gaye

1972 *666* d'Aphrodite's Child
The Rise and Fall of Ziggy Stardust… de David Bowie
Thick as a Brick de Jethro Tull
Three Friends de Gentle Giant
School's Out d'Alice Cooper
Talking Book de Stevie Wonder

1973 *A Passion Play* de Jethro Tull
Angel's Egg de Gong
Berlin de Lou Reed
Desperado des Eagles
Past, Present and Future d'Al Stewart
Preservation Act 1 des Kinks
Quadrophenia des Who
Storia di un impiegato de Fabrizio De André
Tales from Topographic Oceans de Yes
The Dark Side of the Moon de Pink Floyd
The Plan des Osmonds
The Six Wives of Henry VIII de Rick Wakeman
Flying Teapot de Gong
The Golden Scarab de Ray Manzarek
Innervisions de Stevie Wonder
La Louve de Barbara
Les Paradis Perdus de Christophe
Let's Get It On de Marvin Gaye
Mekanïk Destruktïw Kommandöh de Magma
Tubular Bells de Mike Oldfield

1974 *Au-delà du Délire* d'Ange
Autobahn de Kraftwerk
Diamond Dogs de David Bowie
Preservation Act 2 des Kinks
The Lamb Lies Down on Broadway de Genesis
Apostrophe de Frank Zappa
Crime of the Century de Supertramp
Entr'acte de Françoise Hardy
Temps de Darras & Desumeur
The Butterfly Ball and the Grasshopper's Feast de Roger Glover
You de Gong

1975 *Captain Fantastic and the Brown Dirt Cowboy* d'Elton John

1975 *Émile Jacotey* d'Ange
Radio-Activity de Kraftwerk
Rock Around the Bunker de Serge Gainsbourg
Scheherazade and Other Stories de Renaissance
Southern Nights d'Allen Toussaint
The Snow Goose de Camel
Too Old to Rock and Roll, Too Young to Die de Jethro Tull
Welcome to My Nightmare d'Alice Cooper
Wish You Were Here de Pink Floyd
City of Angels des Miracles
Si on Avait Besoin d'une Cinquième Saison d'Harmonium
1976 *Cactus Choir* de Dave Greenslade
Goes to Hell d'Alice Cooper
Hotel California des Eagles
Leftoverture de Kansas
L'Heptade d'Harmonium
L'Homme à Tête de Chou de Serge Gainsbourg
Moonmadness de Camel
Olias of Sunhillow de Jon Anderson
Tales of Mystery and Imagination d'Alan Parsons Project
The Clones of Dr. Funkenstein de Parliament
Hamlet de Johnny Hallyday
Romantic Warrior de Return To Forever
Songs in the Key of Life de Stevie Wonder
Almanach de Malicorne
1977 *Animals* de Pink Floyd
Hope de Klaatu
Running On Empty de Jackson Browne
Songs from the Wood de Jethro Tull
The Rambler de Johnny Cash
Trans-Europe Express de Kraftwerk
Dancing Disco de France Gall
Les Aventures de Simon et Gunther... de Daniel Balavoine
The Grand Illusion de Styx
1978 *From the Inside* d'Alice Cooper
Le Beau Bizarre de Christophe
Pyramid d'Alan Parsons Project
The Man-Machine de Kraftwerk
1979 *Joe's Garage* de Frank Zappa
The Wall de Pink Floyd
Fear of Music des Talking Heads
Wet de Barbra Streisand
1980 *The Roar of Love* de 2nd Chapter of Acts

1980 *Gideon* de Kenny Rogers
The Age of Plastic des Buggles
Smallcreep's Day de Mike Rutherford
1981 *Fresh Fruit in Foreign Places* de Kid Creole & the Coconuts
Music from "The Elder" de Kiss
The Completion Backward Principle des Tubes
Time d'Electric Light Orchestra
1982 *The Nightfly* de Donald Fagen
Crime Passionnel de Jean Guidoni
1983 *Seven and the Ragged Tiger* de Duran Duran
An Innocent Man de Billy Joel
Dazzle Ships d'Orchestral Manoeuvres in the Dark
L'Opéra du pauvre de Léo Ferré
The Final Cut de Pink Floyd
The Hurting de Tears For Fears
1984 *Purple Rain* de Prince & The Revolution
The Pros and Cons of Hitch Hiking de Roger Waters
Zen Arcade d'Hüsker Dü
At War With Satan de Venom
Thing-Fish de Frank Zappa
Treasure de Cocteau Twins
1985 *Misplaced Childhood* de Marillion
Starpeace de Yoko Ono
Hounds of Love de Kate Bush
Putains... de Jean Guidoni
1986 *Master of Puppets* de Metallica
Skylarking de XTC
Pop Satori d'Etienne Daho
1987 *Clutching at Straws* de Marillion
Gaudi d'Alan Parsons Project
Radio K.A.O.S. de Roger Waters
You're Under Arrest de Serge Gainsbourg
1988 *Naked* des Talking Heads
Seventh Son of a Seventh Son d'Iron Maiden
Felin pour l'autre de Luna Parker
Imaginos de Blue Öyster Cult
Le Vaisseau de pierre de Tri Yann
Lovesexy de Prince
Operation : Mindcrime de Queensrÿche
1989 *Blaze of Glory* de Joe Jackson
Ailleurs de William Sheller
New York de Lou Reed
1990 *Elizium* de Fields of the Nephilim

1990 *Fear of a Black Planet* de Public Enemy
Aux tourniquets des Grands Cafés de Jean Guidoni
MCMXC a.D. d'Enigma
1992 *Amused to Death* de Roger Waters
Dirt d'Alice in Chains
Us de Peter Gabriel
Magic and Loss de Lou Reed
Love Symbol Album de Prince
The Crimson Idol de W.A.S.P.
1993 *Cyberpunk* de Billy Idol
Modern Life is Rubbish de Blur
1994 *The Division Bell* de Pink Floyd
The Downward Spiral de Nine Inch Nails
The Last Temptation d'Alice Cooper
Brave de Marillion
Definitely Maybe d'Oasis
Parklife de Blur
The Songs of Distant Earth de Mike Oldfield
Villers-aux-Vents (février 1916) de Collection d'Arnell-Andréa
1995 *Outside* de David Bowie
Randy Newman's Faust de Randy Newman
Jagged Little Pill d'Alanis Morissette
Mellon Collie & the Infinite Sadness des Smashing Pumpkins
The Final Experiment d'Ayreon
Welcome to the Neighborhood de Meat Loaf
1996 *Antichrist Superstar* de Marilyn Manson
Blood on Ice de Bathory
The Score des Fugees
Crimson d'Edge of Sanity
Harbour of Tears de Camel
Holy Land d'Angra
Murder Ballads de Nick Cave & the Bad Seeds
Pinkerton de Weezer
Roots de Sepultura
1997 *Visions* de Stratovarius
Subterranea d'IQ
Entropia de Pain of Salvation
Legendary Tales de Rhapsody of Fire
Ok Computer de Radiohead
Pop de U2
1998 *The Miseducation of Lauryn Hill* de Lauryn Hill
Cruelty and the Beast de Cradle of Filth

1998 *Into the Electric Castle* d'Ayreon
Mechanical Animals de Marilyn Manson
Nightfall in Middle-Earth de Blind Guardian
Symphonic Holocaust de Morte Macabre
The Chemical Wedding de Bruce Dickinson
1999 *Metropolis Pt. 2: Scenes from a Memory* de Dream Theater
A Prince Among Thieves de Prince Paul
A War Story Part I de Psycho Realm
Hliðskjálf de Burzum
Holy Wood (In the Shadow of the Valley of Death) de Marilyn Manson
Issues de Korn
Les créatures de Philippe Katerine
L'Homme à 3 Mains de Philippe Katerine
One Hour by the Concrete Lake de Pain of Salvation
The Fragile de Nine Inch Nails
2000 *Haunted* de Poe
Kid A de Radiohead
Lift Your Skinny Fists Like Antennas to Heaven de Godspeed You! Black Emperor
The Sophtware Slump de Grandaddy
White Pony des Deftones
The Perfect Element, Part I de Pain of Salvation
V : The New Mythology Suite de Symphony X
2001 *Discovery* de Daft Punk
Amnesiac de Radiohead
Anoraknophobia de Marillion
Digimortal de Fear Factory
Light of Day, Day of Darkness de Green Carnation
Not of This World de Pendragon
Secret of the Runes de Therion
The Rainbow Children de Prince
2002 *Remedy Lane* de Pain of Salvation
Rose Kennedy de Benjamin Biolay
Snow de Spock's Beard
Songs for the Deaf des Queens of the Stone Age
2003 *American Life* de Madonna
Blink-182 de Blink-182
De-Loused in the Comatorium de The Mars Volta
La Pittoresque Histoire de Pitt'ocha des Ogres de Barback
L'Héroïne au Bain d'Olivier Libaux
Négatif de Benjamin Biolay
Salle des Pas Perdus de Coralie Clément

2003 *Speakerboxxx/The Love Below* d'OutKast
Stupeflip de Stupeflip
The Raven de Lou Reed
2004 *American Idiot* de Green Day
Blueberry Boat des Fiery Furnaces
Confessions d'Usher
Temple of Shadows d'Angra
The Delivery Man d'Elvis Costello
The Human Equation d'Ayreon
A Grand Don't Come for Free des Streets
Beautifully Human : Words and Sounds, Vol. 2 de Jill Scott
Funeral d'Arcade Fire
Leviathan de Mastodon
Margaret et ses Bijoux de MeeK
Portrait du Jeune Homme en artiste d'Arnaud Fleurent-Didier
Smile de Brian Wilson
Temple of Shadows d'Angra
Trapèze de Jean Guidoni
2005 *Aerial* de Kate Bush
From Mars to Sirius de Gojira
Trapped in the Closet de R. Kelly
Alice & June d'Indochine
BE de Pain of Salvation
Catch Thirty-Three de Meshuggah
Frances The Mute de The Mars Volta
From Mars to Sirius de Gojira
Room V de Shadow Gallery
Stup Religion de Stupeflip
Suspended Animation de Fantômas
2006 *Aurora Consurgens* d'Angra
Bye Bye Beauté de Coralie Clément
Dante XXI de Sepultura
Lipopette Bar d'Oxmo Puccino
Posthumous Silence de Sylvan
Si, Partie I de Nemo
2007 *American Gangster* de Jay-Z
Fear of a Blank Planet de Porcupine Tree
Hey Venus ! de Super Furry Animals
In Sorte Diaboli de Dimmu Borgir
Jean Lee and the Yellow Dog d'Ed Kuepper
La Mécanique du Cœur de Dionysos
Paradise Lost de Symphony X
Ziltoid the Omniscient de Devin Townsend

2007 *Humanity - Hour 1* de Scorpions
No World for Tomorrow de Coheed and Cambria
Rio Baril de Florent Marchet
Scarsick de Pain of Salvation
Year Zero de Nine Inch Nails
2008 *01011001* d'Ayreon
Eleonore de The Black Noodle Project
Godspeed on the Devil's Thunder de Cradle of Filth
Immortellement Célèbre de Noir Silence
L'Homme de Mars de Kent
Nostradamus de Judas Priest
The Bedlam in Goliath de The Mars Volta
2009 *21st Century Breakdown* de Green Day
Fork in the Road de Neil Young
Relapse d'Eminem
Tonight de Franz Ferdinand
Controlling Crowds d'Archive
Deepness de Deepness
La République des Meteors d'Indochine
LotusFlow3r de Prince
Requiem Pour Un Champion de Boulbar
The Incident de Porcupine Tree
The Whirlwind de Transatlantic
2010 *A Thousand Suns* de Linkin Park
Darkly, Darkly, Venus Aversa de Cradle of Filth
Gaia III : Atlantia de Mägo de Oz
The Defamation of Strickland Banks de Plan B
2011 *Carbon-Based Anatomy* de Cynic
Going Out in Style de Dropkick Murphys
Lulu de Lou Reed & Metallica
Night of Hunters de Tori Amos
Twin Fantasy de Car Seat Headrest
Under the Grey Banner de Dragonland
Is There A World Tonight ? de Deepness
The Unforgiving de Within Temptation
Vacation de Bomb the Music Industry !
2012 *Brendon Small's Galaktikon* de Brendon Small
Clockwork Angels de Rush
Control System d'Ab Soul
Helvetios d'Eluveitie
One Day I'm Going to Soar de Dexys
The Only Solution de Cold 187um
This Means War d'Attack Attack !

2013 *Ceres & Calypso in the Deep Time* de Candy Claws
Tales of Us de Goldfrapp
The Hypnoflip Invasion de Stupeflip
Britney Jean de Britney Spears
2014 *Me. I Am Mariah... The Elusive Chanteuse* de Mariah Carey
Museica de Caparezza
Paula de Robin Thicke
Salvation of Innocents d'Earth Crisis
The Dream Walker d'Angels and Airwaves
Transgender Dysphoria Blues d'Against Me!
Ultraviolence de Lana Del Rey
The River & the Thread de Rosanne Cash
2015 *Abandoned* de Defeater
Confessions d'Alesana
Drones de Muse
Endless Forms Most Beautiful de Nightwish
Juggernaut : Omega de Periphery
Love, Fear and the Time Machine de Riverside
Wolflight de Steve Hackett
The Boats of the "Glen Carrig" d'Ahab
The Phosphorescent Blues des Punch Brothers
This Is No Fairytale de Carach Angren
The Awakening de P.O.D.
Vulnicura de Björk
Juggernaut : Alpha de Periphery
2016 *4 Your Eyez Only* de J. Cole
Hymns With the Devil in Confessional de The Dear Hunter
Blackstar de David Bowie
Death of a Bachelor de Panic ! At the Disco
Jomsviking d'Amon Amarth
News at 11 de Cat System Corp.
Night Thoughts de Suede
Terminal Redux de Vektor
The Astonishing de Dream Theater
The Fall of a Rebel Angel d'Enigma
The Machine Stops d'Hawkwind
We Are the Halluci Nation de A Tribe Called Red
Winter's Gate d'Insomnium
Ghostlights d'Avantasia
Lemonade de Beyoncé
The Bride de Bat for Lashes
2017 *50 Song Memoir* de Magnetic Fields
A Crow Looked at Me de Mount Eerie

2017 *Emperor of Sand* de Mastodon
Eternity, in Your Arms de Creeper
Every Valley de Public Service Broadcasting
Everybody de Logic
Everything Now d'Arcade Fire
In the Passing Light of Day de Pain of Salvation
Is This the Life We Really Want ? de Roger Waters
Selfocracy de Loïc Nottet
The Desaturating Seven de Primus
Trip de Jhene Aiko
4eva Is a Mighty Long Time de Big K.R.I.T.
Blackfield V de Blackfield
Ctrl de SZA
2018 *A Brief Inquiry into Online Relationships* de The 1975
Dirty Computer de Janelle Monáe
DROGAS Wave de Lupe Fiasco
Egypt Station de Paul McCartney
God's Favorite Customer de Father John Misty
Kimi Omou : Shunkashūtō de Mai Kuraki
Merrie Land de The Good, the Bad & the Queen
TA13OO de Denzel Curry
Unsung Prophets and Dead Messiahs d'Orphaned Land
Vide Noir de Lord Huron
Automata II de Between the Buried and Me
Phanerozoic I : Palaeozoic de The Ocean
Tranquility Base Hotel & Casino d'Arctic Monkeys
2019 *Jimmy Lee* de Raphael Saadiq
King's Mouth des Flaming Lips
Miami Memory d'Alex Cameron
Phantoms de Marianas Trench
Amo de Bring Me the Horizon
Doom Days de Bastille
Legacy of the Dark Lands de Blind Guardian
The Ghost of Ohio d'Andy Black
2020 *3.15.20* de Childish Gambino
Abyss de Unleash the Archers
ADHD de Joyner Lucas
Colores de J Balvin
Dreamland de Glass Animals
Man on the Moon III : The Chosen de Kid Cudi
Miss Anthropocene de Grimes
My Agenda de Dorian Electra
Nocturnes de Daniel Liam Glyn

2020 *Phanerozoic II : Mesozoic / Cenozoic* de The Ocean
The Normal Album de Will Wood
We Are Chaos de Marilyn Manson
2021 *A Beginner's Mind* de Sufjan Stevens
Music Of The Spheres de Coldplay
Donda de Kanye West
Heaux Tales de Jazmine Sullivan
If I Can't Have Love, I Want Power d'Halsey
Kin de Whitechape
L.W. King de Gizzard and the Lizard Wizard
Sling de Clairo
The Lost Mystique of Being in the Know de Rising Appalachia
Back in Love City des Vaccines
Friends III de B'z
2022 *Dawn FM* de The Weeknd
Melt My Eyez See Your Future de Denzel Curry
Midnights de Taylor Swift
Palomino de Miranda Lambert
Preacher's Daughter d'Ethel Cain
The Gods We Can Touch d'Aurora
The War to End All Wars de Sabaton
Vaxis – Act II de Coheed and Cambria
Ants From Up There de Black Country, New Road
Mr. Morale & the Big Steppers de Kendrick Lamar
2023 *Cracker Island* de Gorillaz
Paranoia, Angels, True Love de Christine and the Queens
PORTALS de Melanie Martinez
Road d'Alice Cooper
Maps de Billy Woods and Kenny Segal
Wallsocket de Underscores
The Beggar de Swans
The Lamb as Effigy de Sprain
i/o de Peter Gabriel
The Rime of Memory de Panopticon
2024 *Radical Optimism* de Dua Lipa
Hit Me Hard and Soft de Billie Eilish
Blue Electric Light de Lenny Kravitz
C,XOXO de Camila Cabello
The Circus and the Nightwhale de Steve Hackett
The New Sound de Geordie Greep
Absolute Elsewhere de Blood Incantation
Lives Outgrown de Beth Gibbons
Archivos de Radio Piedras de Nicolas Jaar

Annexe 3 : Quelques albums live pirates... connus

(1) *Indianapolis 22/11/74*
(2) *Indianapolis '74*
(3) *Cleveland '75, Cleveland First Night*
(4) *The Lamb in Cleveland*
(5) *The Baltimore Show*
(6) *The Lamb Still Canned in N.Y.C.*
(7) *The Lamb Lives in N.Y.C.*
(8) *The Lamb Lies on The Academy, Rael in N.Y.C.*
(9) *Rael Imperial Aerosol Kid*
(10) *Providence, Rhode Island 8th Dec. 1974*
(11) *Brother John is Number Nine*
(12) *Palace Theatre R.I.*
(13) *Carpet Crawlers in the Palace Theatre*
(14) *The Boston Lamb*
(15) *Boston Music Hall*
(16) *Palace Theatre Waterbury*
(17) *Real Imperial*
(18) *Move Over Casanova*
(19) *Toronto '74*
(20) *Supper's Ready with a Little Lost Lamb*
(21) *West Palm Beach, Florida 10th Jan. 1975*
(22) *West Palm Beach '75*
(23) *The Lamb Lives*
(24) *The Lamb Descends on Waterbury*
(25) *From One Fan to All Others*
(26) *The Lamb Lives Lakeland 11.1.75*
(27) *The Lamb on the Rainbow, Lakeland '75*
(28) *Rael Visits San Diego*
(29) *Live at the Music Hall Tulsa*
(30) *Twilight Alehouse*
(31) *As Through Emerald City*
(32) *Shrine Auditorium Los Angeles 24th January 1975*
(33) *Shrine 75, Live in Los Angeles*
(34) *Revelation Without a Cause*
(35) *Grand Rapids '75*
(36) *The Lamb Lies Down on Berlin*
(37) *Eissporthalle, Berlin, 23.2.75*
(38) *The Digital Brothers in Amsterdam*
(39) *Amsterdam '75*
(40) *Cambrai, France 26th February 1975*
(41) *Cambrai '75*
(42) *Palais des Grottes 26/2/75*
(43) *The Lamb Over Saint-Etienne*
(44) *Palais des Sports 3/3/75*
(45) *Lamb Tour in Portugal*
(46) *Lamb in Badalona*
(47) *The Lamb Over Paris*
(48) *Annecy 22/3/75*
(49) *The Real Last Time*
(50) *Torino Palasport*
(51) *Torino '75*
(52) *Ludwigshafen '75*
(53) *Live in Stuttgart 1975*

(54) *Revelation on Broadway*
(55) *Master of Frankfurt '75*
(56) *There's Always Magic in the Air*
(57) *The Lamb Lies Down on Düsseldorf*
(58) *The Lamb Lies Down on Dortmund, German Melody of 1975*
(59) *Digital Lambs in Dortmund*
(60) *Hamburg Germany 4/8/75*
(61) *Groningen '75*
(62) *A Blaze of White Light*
(63) *Masters of Rotterdam, Rotterdam '75*
(64) *Belgian Collection '75*
(65) *The Other Brussels '75*
(66) *Brussels 12.04.1975*
(67) *The Light Goes Down on Empire*
(68) *The Audience at Empire Pool*
(69) *Genesis – Live in London 1975*
(70) *Lamb Stew*
(71) *Last Supper, The Waiting Room*
(72) *Live in London 1974*
(73) *Awed Man Out*
(74) *A Perfect Vintage*
(75) *Perfect Wembley, Empire Pooled*
(76) *We Are the Lamia of the Pool*
(77) *Westwood One*
(78) *The Carpet Crawlers*
(79) *Wembley '75*
(80) *British Tour 1975*
(81) *On Broadway, Another Gold Record*
(82) *Stereo Pop Special – Vintage in Concert No. 313*
(83) *Drumming Melody of 1975*
(84) *Live in Southampton 1975*
(85) *Empire Theatre '75*
(86) *Palace Theatre, Manchester 27 Apr. 75*
(87) *Apollo Theatre, Manchester*
(88) *Second Night Palace Theatre*
(89) *Palace Theatre, Manchester 28 Apr. 75*
(90) *Bristol 1975*
(91) *Birmingham, UK 1st May 1975*
(92) *Hippodrome, Birmingham May 1, 1975*
(93) *Hippodrome, Birmingham May 2, 1975*
(94) *The Story of Rael*
(95) *Tales of Ordinary Madness*
(96) *Swelled and Spent*
(97) *Kiel '75*
(98) *The Lamb Lies Down on Kiel*
(99) *The Lamb in Wiesbaden*
(100) *Echoes of the Broadway*
(101) *Reims Remastered*
(102) *The Lamb Lies Down… The May 1975 Live EP*
(103) *Paris '75*
(104) *Rael is Not Afraid of ETA, San Sebastian '75*

8

Got the whole thing down by numbers !
Index général

« Chansons, pièces musicales »

Albums (a)
Acteurs (ac)
Autres artistes (ar) / *Autres œuvres artistiques (ar)*
Autres (personnes anonymes, sociétés, organisations, lieux, etc.) (au)
Dessinateurs (bd) / *Bandes dessinées (bd)*
Cinéastes (c)
Écrivains, philosophes, poètes (é)
Maisons de disques, d'édition ou autres ; labels (éd)
Entrepreneurs (en)
Films, courts-métrages, documentaires (f)
Groupes (g)
Journalistes (j) / *Journaux, revues (j)*
Livres (l)

Du même auteur

« Paysages/Visages/Voyages : Un tour du monde en 100 photos »
(Ed. BoD – 2012&2021 / ISBN 9-782322-409068)

- « Un air de famille - 500 célébrités qui se ressemblent »
(Ed. BoD – 2012)

- « Le Père-Lachaise, un cimetière bien vivant »
(Ed. BoD – 2013&2021 / ISBN 9-782322-216734)

- « Ils ont dit… »
(Ed. BoD – 2013)

- « Aphorismes, paradoxes et autres billevesées »
(Ed. BoD – 2014 / ISBN 9-782322-185276)

- « Sentences sans queue ni tête (La beauté du non-sens) »
(Ed. BoD – 2014 / ISBN 9-782322-193134)

- « Qui est qui ? - Dictionnaire de pseudonymes »
(Ed. BoD – 2014 / ISBN 9-782322-205240)

- « Dictionnaire de la guerre civile espagnole et de ses prémices 1930-1939 »
(Ed. BoD – 2015 / ISBN 9-782322-193219)

- « Absurdomanies… »
(Ed. Bookelis – 2015)

- « Les fins mots de la fin »
(Ed. BoD – 2016 / ISBN 9-782322-201709)

- « Aphorismes, paradoxes et autres calembredaines »
(Ed. BoD – 2017 / ISBN 9-782322-224333)

- « Last words, last words... out ! »
(Ed. Bookelis – 2017 & Ed. BoD 2017 / ISBN Ebook 9-782322-210183)

- « Mon Paris insolite »
(Ed. BoD – 2018 / ISBN 9-782322-115297)

- « Apprenez l'anglais entre faux-amis »
(Ed. BoD – 2019 / ISBN Ebook 9-782322-238712)

- « Une année de hasards exquis et de cadavres objectifs »
(Ed. BoD – 2019 / ISBN 9-782322-209972)

- « Aphorismes, paradoxes et autres carabistouilles »
(Ed. BoD – 2020 / ISBN 9-782322-255986)

- « Mon Paris insolite (et illustré) »
(Ed. BoD – 2020&2022 / ISBN 9-782322-423439)

- « Dictionnaire des rues de Paris »
(Ed. BoD – 2020 / ISBN 9-782322-260027)

- « Aphorismes, paradoxes et autres fariboles »
(Ed. BoD – 2021 / ISBN 9-782322-394845)

- « Dark Syd of the Floyd (Les deux vies de Roger K. Barrett) »
(Ed. BoD – 2021 / ISBN 9-782322-396061)

- « Communes de France aux noms insolites »
(Ed. BoD – 2021 / ISBN 9-782322-412884)

- « Photomontages I »
(Ed. BoD – 2022 / ISBN 9-782322-411405)

- « Une banale histoire d'amour du temps jadis »
(Ed. BoD – 2022 / ISBN 9-782322-393398)

« Aphorismes, paradoxes et autres fumisteries »
(Ed. BoD – 2022 / ISBN 9-782322-393312)

- « 500 celebrities who look alike (A family resemblance) »
(Ed. BoD – 2022 / ISBN 9-782322-411658)

- « Gargouilles et marmousets dans la sculpture médiévale »
(Ed. Bookelis – 2018 & BoD – 2022 / ISBN 9-782322-432394)

- « Je suis un être délicat »
(Ed. BoD – 2023 / ISBN 9-782322-454839)

- « Photomontages II »
(Ed. BoD – 2023 / ISBN 9-782322-130979)

« Aphorismes, paradoxes et autres niaiseries »
(Ed. BoD – 2023 / ISBN 9-782322-472666)

« Sweat oozed from cross held high in hand »
(Ed. BoD – 2023 / ISBN 9-782322-471492)

- « Villages de France » (Ed. Bookelis – 2016 & BoD – 2023 / ISBN 9-782322-480302)

- «Petit lexique futile mais nécessaire à l'intention des philosophes et des demeurés »
(Ed. BoD – 2024 / ISBN 9-782322-519187)

- «17 Wachen von Magog stürmten auf den spiegel zu »
(Ed. BoD – 2024 / ISBN 9-782322-522361)

- «Les morts les plus improbables, stupides et/ou saugrenues de l'Histoire »
(Ed. BoD – 2024 / ISBN 9-782322-524532)

www.bod.fr

www.instagram.com/miguelsydruiz & www.instagram.com/ruizsydmiguel

www.miguelsydruiz.jimdo.com